Guidorizzi
Ich, Agamemnon, König der Achäer

Giulio Guidorizzi

# ICH, AGAMEMNON,
## KÖNIG DER ACHÄER

Homers Helden erzählen

Aus dem Italienischen von Achim Wurm

Reclam

# Prolog

Von ihm blieb nur ein Gesicht, gebannt in eine goldene Maske – wenn es denn tatsächlich die Totenmaske des Agamemnon ist, die den Besucher des Archäologischen Museums in Athen so unnahbar anblickt. Das Gesicht eines Mannes mit feiner Nase, schmal geschlossenem Mund, den eine Spur von Herablassung umspielt. Ein Gesicht, das vom Stolz und vom Machtbewusstsein eines Königs erzählt.

Als Schliemann die Goldmaske fand, in einem der Königsgräber im Gräberring von Mykene, gebreitet über den Schädel eines Mannes, der dort vor über dreitausend Jahren bestattet worden war, gab es für ihn keinen Zweifel: Es konnte niemand anderes sein als Er, jener König, den Homer den »Hirten der Völker« nennt oder den »Beherrscher der Männer«. Niemand, so der Dichter der *Ilias*, ist mächtig, nur Agamemnon: *kreíon Agamémnon* – schon der Klang seines Namens beeindruckt.

»Heute habe ich Agamemnon ins Antlitz geblickt«, soll Schliemann an den griechischen König telegrafiert haben. Selbst der Abstand der Zeit und des Todes, eingegraben in kaltes Metall, haben aus dem Gesicht dieses Mannes nicht die Schatten der Macht tilgen können, die auf seiner Stirn und auf seinen Augen liegen.

Wir kennen seinen Namen, weil es die Verse des Dichters gibt, der ihn besang. Das Wort ist das Einzige, das die Zeit überdauert, alle anderen Dinge vergehen. Nur jene Worte allerdings, die erinnert werden, weil die Muse sie Männern diktiert hat, die man Aoiden nennt. Diese wiederum lehren sie ihre Schüler, damit die Taten der Vergangenheit nicht verloren gehen. Worte, die Brücken über die Zeit schlagen, denn sie enthüllen die verborgenen Bande zwischen den Dingen. *Rhododáktylos éos:* Finger in der Farbe der Rosen scheint die Morgendämmerung zu besitzen, wenn sie mit ihren ersten Strahlen den Himmel streift. *Oínopa pónton:* Das Meer bietet den Anblick von Wein, und wie Wein schäumt es unaufhörlich und führt ein geheimnisvoll aufgewühltes Leben.

An den Ufern und auf den Inseln dieses Meeres, des Ägäischen Meeres, nahm vor ungefähr 3500 Jahren seinen Anfang, was wir heute als abendländische Zivilisation bezeichnen. Die Morgenröte dieser Welt ging auf über einem Volk, dessen Angehörige sich selbst *achaíoi*, Achäer, nannten und die wir als Griechen zu bezeichnen gewohnt sind. Was wir von diesem Volk wissen, erfahren wir vor allem aus den Versen eines Dichters, der die Taten von Männern besingt, die er *héroi*, Helden, Heroen, nennt. Im Mittelpunkt des Geschehens eine Handvoll Männer: Achill, Hektor, Odysseus und einige andere. Eine einzige Stadt gilt es zu erobern, scheinbar uneinnehmbar, zehn Jahre lang trotzt sie jedem Ansturm, beschützt von den tapferen Söhnen eines greisen Königs. Und von einem wundertätigen Götterbild, dem Palladium, das geraubt werden muss, ehe die Stadt fallen kann, ehe Troja erobert wird. Und das alles um einer Frau willen, die ihren Mann verlassen hat, um ihrem Schicksal zu folgen.

Aber wer waren diese Heroen? Viele verloren ihr Leben in der Ebene vor Troja, Hunde und Geier zerrissen ihre Leiber. Dennoch sind sie seit jener Zeit aus der Erinnerung unserer Zivilisation nicht verschwunden. Befehligt wurden sie von einem Mann, der über eine von zyklopenhaft starken Mauern umgebene Stadt herrschte, Mykene, ein Adlerhorst in den Bergen, ein Ort, wo grausame Dinge geschahen. Niemand erschien vor Troja mit so vielen Schiffen wie er, mit so vielen Männern und so vielen Streitwagen. Hundert Schiffe, darauf die stärksten Krieger, ausgewählt aus den Bewohnern der Städte, die er beherrschte. Agamemnon führte sie selbst in den Kampf, eingehüllt in eine bronzene Rüstung, gleißend im Licht der Sonne.

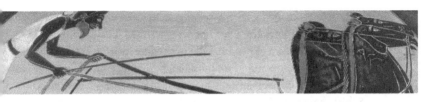

## Mŷthos – Wie alles begann

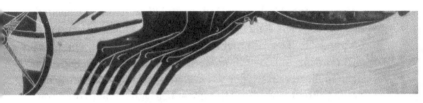

**Die Sänger erinnern an das,** was geschehen ist. Schönes und Schreckliches. Die Sänger erinnern an König Agamemnon und an das Heer seines Volkes, der Achäer. Bei den Ägyptern heißen sie *Aquaiwasa*, bei den Hethitern *Ahiawa*; sie erwähnen sie in ihren Chroniken, weil sie der Schärfe ihrer bronzenen Klingen begegnet sind und der Schönheit ihrer Künste. Die Achäer erobern Städte, landen mit ihren Schiffen an allen Küsten. Manchmal werden sie gerufen, um für andere zu kämpfen, und als Sold erhalten sie große Mengen Gold. Ihre Sprache ist beweglicher als alle anderen, wenn es darum geht, Gedanken und Dingen einen Namen zu geben.

Und doch wussten die Vorfahren der Achäer noch nichts vom »weinfarbenen Meer«. Möglicherweise lebten sie auf weiten Steppen, wo Pferde trabten und Viehherden weideten; in den Lagern aus Zelten und Pferchen eines Nomadenvolkes; wo es hieß, nachts wach zu bleiben, sich abzuwechseln, um die Herden vor wilden Tieren und die Frauen und Kinder vor Räubern zu beschützen; wo man im Morgengrauen das erwachende Licht begrüßte. Die Vorfahren der Achäer waren auf jede Gefahr vorbereitet. Als sie ans Mittelmeer kamen, unterwarfen sie Städte, die lange Zeit von anderen Menschen bewohnt worden waren: schlank und dunkelhäutig, Menschen, die wussten, wie man Schiffe baute und hohe Paläste. Dorthin brachten sie ihre Götter mit und eine Stammesreligion, aufgebaut wie eine patriarchalische Familie: Zeus ist Vater, vor allem aber ein großer Erzeuger. Zeichen seiner Macht sind Donner und Blitz, in ihnen begleitet er sein Volk seit der Zeit, als es in der unendlichen Weite der Steppe lebte. Der Himmel und seine Erscheinungen entfalten sich dort mit ungehemmter Gewalt. Während der Mensch oft nicht mehr zu sein scheint als ein Zweig in der Gewalt der Winde. Auf ihrem Weg zum Mittelmeer begegneten den Vorfahren der Achäer andere Gottheiten. Vor allem eine Göttin, die bei den Menschen des Südens unter vielerlei Namen bekannt war: Hera, die göttliche Braut. Oder Gaia oder Rhea oder Demeter, die fruchtbare Erde – verschiedene Gesichter derselben weiblichen Kraft –, dunkel, allgegenwärtig und fähig, immer von Neuem Leben hervorzubringen, Bäume, Tiere, Menschen, Ernten. Sie begegneten ihr auch auf den von Sonne und Wind ausgedörrten Halbinseln, auf die sie sodann gelangten; dort wurde sie in Gestalt einer nackten Frau mit schwellendem fruchtbarem Leib und breiten Hüften dargestellt; man nannte sie *pótnia*, »Herrin«. Alte und neue Götter mischten ihre Namen, aber ihr Wesen blieb, was es war. Die Vorfahren der Achäer erlegten den Besiegten manch einen ihrer alten Bräuche auf, doch auch diese lehrten die Eroberer vieles, was jene nicht kannten. Allem voran geschriebene Worte. Wie jenes Wort, mit dem eine Naturkraft bezeichnet wurde, ein Element, das die Achäer noch nie gesehen hatten: schaumbedecktes wogendes Wasser, durchpflügt vom Bug der Schiffe – *thálassa*, das offene Meer.

Von da an stapelten sich Schriftstücke in den königlichen Archiven der Achäer, eingeritzt auf Tontafeln, fein säuberlich geordnet. Die Schreiber verzeichneten darauf alles Erdenkliche, in einem Zeichensystem, das sie in jenen sonnenbeschienenen Gegenden, in die sie kamen, vorgefunden und auf ihre Sprache übertragen hatten. *Wanaka:* Herr; *Atana:* Athena; *iereja:* Priesterin; *Diwonusos:* Dionysos – Zeichen, die zu Lauten werden. Laute, die sich zu Wörtern formen. Zu allen Wörtern, die es eben braucht.

Eine prächtige Erfindung, um all das überblicken zu können, was ein König besaß: Wie viele Amphoren Wein und Öl, wie viele Maß Getreide füllten die Lagerhäuser? Wie viele Streitwagen musste jeder Bezirk stellen, wie viele Pferde und Rüstungen? Eine Erfindung, mit deren Hilfe Priester Listen von Opfergaben für ihren Tempel und für die einzelnen Gottheiten aufstellen konnten: Honig, Gerste und Wein für die Herrin des Labyrinths, die auf Kreta verehrt wird, die »überaus Reine«, Ariadne: *ariagne*; Gaben für *Atana*, die Herrin des Krieges, und für Zeus, den Vater der Götter.

Die Achäer vertrauen der Schrift nur greifbare Dinge an. Nicht jedoch ihr wichtigstes Gut, das Gedächtnis des eigenen Volkes. Die Schrift nämlich sperrt die Erinnerung in ein Gefängnis ein. Die Achäer dagegen lauschen lieber ihren Aoiden. Diese Dichtersänger sind Fachleute der Erinnerung. Sie können nicht lesen und haben nie eine Schreibfeder in Händen gehalten. Anders als für die Schreiber der Ägypter, die Wissen bewahren, indem sie es in Papyrusrollen verschließen, ist das einzige Werkzeug der Aoiden ihre eigene Stimme. Als könnten die Worte fliegen: *épea pteróenta*, »geflügelte Worte«. Die Macht des Sängers ist stärker als die des Schreibers. Der muss festhalten, was schon gedacht wurde; der Sänger aber ist frei, er kann berichten, was in fernen Zeiten geschah, die Geschichten der Vorfahren, all das, »was gewesen ist, was ist, und was sein wird«, wie die Aoiden sagen. Jede nur mögliche Zeit steht in der Macht ihrer Worte. Und so erzählen die Sänger die »Ruhmestaten der Männer«, *kléa andrón*, damit man sie auch später noch kenne.

Wenn der Tod seine Ernte eingebracht hat und die Körper zerfallen, kann allein die Erinnerung an das, was einmal war, die Zeit überdauern. Sobald ein Herrscher stirbt und seine Züge im ewigen Schlaf des Todes erstarren, formt ein Goldschmied ihm eine Totenmaske ab. Am Tag der Bestattung werden zahllose Opfer dargebracht, und Klageweiber erheben ihr Jammern. Manchmal schneiden die Frauen des Königs sich selbst die Kehle durch, um ihrem Gatten in den Tod zu folgen. Die Taten des Helden aber werden besungen, den Kindern und Kindeskindern zum Ruhm.

Wer ein Schiff betrachtet, sieht nicht den sandigen Grund, in den der Anker sich senkt, aber er weiß, dass er da ist. Wer in die Vergangenheit blickt, erinnert sich nicht aller Vorfahren, aber er weiß, dass jeder von ihnen ein Glied in der Kette bildet, die das Schiff an den Anker bindet. Das ist es, was die Aoiden mit ihren Gesängen tun, sie allein machen es möglich, an der Kette hinabzusteigen und den Anker im Meeresgrund zu erahnen: die Stelle, wo die Zeit der Menschen beginnt.

Ein so großes Vertrauen in die Erinnerung ist für ein so junges Volk wie die Achäer – die Vergangenheit und Gegenwart noch kaum unterscheiden, weil beides aus demselben Stoff gemacht ist – erstaunlich. Gerade aber weil es ein junges Volk ist, kann es dieses Zutrauen überhaupt hegen. Eine Zivilisation, die dem Untergang zugeht, besitzt dieses Vertrauen nicht mehr, sie fühlt sich von der Erinnerung erdrückt und bedroht, will sie um jeden Preis auslöschen. Plutarch, obschon er sich als Hohepriester einer glorreichen Vergangenheit fühlt, schreibt etwa: »Nichts von dem, was gewesen ist, bleibt, nichts davon lebt weiter. Alles, was entsteht, vergeht schon im selben Augenblick: unser Handeln, unsere Worte, unsere Empfindungen – alles reißt die Zeit mit sich fort wie ein rauschender Fluss.« Erinnerung ist für ihn das Hören auf Verstummtes, das Sehen von Blindgewordenem. Nur wer ein tiefes Misstrauen gegen die Zukunft hegt, kann so reden. Die Aoiden, die Sänger aber, sind Augen und Ohren eines Volkes, das die Erinnerung zum Fundament seiner Identität gemacht hat und weiß: Sein bedeutet Erinnern.

Deshalb hören die Sänger nicht auf, von den Geschichten der Helden aus alter Zeit zu erzählen. Und die Menschen nähren sich von ihren Geschichten, den Geschichten von Herakles, von Theseus, von Jason. Jeder erzählt sie auf seine Weise und gibt sie weiter an seine Schüler. Die Namen derer, die diese Geschichten erzählen, sind nicht von Bedeutung, denn die Geschichten gehören nicht einem allein, sondern allen. Sie kommen von weit her und begleiten ein Volk auf seinem Weg von Anbeginn an. In der Sprache der Achäer nennt man diese Geschichten *mŷthoi*, Mythen. Niemand hat sie erfunden, denn es gibt sie seit ältester Zeit. Als aus den Achäern im Lauf der Jahrhunderte die Griechen werden, hören sie nicht auf, sich an diese Geschichten zu erinnern und sie zu erzählen, und bis heute erzählen auch wir diese Geschichten.

Die Aoiden treten auf Festen vor der Volksmenge auf, halten Sängerwettstreite ab. Die adligen Achäer nehmen sie an ihren Höfen auf, damit sie die Gäste mit ihren Geschichten unterhalten und den Ruhm des Hauses besingen. Manche von ihnen sind blind oder anders versehrt. Die Gaben der Götter sind nicht leicht zu ertragen, und ein versehrter Körper kann durchaus mit einem Herzen zusammengehen, das schöne Worte zu finden weiß. Die Götter schenken den Sängern Gutes und Böses, sie nehmen ihnen die Stärke des Körpers, doch geben sie ihnen die Kraft der Erinnerung und des Gesangs. Blind sind oft auch die Seher, das ist leicht zu begreifen, denn Sänger und Propheten blicken anders auf die Dinge der Welt, sie müssen nicht Lanze und Schwert ausweichen. Sie richten ihre Augen anderswohin, während das hiesige Auge erloschen ist.

Die Sänger wissen den Ursprung der Herrschergeschlechter, die Herkunft der Menschen und Götter, und sie erzählen von ihnen, auf dass ein jeder seine Vorfahren kenne und stolz auf sie sei und ihre Taten im Gedächtnis des Volkes bewahrt werden.

Auch über die Ursprünge von Agamemnons Sippe kursiert eine alte Geschichte, grausam, voller Blut und Gewalt, die Geschichte eines Geschlechts, bestimmt zu neuem Blut und immer neuer Gewalt.

Der Vater von Agamemnons Vater hieß Pelops. Er kam aus einem fernen Land, um eine grausame Frau zu heiraten, die Tochter eines grausamen Vaters.

König Oinomaos von Pisa nämlich – der Stadt, die später einmal Olympia heißen sollte – hatte eine Tochter, ein Mädchen mit dunklen Augen und leichtem Schritt und wunderschön: Hippodameia war ihr Name. Der König wollte sie niemandem zur Frau geben. Dafür verzichtete er auf viele Pferde und viel Gold: den Brautpreis, den ein junger Mann zahlen würde, um die Tochter eines Königs zur Frau zu bekommen. Vielleicht wollte er nicht, dass sein Blut sich mit dem eines Fremden vermischte; manche sagen sogar, er habe das Mädchen selbst begehrt. Oinomaos war ein Mann, der niemals lachte und wenig sprach, als ob eine dunkle Grotte in seinem Innern liege, aus der undurchsichtige, schwer zu ergründende Gedanken drangen. Viel Seltsames wird über die Alten erzählt. Auch von Pelops, der Hippodameia schließlich zur Frau nahm, erzählte man sich Unglaubliches. Es hieß, sein eigener Vater Tantalos, ein König aus alter Zeit, mehr wildes Tier als Mensch, hätte Pelops, als dieser noch ein Kind war, erschlagen und dann in Stücke gehackt und in einem Kessel gekocht. Oft vermischen die Mythen Wahres mit Erfundenem.

In jenen längst vergangenen Tagen durften einige Auserwählte mit den Göttern zu Tisch sitzen. Jeder aß die ihm eigene Speise, die Götter den Nektar, der für ihren unsterblichen Körper gemacht ist, und Fleisch die Menschen. Tantalos heckte eine

Freveltat aus, um die Olympier auf die Probe zu stellen, und schob ihnen heimlich Menschenfleisch unter, die Speise wilder Tiere. Er wollte die Macht der Götter demütigen. Doch sein Frevel wurde entdeckt und man steckte ihn in den Tartaros, wo er zur Strafe ewigen Durst und ewigen Hunger leidet.

Die Götter rührten das Menschenfleisch nicht an, dessen Genuss sie zu unreinen Wesen gemacht hätte – außer Demeter, die versunken war in die Trauer um Persephone, ihre Tochter, die der Gott der Toten entführt hatte. Ohne darauf zu achten, biss sie in ein Schulterstück, spuckte das Fleisch aber gleich wieder aus. Als die Olympier dann beschlossen, den Körper des Knaben neu zusammenzusetzen und ihn wieder zum Leben zu erwecken, ersetzten sie das Schulterblatt durch eines aus Elfenbein, so berichtet es der Mythos. Der wundersame Knochen wurde in Agamemnons Familie aufbewahrt als Zeichen der Gunst, welche die Götter einem ihrer Vorfahren zuteilwerden ließen. Er wurde zum Symbol ihrer Königsherrschaft: Dieses Geschlecht war auserwählt worden; doch auch von Tantalos' schrecklichem Wesen blieb etwas erhalten im Blut seiner Nachkommen.

Tantalos war ein grausamer Vater. Noch grausamer aber war Oinomaos. Wer als Freier seiner Tochter an seine Tür klopfte, den forderte er zu einem Wagenrennen heraus. Die jungen Männer mussten ihre Pferde antreiben und so schnell fahren, wie sie konnten. Unterdessen schlachtete Oinomaos auf einem Altar einen Widder für Ares, den Gott des Gemetzels, seinen Vater. Dann stieg er in aller Ruhe auf seinen Wagen und ergriff die Lanze, die sein Wagenlenker Myrtilos ihm reichte. Die Lanze war schwer und aus Bronze, mit einer scharfen Spitze, und nie verfehlte sie ihr Ziel. Sein Vater Ares hatte sie ihm geschenkt, zusammen mit zwei ungestümen Rössern, die leicht und kraftvoll dahinpreschten, Seite an Seite und schnell wie der Wind und immer noch schneller – ein Anblick, der das Herz jedes Mannes höherschlagen lässt, der schöne Dinge liebt.

Falls der Freier das Ziel lebend erreichte, sollte Hippodameia mit ihm das Brautbett besteigen. Jedes Mal aber durchbohrte Oinomaos' Lanze noch vor dem Ziel den Rücken des Freiers. Kaum liefen dessen Pferde im Galopp, und die Wendemarke war schon zu sehen, vernahm der junge Freier von Weitem ein Grummeln. Das Geräusch wurde lauter und lauter, schon konnte er deutlich das Trommeln der Hufe und das Knallen der Peitsche hinter sich hören. Dann betäubte ein Dröhnen sein Ohr und er spürte etwas fürchterlich Spitzes und Kaltes durch seine Lungen fahren. Dann Dunkelheit. Dann war es vorbei.

Oinomaos näherte sich dem Körper des Sterbenden oder schon Toten und hieb ihm mit einem einzigen Schlag seines Schwertes den Kopf ab – ohne sich darum zu kümmern, ob dieser noch atmete. Er war ein grausamer Mensch, einer wie aus Tantalos' Zeiten. Er schleuderte seine Lanze erst wenige Meter, bevor der Wagen das Ziel erreichte. Auf immer die gleiche Weise hatte er es getan, schon zwölf Mal. Zwölf Köpfe, abgetrennt mit einem einzigen Hieb seines Schwertes. Die Freier dachten, sie hielten den Sieg so sicher in Händen wie ihre Zügel, und einen Augenblick später schon flatterte die Seele aus ihrem Mund davon.

Die Leiche ließ Oinomaos in eine große Grube zu den anderen werfen, den Kopf aber über das Tor des Königspalastes nageln, zwölf Köpfe. Danach konnte er seine Blicke wieder auf seine Tochter richten. Aus nachtfinstren Augen sah er sie an. Kein einziges Mal erwiderte sie seinen Blick.

Eine andere Wendung nahmen die Dinge, als Pelops nach Pisa kam. Auch er besaß göttliche Rösser, schnell wie der Wind, ein Geschenk des Poseidon. Man erzählte sich, der Gott, verliebt in den Knaben, habe ihn eines Tages auf eine grüne Wiese auf dem Gipfel eines Berges entführt. An jenem Ort spürte Pelops die Gegenwart einer seltsamen Macht, dann sah er zwei Augen, tief blau wie das Meer, die sich den seinen näherten; er nahm einen berauschenden Duft wahr, während sein Körper von einem Gefühl überschwemmt wurde, das er nicht kannte und das ihn ganz ausfüllte, wie eine Blüte voll ist von Blütenstaub. Aus der Höhe sah er, ganz in der Ferne, die gyräischen Felsen, davor einen Schwarm Delfine, Hunderte Tiere, die in den Wellen tanzten und wie verrückt zwischen Wasser und Himmel dahinjagten. Es heißt, im Tausch für jene Liebesnacht erhielt Pelops von jenem Wesen mit den blauvioletten Augen das Versprechen, einen Tag lang dessen Rösser benutzen zu dürfen: Poseidons geflügelte Stuten, die über die Wellen flogen, ohne dass auch nur die Wagenräder nass von Gischt wurden.

Vielleicht war es so gewesen, vielleicht war auch alles nur eine Legende. Doch als Pelops Hippodameia sah, daran konnte kein Zweifel sein, wollte er sie. Er war kaum mehr als ein Jüngling, und dies sollte seine erste Heldentat sein. Vollbracht dank der Schnelligkeit seiner göttlichen Stuten – und dank des Verrats von Oinomaos' Wagenlenker, Myrtilos.

Myrtilos vermochte wie kein anderer ein Gespann in voller Fahrt in der Spur zu halten und es so um die Wendemarke zu lenken, dass es sofort wieder Fahrt aufnahm. Um den Hals trug er das Amulett des Tarasippos, des Dämons, der die Pferde scheu macht, und vielleicht deshalb waren sie ihm nie entglitten. Heimlich liebte auch Myrtilos Hippodameia; auch wenn Liebe nicht das richtige Wort war für den Sturm von Empfindungen, der über ihn hereinbrach, wann immer er sie den großen Saal betreten sah und bemerkte, wie Oinomaos' Blicke sich auf das Mädchen hefteten. Er hatte sie beobachtet, wie sie dabeistand – ohne mit der Wimper zu zucken –, wenn ihr Vater die jungen Männer, die ihretwegen ihr Leben aufs Spiel setzten, abschlachtete: regungslos wie eine steinerne Statue. Das Verlangen nach ihr breitete sich in ihm aus, wie sich Nebel über dem Meer ausbreitet; doch Myrtilos wusste, dass Oinomaos sie ihm nie zur Frau geben würde.

Als Pelops auftrat, begriff Myrtilos, dass seine Stunde gekommen war. Spät in der Nacht ging er zu ihm.

Pelops stand vor seinem Zelt und spähte zum Himmel, daneben standen die beiden göttlichen Stuten, friedlich und zahm. Der volle Schein des Mondes erfüllte die Nacht, still und schön, dass einem der Atem stockte. Niemand konnte sich verbergen in dieser Nacht.

»Ich heiße Myrtilos«, begann er, »ich bin Oinomaos' Wagenlenker. Ich bin es, der die Zügel führt, wenn er nach der bronzenen Lanze greift, mit der er den armen Betrogenen den Rücken durchbohrt. Zuerst will er selbst die Pferde lenken; ich bleibe hinter ihm stehen und warte; wenn der Augenblick gekommen ist, übergibt er mir die Zügel. Du wirst seine Pferde ja sehen, es gibt kein schnelleres Gespann auf Erden, so wahr die Götter leben. Oinomaos lacht vor Stolz auf seine Tiere. Er spricht selten, als trüge er einen Abgrund in seinem Inneren, aus dem dunkle Gedanken dringen, schreckliche Dinge ... Aber nicht deswegen bin ich hier.«

»Und warum bist du hier?«

»Ich will es dir sagen ... Es ist nicht so einfach ... außerdem: dieses Licht ... als wollte es mich verbrennen ...« Der Vollmond scheint ihnen geradewegs ins Gesicht, nicht der kleinste Schattenstrich zeichnet sich ab.

»Gut, dann rede! Morgen wirst du zu mir vielleicht schon als zu deinem König sprechen ...«

»... oder ich spreche überhaupt nicht mehr zu dir, und dein schöner Schädel, dein blondes Haar, diese grünen Augen ... wer weiß, vielleicht starren sie mich vom Türbalken des Palastes aus an. Bevor sie verfaulen und die Raben sie fressen.«

Pelops muss lächeln. Der Mann konnte ja nicht wissen ... Dennoch, er trug einen Dämon in sich, der ihn dazu trieb, ein Wagnis einzugehen und mitten in der Nacht zu ihm zu kommen. Er verstand ihn gut, diesen Dämon, der tief im Herzen lodert ... und wie er ihn kannte!

»Und wenn Oinomaos wüsste, dass du hier bist? Morgen ließe er dich ans Kreuz schlagen, und du würdest das Rennen von dort oben mit ansehen und du würdest sehen, dass ihm seine Lanze diesmal nichts nützen wird.«

»Niemand wird mich ans Kreuz schlagen! Und du hast recht, morgen wirst du König sein. Aber ich werde es sein, dem du es zu verdanken hast.«

»Was kannst du schon tun? Willst du die Pferde deines Herrn vergiften, Myrtilos? Hüte dich, Verrat ist den Göttern verhasst!«

Nie hatte Myrtilos zu jemandem über das Geheimnis gesprochen, das auf seiner Seele lastete. Er zitterte vor Erregung, wenn sein Herr sich über einen der Freier beugte, die vor ihm im Staub lagen, und mit einem einzigen Hieb den Kopf des Freiers vom Körper trennte. Unwiderruflich ... wie das, was er zu tun im Begriff war. Auch für ihn gab es kein Zurück mehr. Der Verrat ist ein Tor, das sich hinter dir schließt und durch das du nie mehr zurückkehren kannst.

»Ich werde dich zum Sieger machen, ich weiß, was zu tun ist.«

Pelops hat sich in einen Winkel seines Zeltes zurückgezogen, im Dunkeln kann Myrtilos nur das Glimmen seiner Augen erkennen. Myrtilos öffnet seine Hand. »Dies ist ein Stück Wachs – ein göttlicher Stoff, nicht umsonst stehen die Bienen unter dem Schutz des Apollon. Es lässt sich kneten und formen, es fügt sich jedem Wink deiner Finger, wie geschaffen zur Täuschung. Mit Wachs werde ich es tun, es sieht so harmlos aus, aber es kann tödlich sein.«

»Was willst du damit sagen?«

»In einem Klumpen Wachs kann ein ganzes Schicksal verborgen liegen. Ich bin es, der Oinomaos' Wagen rüsten wird, er vertraut mir. Ich werde die Splinte aus den Radnaben ziehen und dafür zwei aus Wachs gedrehte, bemalte Stifte hineinstecken. Das geht schnell, Oinomaos wird nichts merken. Dann – ein paar Umdrehungen nur, und die Achsen in den Lagern werden warm, das Wachs wird weich und beginnt zu schmelzen, das genügt. Die Räder springen vom Wagen, der Wagen bricht auseinander, du kommst als Sieger ins Ziel, Oinomaos stürzt in den

Staub; am Ende spießt er sich noch selbst auf mit seiner bronzenen Lanze.«

Zwei Augen blicken ihn aus dem Dunkel an: »Willst du Gold?«

»Ich will Hippodameia.

Einmal nur.

Du wirst sie heiraten, und du wirst König werden; ich werde fortgehen, wenn ihr es wollt, oder bleiben und euer Knecht sein. Ich schwöre, ich werde sie nie wieder ansehen, mein Leben lang. Wenn sie vorübergeht, werde ich mich verbergen, die Götter sollen mich strafen, wenn nicht.«

Pelops sagt kein Wort.

»Oinomaos begehrt sie, er wird sie nie einem anderen überlassen. Ich beobachte ihn, er will sie. Ich weiß nicht, was es ist, Hippodameia ist noch ein junges Mädchen, aber man spürt, dass ihr Leib das verborgene Zeichen ihrer Bestimmung trägt. Sie ist keine Braut wie jede andere, sie wird die Mutter von Königen sein. Doch an ihrer Ehe wird Blut kleben, viel Blut. Und sie weiß das, denn schon oft hat sie Blut fließen sehen. Nie hat sie etwas gesagt, nie! Nicht ein Wort, nicht eine Regung. Sie sieht einfach zu, wie die Knechte den Schädel eines der Freier am Türbalken festnageln, und es scheint, als hielte sie den Atem an. Dann dreht sie sich um und geht wieder in den Palast. Niemand hat sie je weinen gesehen, niemand je schreien gehört.

Ich will Hippodameia. Ein einziges Mal. Es mit einer Frau tun, vor der es kein Entrinnen gibt, so unentrinnbar wie das Begehren, das sie um sich herum entzündet. Aphrodite hat sie auserwählt. Verloren, wer sie begehrt. Wie ich. Wie ihr Vater.«

»Oder wie ich«, unterbricht ihn sein Gegenüber.

Schweigen macht sich breit. Nach und nach verblasst der Mond, die Luft ist wie Glas, alles erscheint unwirklich.

»Einverstanden«, sagt Pelops schließlich.

Die Worte des Verrats stürzten über sie hin wie Geröll von einem Gebirgshang.

Langsam füllte der Platz sich mit Menschen: Bauern, Hirten, Leute aus dem Adel in vornehmer Haltung. Um jeden der beiden Wagen hatte sich eine Schar Männer versammelt, an den beiden Seiten der kreisförmigen Fläche, deren gestampfter Boden mit Sand und Staub bedeckt war. Dort lag der Start, markiert von einem Pfeiler aus Stein, darauf ein starres, grob gehauenes Standbild des Poseidon, die Füße geschlossen und mit undurchdringlichem Blick. Es hieß, an diesem Ort habe Poseidon vor den Augen der Vorfahren ein Ross erscheinen lassen und ein Zaumzeug, und zur Erinnerung errichtete man dem Gott eine Statue.

Oinomaos erschien, er trug das rote Gewand, das er immer trug, wenn er zum Wettrennen kam, von einer goldenen Spange in Form eines Pferdekopfes auf den Schultern zusammengehalten, die Arme ließ es unbedeckt, so dass man die starken, gespannten Muskeln des Königs sehen konnte, eines Mannes in der vollen Kraft seiner Jahre. Hinter ihm schritt Hippodameia, schweigend. Einen kurzen Augenblick lang wanderte ihr Blick auf die andere Seite und suchte nach dem Kopf eines jungen Blonden – jenem Kopf, der vielleicht, noch bevor der Abend anbrach, neben den Schädeln der übrigen Freier hängen würde. Myrtilos trat auf Oinomaos zu.

»Es ist alles bereit, Gebieter. Den Wagen habe ich Stück für Stück überprüft: leicht und fest wie immer! Die Räder sind erneuert, gestern erst ließ ich eine Speiche, die einen Riss bekommen hatte, frisch einsetzen, jetzt ist alles vollkommen.«

Oinomaos sah zur gegnerischen Seite hinüber, wo man sich um Pelops' Wagen drängte.

Auf einmal riss eines von Pelops' Pferden seinen Kopf herum und blickte zu ihm hinüber, als würde es ihm genau in die Augen sehen. Oinomaos stand wie vom Blitz gerührt. Das war nicht der Blick eines Pferdes, so etwas hatte er noch nie gesehen, unmöglich zu sagen, was sich dahinter verbarg. Ruhig drehte das Tier seinen Kopf zurück und ließ nur ganz kurz seinen Schweif in der windstillen Luft auf und ab gehen.

Eine jähe, ungekannte Angst erfasst Oinomaos. Die beiden Augen, die ihn da angeblickt hatten, waren göttlich und grausam.

»Diesmal ist es anders«, denkt er.

»Wir tun es gleich – alles«, befiehlt er Myrtilos. »Ihm und seinen verfluchten Stuten soll keine Zeit bleiben. Sofort – alles soll schon an der ersten Kehre vorbei sein. Und die Tiere opfere ich Poseidon oder einem anderen Gott. Steig auf den Wagen, Myrtilos, halt du diesmal die Zügel, ich nehme die Lanze. Noch vor der ersten Kehre erwische ich ihn.«

Er dreht sich zu Hippodameia um, unbeweglich steht sie inmitten der anderen Mädchen. Er sieht sie an. Dann wendet er sich wieder Myrtilos zu.

»Hast du verstanden? Sofort – sobald er losfährt, setz die Pferde in Trab! Er darf nicht einmal Zeit haben nachzudenken, der Hund. In einem Augenblick muss alles vorbei sein!«

Die Peitsche knallt in der Luft. Pelops' Wagen setzt sich in Bewegung, er beugt sich über die Zügel, das blauviolette Gewand flattert ihm über dem Rücken. Aber was geschieht? Als ob Pelops' Rösser den Erdboden gar nicht berührten; es sieht aus, als glitten sie durch die Luft. Er ist fast schon an der ersten Kehre, Wagenlenker und Gespann werden von Mal zu Mal immer kleiner.

Oinomaos gibt das Zeichen, und Myrtilos lässt die Peitsche knallen. Der Wagen schießt dahin. Pelops ist schon hinter der Kehre, jetzt umrundet auch Oinomaos sie, Pelops weit voraus, kaum noch zu sehen.

›Ich kann es noch schaffen‹, denkt Oinomaos, ›wenn ich die Lanze geradewegs werfe mit aller Kraft. Sie fliegt schnell wie ein Adler, nie verfehlt sie ihr Ziel.‹

Er reckt seinen Arm hinter die Schulter und legt all seine Kraft hinein. Pelops scheint kaum mehr als ein Punkt in einer Staubwolke, aber mit seiner Lanze würde er ihn noch erreichen können, wenn die Götter es wollten.

Ebenso schnell, wie der Gedanke ihm durch den Kopf zuckt, zieht Myrtilos seinen Dolch und rammt ihn Oinomaos in die Seite, dann springt er vom Wagen. Oinomaos lässt die Lanze fallen, der Wagen beginnt zu zittern, neigt sich nach vorn, dann springt ein Rad ab.

»Verflucht sollst du sein!«, schreit der König seinem Wagenlenker zu, während alles um ihn herum in einer Staubwolke versinkt wie in dichtem Nebel. Er verfängt sich in den Zügeln und seine Pferde schleifen ihn hinter sich her über das freie Feld.

Pelops kniet sich über den leblosen Haufen Fleisch, der vor ihm liegt. Das rote Gewand ist zerfetzt, übersät mit Blutklumpen und Erde. Steinsplitter stecken in Brust und Beinen. Ein Auge ist aus der Höhle gerissen und hängt heraus, als wollte es nach etwas ausspähen. Es ist vorbei. Myrtilos ist aufgestanden und näher gekommen. Er spricht kein Wort. Andere kommen gelaufen. Es ist vorbei.

Hippodameia vergoss keine Träne. Mitten zwischen den anderen Mädchen hatte sie die ganze Zeit Pelops' blondem Schopf nachgesehen, seinem violetten Mantel, der im Wind flatterte, dem entschiedenen Griff seiner Hände, mit denen er die Zügel führte. Vielleicht ahnte sie in ihrem Inneren, dass neues Blut über ihr Geschlecht kommen würde. Es heißt, plötzlich verfinsterte sich der Himmel und der Schatten schwerer Wolken verschluckte die Rennstrecke.

Hippodameia weinte auch dann nicht, als man die Leiche ihres Vaters auf einer Bahre nach Hause brachte, bedeckt mit Pelops' violettem Mantel. Ein paar Bäume wurden gefällt, um in aller Eile einen Scheiterhaufen aufzuschichten. Frauen wuschen den Leichnam des Königs, ein Chor von Klageweibern erhob sein Gejammer – wie es zu sein hat, soll der Geist des Verstorbenen nicht zornig werden und wiederkehren, um die Lebenden zu quälen. Dann wurde das Feuer entzündet.

Hippodameia schlief nicht in jener Nacht. Sie betrachtete die Glut, die nach und nach erlosch. Jemand würde Oinomaos'

Knochen einsammeln, nicht sie. Sie gehörte nun einem anderen Mann. Den Tod musste sie fern von sich halten. Der Körper ihres Vaters zerfiel zu Asche, heute Nacht würden seine Augen sie nicht mehr anstarren. Andere Augen würden sie ansehen, die sie nicht kannte, grüne, fremde Augen würden zusehen, wie sie im Brautgemach ihr Gewand ablegte. Weit weg von hier. Es war vorbei, alles war vorbei.

Nach jedem Wettrennen hatte Oinomaos ihr den Ring des getöteten Freiers vor die Tür gelegt. Sie steckte ihn sich an den Finger, bevor sie ihn in ein Kästchen aus Elfenbein legte. Vermählt mit dem Tod. Ein paar von den Burschen hatten ihr sogar gefallen – aber keiner wie Pelops! Es ging etwas aus von diesem fremden jungen Mann ... etwas Brutales, Unabwendbares. Auch er schwieg und sah sie an. Er war an die Stelle ihres Vaters getreten. Aber mit ihm würde es anders sein. In dieser Nacht würden seine Arme, die zuvor so kraftvoll die Zügel geführt hatten, sich um sie schließen. Er würde kein gewöhnlicher Gatte sein, das wusste sie, Gewöhnliches war ihr nicht bestimmt.

Die Flammen loderten nur noch schwach; man hatte trockene Kräuter auf den Scheiterhaufen geworfen, um den Geruch von brennendem Fleisch zu vertreiben.

Als Myrtilos seine Belohnung einforderte, erschlug Pelops ihn.

Die Tiere gingen langsam im Schritt, der Weg war steinig und steil. Der Wagen, vor dem nun zwei stämmige Zugpferde gingen, war kein Rennwagen mehr, sondern ein Karren mit einer Sitzbank und einem Verdeck. Ein hinten am Wagen angebundenes Maultier trug auf seinem Lastsattel eine Kiste mit den Kleidern und dem Schmuck der Braut. Pisa war bereits außer Sichtweite. Myrtilos führte schweigend die Zügel, hin und wieder schnalzte er mit der Zunge, um die Tiere im Schritt zu halten. Hinter ihm standen Pelops und Hippodameia, schweigend auch sie. Spärliche Blicke nur hatten sie bisher gewechselt und kaum ein Wort.

Die Sonne stand hoch in der Mitte des Himmels, eine Fliege saß auf Myrtilos' schweißnassem Hals. Der Wagen mit seinem Lenker und den beiden Brautleuten rollte durch die glutheiße Öde des Mittags. Sie waren auf dem Gipfel der Anhöhe angelangt, Tamarisken und Lavendelbüsche, ein vereinzelter Ölbaum, eine Gruppe Pinien.

»Halt an, meine Braut hat Durst!«

Der Weg hatte hoch hinauf geführt, von hier oben konnte man das Meer sehen. Felsen, Kiefern, in der Luft der Geruch von Kräutern. Niemand hier oben, kein Mensch weit und breit. Vielleicht wurden Hippodameia und die beiden Männer, die sie begehrten, heimlich von Pan und den Nymphen beobachtet; jetzt, zu der Stunde, da der Verstand sehr wachsam sein muss, will er sich nicht in der blitzenden Hitze des Mittags verirren.

Hippodameia sagte nichts. Durst – nein, sie hatte keinen Durst, aber sie sprach kein Wort.

»Ich gehe eine Wasserstelle suchen. Ich erinnere mich, auf dem Hinweg in der Nähe ein Rinnsal gesehen zu haben. Ihr wartet hier auf mich.« Pelops verschwand im schwer duftenden Unterholz. Hippodameia stieg vom Wagen und setzte sich auf einen Stein. Was folgte, war nicht der Ausbruch jenes Wahns, den die Nymphen schicken. So war die Abmachung, so hatten sie es besprochen. Er warf sich auf sie, mit einer Hand löste er ihr Gewand. So war es vereinbart: ein einziges Mal, danach kein Wort, von keinem der drei, bis zum Schiff. Hippodameia schrie nicht, in einem tauben, wortlosen Ringen versuchte sie, die Übermacht des Mannes über sich abzuschütteln.

Wie tötete Pelops ihn? Mit einem Dolchstich, mit einem Stein in den Nacken?

Myrtilos war noch nicht tot. Als er wieder zu sich kam, bedeckte ein blutiger Schleier seine Augen. Jemand schleifte ihn über die Steine, ihre Spitzen bohrten sich ihm in den Rücken, diesig brannte das Licht in seinen Augen. Dann hing plötzlich sein Kopf nach unten, und er sah einen Himmel aus Felsen und

Meer über sich. Pelops hielt ihn an den Füßen über den Rand der Klippe.

Niemals würde er diese Frau besitzen, nicht einmal für einen kurzen Moment. Wie Oinomaos würde auch er an der Härte der Erde zerbrechen. »Verflucht sollst du sein, du und deine Kinder!«, rief er, während er in den Abgrund stürzte.

Pelops blickte zu dem Körper herab, der mit verrenkten Gliedern winzig und regungslos dalag wie eine zerbrochene Puppe. Aus der Flut sprangen keine Delfine.

So wurde jenes Geschlecht geboren: in Blut und Verrat, und manche sagen, dass seit damals ein Fluch auf ihm lastet. Pelops und Hippodameia wurden Mann und Frau; sie erbten Oinomaos' Königreich; sie hatten sechs Kinder. Doch nur zweien war es bestimmt, das Schicksal der Eltern fortzuführen: Thyest und Atreus – der Agamemnons Vater werden sollte.

Die beiden Gatten begannen sich zu hassen, denn etwas von der Grausamkeit ihrer Väter war auch in ihr Blut geflossen, es folgte ihnen, wie ein Schatten, zwischen ihnen konnte kein Glück sein.

Hippodameia war eine stolze Frau, die es nicht ertrug, einem anderen unterworfen zu sein. Vielleicht dachte sie, dass nur ihr Vater ihrer würdig gewesen war, doch sie verbarg diesen Gedanken in den Falten ihrer Seele, die genauso unergründlich und dunkel war wie die des Oinomaos. Aus ihrem kalten Schweigen, aus ihrem kalten Leib, so kalt und abweisend wie Marmor, sollte das grausame Feuer ihrer Söhne und Enkel hervorbrechen. Pelops hatte andere Frauen, eine von ihnen, Axioche, gebar ihm einen Sohn, Chrysippos.

Chrysippos war eine freundliche, schöne Erscheinung, ganz anders als Hippodameias Söhne, die von ihr großgezogen wurden, um zu werden wie sie und ihre Härte zu erben. Pelops liebte ihn zärtlich, vielleicht weil er hoffte, dass dieser heitere, freundliche Junge das Blut und die Flüche auslöschen würde, aus denen seine übrigen Söhne geboren waren, und sein Geschlecht im Licht aufwachsen könne und nicht in der Finsternis. Darum ließ Hippodameia Chrysippos eines Tages erschlagen. Indem sie sein Blut vergoss, wollte sie ihren Gatten tief in der Seele verwunden, mag sein, um den Vater zu rächen. Pelops schickte sie in die Verbannung in eine kleine Stadt seines Königreichs, er wollte sie nie mehr wiedersehen. In der Verbannung, ohne je ihrer Familie wiederzubegegnen und ohne Nachricht von sich zu geben, starb Hippodameia. Ihre Asche wurde in ihre Heimatstadt Pisa gebracht und dort beigesetzt; jedoch nicht an der Seite ihres Gatten Pelops, der vor ihr gestorben war.

Pelops' Grabmal steht mitten in Olympia, am Hippodrom, und alle Wagenlenker, die an den Rennen teilnehmen wollen, kommen, um an seinem Grab zu opfern.

Hippodameia ist in einem kleinen Tempel beigesetzt, der ihren Namen trägt und den kein Mann betreten darf. Die Frauen der Gegend versammeln sich einmal im Jahr im Hippodameion, um mit Opfer und Tanz jener Frau zu gedenken, die als Siegespreis in einem Wagenrennen ausgesetzt wurde und nun nicht weit von jenem Ort in ewigem Schlaf liegt, wo der Fremde und ihr Vater sich ein Rennen geliefert hatten, um sie zu besitzen.

## *Timé* – Der Feigling und der Tapfere

**In langer Reihe,** eines dem anderen folgend, pflügen die Schiffe die See. Auf den Bug zwei große runde Augen gemalt, sie sollen den Weg finden. Die Schiffe haben ein Gesicht, als wären es Menschen, »rotwangig« nennen die Sänger sie. Agamemnons Schiffe ziehen über das Meer zurück in die Heimat. Über den Kamm der Wellen blicken zweihundert weit aufgerissene Augen zum Horizont. Den Bug zum Himmel erhoben, gleiten die Schiffe einen Augenblick später wieder zurück in die Wellen, versinken in Gischt, und tauchen wieder empor. Ihr Zug gleicht einem mächtigen Schwarm von Delfinen, der über die Wellen dahinschießt.

Manche erzählen von Schiffen, welche den rechten Kurs selbständig finden, ohne Steuermann und ohne Ruder: die Schiffe der sagenumrankten Phäaken. Nur vom Wind getrieben, fahren sie ganz von allein über das Meer. Die Flotte der Achäer indessen kommt ohne erfahrene Steuerleute nicht aus. Sie wissen die Zeichen der Winde zu lesen und der Wolken am Himmel, die Vorzeichen aufziehender Stürme und kommender Flauten, sie sind vertraut mit den Felsen, weißen und roten, welche die Straßen des Meeres säumen, hochaufragend aus der weiten Fläche des Wassers wie Bäume aus Fels. Weithin sichtbare Wegzeichen im Sonnenlicht, weshalb viele von ihnen *Leukás* genannt werden: Weißer Fels; die Steuerleute kennen jeden von ihnen. Bricht die Nacht herein, beobachten die Rudergänger die Sterne, schauen aus nach Bär und Plejaden, folgen mit ihren Blicken dem stillen Kreisen des Firmaments. Der Kleine Wagen weist gen Norden, von dorther wehen die strengen Winde der Ägäischen See, ihn gilt es nicht aus den Augen zu lassen. Schlägt das Wetter um und die Wogen gehen höher, weiß der Steuermann Ankerplätze und Häfen, um Schutz zu suchen und sich dem Schlaf zu überlassen. Oder den Sängern und ihren Geschichten zu lauschen. Im Bauch der Schiffe, unter Kaufleute und Krieger gemischt, fahren sie über das Meer, von Küste zu Küste, von Hafen zu Hafen. Wo sie auch hingelangen, erzählen sie von den Namen der Helden und ihren Schlachten, von den Orten, wo der eine gefallen und der andere mit den Waffen des Feindes zu den Zelten zurückgekehrt.

Zieht ein Schiff seine Bahn durch das Wasser, schließen sich hinter ihm wieder die Wellen, und seine Spur vergeht. Auch viele Menschen hinterlassen keine Spur. Ein Heros aber steht im Dienst seines Nachruhms, er weiß von Beginn an, dass ihm bestimmt ist, eine Spur der Erinnerung zu hinterlassen, damit die, die noch nicht geboren sind, einst von seinen Taten erfahren und seine Söhne voller Stolz davon erzählen. Die Spur seines Lebens darf nicht untergehen wie eine Kielspur im Wasser. Denn wozu sonst hat man gelebt, wenn niemand mehr weiß, dass man in der Welt war?

Dies ist die Ehre, für die jeder Held streitet. Der Feigling und der Tapfere, beide müssen sterben, doch nur auf den Tapferen wartet der Ruhm. Alle anderen werden vom Nichts verschlungen. Der Tapfere stirbt nur einmal, heißt es, und Tausende Male der Feigling. Niemand beweint ihn, niemand erinnert sich an seinen Namen, und davor muss man sich fürchten. Nach einem kurzen Leben im Licht zurückzukehren ins Nichts, ohne erinnert zu werden, ist, als wäre man nie geboren. Das Dunkel der unendlichen Zeit, die vor dir war, hat dich gezeugt. Das Dunkel einer anderen unendlichen Zeit erwartet dich, es verschlingt dich, und vielleicht wird aus dir einer der unzähligen Totengeister, die im Hades umherflattern, bleich und stumm.

Agamemnons Soldaten schlafen zusammengekauert, die Knie an die Brust gezogen, auf der Brücke des Schiffes. Ihre Haut ist von Narben gezeichnet, ihr Haar flattert im Wind. Sie kehren heim, jeder hat eine Geschichte zu erzählen, seine Geschichte. Der eine mehr, der andere weniger – alle haben eine Spur hinterlassen, haben ihren Anteil am Ruhm erlangt, das, was man *kléos* nennt. Es ist dieser Ruhm, für den ein mutiger Mann mit all seiner Kraft streitet, als wäre jede seiner Taten die letzte.

Nicht alle erreichen diesen Ruhm. Die meisten Menschen sind wie der Schaum, der in die Wellen zurücksinkt und sich auflöst. Wenn ein junger Mann in den Krieg zieht, übergibt ihm sein Vater die Waffen, er ermahnt ihn, stets der Erste zu sein, niemals und vor niemandem zurückzuweichen und dem Geschlecht der Vorfahren keine Schande zu machen. Keiner ist Sohn seiner selbst, denn das Blut geht von einer Generation auf die nächste über. »Möge dein Ruhm größer sein als der meine«, ermahnt großmütig der Vater den Sohn. Der Ruhm fließt in den Adern und überträgt sich auf die Nachkommen wie Reichtum und Landbesitz, und die Erinnerung an einen berühmten Namen ist das schönste Erbteil, das ein Vater hinterlassen kann. Manche erwerben den Ruhm in der Schlacht, andere, weil sie stark sind im Denken oder verschlagen oder die Ersten im sportlichen Wettkampf. Andere wieder, wie Odysseus, weil sie vor der Versammlung gut zu reden wissen und ihnen die Worte dicht wie Schneeflocken aus dem Mund stieben und ihre Zuhörer einhüllen und sie ihrem Willen gefügig machen.

Es gibt keinen Ruhm, ohne dass jemand davon erzählt. Denn in der Welt der Heroen ist ein Mann nicht, der er in seinem Inneren zu sein glaubt, sondern der, den die anderen in ihm sehen, und so, wie die Stimme des Volkes sagt, dass er sei. Eine edle Tat, im Dunkeln vollbracht, ist nichts wert; es ist, als wäre sie nie geschehen. Deshalb sind die Heroen von *einem* Wort wie besessen: *aidós*, Scham. Eine besondere Form von Scham: die stärkste moralische Triebfeder in einer Welt, die von Moral, wie wir sie verstehen, sehr weit entfernt ist. »Ich schäme mich, als Feigling dazustehen«, lassen die Sänger ihre Helden im Kampf oft sagen, denn es ist die Scham, die sie erfüllt und dazu treibt, etwas zu tun oder es nicht zu tun. Diese Männer sind nie mit sich allein, auf ihnen lastet immer die Angst, getadelt zu werden und Achtung einzubüßen. Jeden Tag treibt sie die Sorge um, sich als die Besten, die Ruhmreichsten, die Geachtetsten zu erweisen. Sie leben unter den Augen und durch die Augen der anderen. Für sie ist die »Scham« oberstes Prinzip. Während das Wort »Vergebung« für sie nicht einmal existiert.

Eine unwürdige Handlung, zu der sich ein Mann vor aller Augen herablässt, erzeugt Schande, ist wie ein Fleck, groß oder klein, auf dem prächtigen Gewand, in das eines jeden Bestimmung gewebt ist. Leben bedeutet, bewundert werden, bedeutet, allen sein glänzendes Schicksal zu zeigen. Auch wenn dieses schon bald sein Ende finden wird im jähen Eintauchen in das ewige Dunkel des Hades.

Für diese Männer ist Scham nichts Privates. Sie schämen sich vor den anderen, nie vor sich selbst. Das Wissen, im Recht zu sein, stellt für sie keinen Wert dar, solange dieses Recht nicht für alle sichtbar wird. Aber was ist dann gerecht? Die Götter sind allgegenwärtig, das ist wahr, aber sie kümmern sich nicht darum, die Sterblichen zu belehren, was gut und was böse ist. Das müssen die Menschen selbst herausfinden, soweit sie es können.

Die Rolle der Götter im Weltganzen besteht darin, jene Kräfte zu bewahren, die das Leben ermöglichen und es zu einem schönen Leben machen; manchmal auch darin, einen Menschen zu vernichten, der sie in seinem Hochmut beleidigt hat – aber nicht, sich eines einzelnen menschlichen Geschicks anzunehmen und es zum Guten zu führen. Die Religion dieser Götter kennt keine Gebote. Die Götter soll man verehren, aber fragt man sie danach, was gut und was böse ist, wissen allein die Meereswellen die Antwort.

Stehlen ist erlaubt, solange man es mit Würde tut. Zum Beispiel die Rinderherde eines anderen, wenn man dabei nur listig genug vorgeht. Holt er sie sich dann mit dem Schwert zurück, ist auch das erlaubt. Odysseus' Großvater Autolykos verdankt seinen Ruhm ebendieser Fähigkeit, er war ein Meister in jeder Art Diebstahl, kannte Zaubersprüche, die ihm aus jeder Klemme halfen und die er weitergab an seine Söhne; er konnte falsch schwören und stehlen und lügen, wie er wollte, ohne dass ihm ein Leid geschah.

Man kann also in allen Ehren eidbrüchig werden – auch wenn die Götter gewöhnlich den bestrafen, der so handelt, denn der Eid ist eine magische Schranke, die man nicht übertreten soll. *Hórkos*, Eid, kommt von *hérkos*, Umzäunung. Die Menschen schwören bei den Göttern, und die Götter schwören bei der Styx, dem Fluss der Unterwelt, und auch sie sind an ihren Eid gebunden. Wenn auch die Götter schwören, bedeutet dies, dass sie nicht Herr über das Recht sind. Davon abgesehen betrügen sie sich unentwegt gegenseitig und lügen. Listige Klugheit, die zum Erfolg führt, ist ein Merkmal der Götter und besonders von Zeus, dem obersten aller Götter, und manche Menschen tun es ihm nach, namentlich der listenreiche Odysseus.

Zeus ist ein guter Berater, *metíeta*, es ist nicht notwendig, dass er auch noch gerecht und gut sei. Er muss seine Gedanken verbergen, muss sich verstellen, sonst bekommen dämonische Kräfte die Oberhand, die die Welt zurück ins Chaos stürzen wollen. Zeus weiß, dass er nicht allmächtig ist, auch er wird von geheimnisvollen, unentrinnbaren Kräften gelenkt.

Wenn jemand schwört und den Schwur bricht, öffnet Zeus die Pforten des Tartaros und heraus kommen finstere, grausame Gestalten. Alles sehen sie, sie sehen auch, wenn ein Mensch einen Frevel begeht. Machtvoll verwandeln sich diese Geister, werden Ungeheuern und wilden Tieren ähnlich, treiben den Frevler in den Wahnsinn, lassen alles zu Gift werden, das Vieh verendet, Krankheiten befallen die Menschen. Doch ein Gott, vor dem die Seele des Menschen ihre Schuld bekennen und sich beugen müsste, existiert nicht in der Welt der Heroen. Nicht um einem Gott zu gefallen, gehen die Menschen ihren Weg in der Welt, sondern, um nicht als Feiglinge oder Dummköpfe zu gelten und der Schande und dem Gespött zu entfliehen. Für sie gibt es keine verlässliche Grenze zwischen dem, was recht und dem, was unrecht ist. Gesetze werden nicht aufgeschrieben, es gilt das Gewohnheitsrecht, denn das Recht beruht auf einem Wissen, dessen Ursprünge sich im Dunkel der Vergangenheit verlieren. Einen Schutzsuchenden wegzujagen oder das Gastrecht zu verletzen ist gewiss nicht richtig, denn so werden die Regeln des Herkommens beschädigt, auf denen die Gesellschaft aufgebaut ist. Auch die Ehre dem zu verweigern, dem sie gebührt, ist nicht recht. Ehre aber ist kein abstrakter Begriff, sondern an etwas ganz Sichtbares gebunden. In der Sprache der Achäer wird es *géras* genannt: das Vorrecht, das einem Mann vor dem gesamten Volk zuerkannt wird, der Besitz einer Sklavin, einer Rüstung, von Pferden oder Gold oder von wertvollen, kunstvoll gearbeiteten Dingen. Wenn die Beute verteilt wird, bekommt jeder seinen Anteil, groß oder klein, doch das *géras* ist etwas anderes, etwas Besonderes: die besondere Gabe, die einem Mann gewährt wird, der sich vor allen anderen hervorgetan hat und von dessen Tat alle wissen sollen. Denn es ist nicht recht, dass ein Feigling genauso viel erhält wie ein Tapferer.

Alle Adligen verlangen ihr *géras*, und es nicht zu bekommen wird als Schande betrachtet, denn dieses Gut kann man weder erkaufen noch erben. Die *timé*, die Ehre, die Würde, ist das, was den einen Mann vom anderen unterscheidet. Wer von niemandem Gaben empfängt und von wem niemand spricht, wer *átimos* ist, der schleicht mit gesenktem Blick daher und wagt nicht, das Wort zu ergreifen, denn er weiß, dass er nichts wert ist.

Es gibt Augenblicke, da können einem die Götter, wenn sie es so beschlossen haben, die Kraft nehmen – die Scham können sie einem niemals nehmen. Sie gehört dem Menschen allein, sie ist sein persönliches Eigentum, vielleicht das Einzige, über das er allein Herr ist, denn kein Gott hat diese Regung je in seiner Seele gespürt. *Anaidés*, »schamlos«, ist die schlimmste Beschimpfung: Wer keine Angst hat, sich als schamlos zu zeigen, bei dem ist mit allem zu rechnen. Seiner Furcht nachzugeben und die Flucht zu ergreifen ist nicht schändlich, solange man später zurückschlägt. Doch wer einen Gast verletzt, der besitzt kein Schamgefühl, denn ein Fremder, der um Hilfe bittet, steht unter dem Schutz der Götter, und nur ein verkommener Mensch würde ihm Böses tun. So mischt Scham sich mit Mitleid. Kein Mitleid zu zeigen mit einem, der um Hilfe fleht, weil er in Not geraten ist, beleidigt die Götter und erntet den Tadel der Menschen. Denn unmenschlich ist und ehrlos und ein Zeichen von Torheit, im Herzen nicht zu bedenken, dass von einem Augenblick auf den anderen das Schicksal sich wenden kann. Wer gerade noch oben war, kann stürzen und selbst in Not geraten und zum Schutzflehenden werden. Niemand vermag in das Herz eines Menschen zu blicken, seine Taten aber sind für alle sichtbar, und sie sind es, die über Ehre und Schande entscheiden.

Ein letztes Mal blickt Agamemnon zurück zu jener Küste, von der seine Schiffe, schwer beladen mit Beute, bei Tagesanbruch in See gestochen sind. Jetzt hat schon die Nacht Besitz ergriffen von Troja und seinem Hügel. Noch sind die Flammen nicht erloschen, hin und wieder trägt ein Windstoß den beißenden Geruch von Rauch bis über das Wasser. Das letzte Aufglimmen des

Brandes in der Ferne erscheint dem König der Achäer wie ein Traum, wie ein Nachtgesicht in seinem aufgewühlten Inneren, bar jeder Wirklichkeit und bar jeder Freude.

Ob es ein anderes Leben gibt, erfahren wir, wenn wir in den Hades hinabgestiegen sind. Dort endet der Feigling ebenso wie der Tapfere; nur er hat wirklich gelebt. Der Tod eines mutigen Kriegers wird erschütternd und prachtvoll bejammert. Die Frauen wehklagen, sie zerreißen sich das Gewand und besingen seinen Ruhm in einem Totengesang. Die Ordnung der Dinge hat es so festgelegt: Eine Frau ist es, die den Menschen aufnimmt, wenn er in die Welt kommt, und eine Frau ist es, die ihm den Abschied gibt, wenn er sie verlässt – das eine unter den Schreien der Wehen, das andere unter dem Stöhnen der Totenklage. Im Kreis tanzt der Tod um die Menschen, streckt jäh nach einem die Hand aus. Doch im Augenblick des Todes ist nicht alles vorüber: Das Ende des Lebens ist der Beginn der Erinnerung, durch sie kann ein Ruhmreicher weiterbestehen.

›Auch ich habe viel Ehrenvolles vollbracht‹, denkt Agamemnon, indem er den Blick wieder zum Bug seines Schiffes lenkt, in den kalten Schauer des nächtlichen Windes, ›obschon ich hätte abseits stehen können und nur meine Männer in die Schlacht schicken. Das aber hätte nichts Schönes an sich gehabt. Achill hatte unrecht an dem Tag, als wir uns vom Zorn hinreißen ließen und er mich verhöhnte und sagte, ich würde in der Schlacht nicht mein Leben wagen.

O nein – viele Male stand ich in vorderster Reihe, mein Leib empfing manche Wunde, und ich habe manchem den Tod gebracht. Wenn ich auf meinem goldbeschlagenen Streitwagen vor die Reihen preschte, und die Männer mich sahen, mich, meinen Wagenlenker, meine Rösser – die schönsten von allen –, ergriff jeden von ihnen Stärke und Mut, denn sie wussten, dass ich ihnen voran in den Kampf ging, gleißend im Sonnenlicht, die Augen verdunkelt vom Staub der Schlacht. Ich bin nicht wie die Könige des Landes Ägypten, die von sich sagen, sie seien Götter, und ihre Soldaten in den Kampf schicken. Wir wagen mit dem Schwert in der Hand unser Leben! Oft fehlte nicht viel, und auch mein Leben wäre in der Schlacht hinweggerafft worden vom Gott des Krieges, der unsichtbar unter uns wütet und Leben erntet wie ein Schnitter die Ähren des Feldes.

Edelleute wie wir kämpfen im Krieg vom Streitwagen aus; er wird von starken, schnellen Pferden gezogen. Wie ein Berg ragen wir aus der Masse des Fußvolks und sehen, wo wir gebraucht werden. Der Wagenlenker führt die Zügel, der Krieger umfasst die Lanze. Manchmal halten zwei Wagen geradewegs aufeinander zu; beide Gegner schleudern die Lanze im Flug, doch muss man geübt sein, um bei dem Gerüttel des Wagens und dem Staub, der alles einhüllt, sein Ziel nicht zu verfehlen. Schnell wie der Blitz muss man sein, ein winziges Zögern genügt, und der Tod greift nach deinem Leben statt nach dem deines Gegners. Das ist Ehre: Zwei Männer treffen aufeinander, blicken sich in die Augen, die Zeit der Entscheidung ist da. Danach blickt nur noch einer ins Licht der Sonne, für den anderen erlischt es für immer.

Dann wieder lassen wir uns an eine Stelle fahren und springen vom Wagen, die bronzene Rüstung dröhnt wie ein Donner, wenn unsere Füße den Boden berühren, und die Feinde erschrecken. Dort kämpfen wir dann zu Fuß, schleudern unsere Lanze, steigen wieder auf unseren Wagen und jagen zum nächsten Kampfplatz. So eilen wir durch die Reihen, stützen die Wankenden und helfen den Angreifenden, und alle können uns sehen inmitten des Staubs und Getümmels der Schlacht.

Ein Streitwagen ist die stärkste Waffe, die man sich denken kann, vier Leben vereint in derselben Gefahr: zwei Pferde, erregt von den Schreien und vom Geruch des Blutes; ein Wagenlenker, der den Leichen am Boden auszuweichen versteht und in alle Richtungen blickt, als hätte er hundert Augen, der Gefahr von rechts oder links ausweicht; und ein Krieger, der befiehlt, blitzschnell entscheidet, und kämpft; ihm ist das Leben der anderen anvertraut. Viele Völker haben die Kunst gelernt, vom Wagen zu kämpfen, aber niemand beherrscht sie wie wir.

Oft habe ich erlebt, dass nur ein Hauch über Tod oder Leben entscheidet. Ein Feind baut sich vor dir auf, schäumend vor Wut, furchterregend brüllend, mit blutunterlaufenen Augen. Für einen Augenblick hast du Angst vor ihm. Aber zugleich liebst du ihn auch, denn er ist wie du, und du weißt, er wird für dich Ruhm oder Tod bedeuten. Für einen Augenblick bewunderst du diese herrliche Kampfmaschine: schön, stark, unerschrocken, fast dein Freund. Aber sie bleibt nicht stehen und kommt auf dich zu, also tötest du sie.

Bei den Trojanern war einer, der hieß Iphidamas und kam aus Thrakien, aufgewachsen war er im Palast des Vaters seiner Mutter, denn dort gehören die Kinder zur Sippe der Mutter und man heiratet untereinander. Auch Iphidamas heiratete ein Mädchen, das sein Großvater von einer seiner Frauen hatte. Die junge Frau war berühmt wegen ihrer Schönheit, alle sprachen von ihr. Für sie bot Iphidamas viele Gaben, denn viel war sie wert als Braut. Hundert Ochsen und hundert Ziegen und hundert Schweine, die auf seinen Weiden standen, und tausend weitere versprach er, wenn er mit seiner Beute von Troja heimgekehrt sein würde.

Er bekam sie, verbrachte eine einzige Nacht mit ihr. Am nächsten Tag erhob er sich im Morgengrauen vom Brautlager, bestieg das Schiff, das im Hafen auf ihn wartete, und brach nach Troja auf, an der Spitze von zwölf Schiffen voller junger, kampfesmutiger Männer, um Priamos beizustehen. Eines Tages ließ das Schicksal uns auf dem Schlachtfeld zusammentreffen; dieser Wahnsinnige wollte die Waffen eines Königs zu seiner Beute machen, dachte, er könne den Krieg ganz allein gewinnen ... Als es zum Wurf kam, war ich der Erste, der seine Lanze schleuderte, aber ich traf ihn nicht, er bückte sich flink wie eine Schlange, und das Geschoss rauschte über seinen Helm hinweg ins Leere. Dann war er an der Reihe, mit aller Kraft schleuderte er seine Lanze in meine Richtung, ich sah sie geradewegs auf mich zukommen, es hätte mein letzter Tag sein können. Doch die Götter beschützten mich: Als die Spitze auf meine Rüstung traf, verbog sie sich, als wäre sie aus weichem Zinn, denn unsere Schmiede verstehen es, uns harte Rüstungen zu schmieden. Also stürzte ich mich auf ihn, schwang mein Schwert und suchte, wo ich ihn treffen konnte. Blitzschnell rammte ich die Klinge in Iphidamas' Hals, die einzige ungeschützte Stelle. Im selben Augenblick sah ich das Leben in seinen Augen verlöschen. Er stürzte zu Boden und fiel in ehernen Schlaf, nie wieder würde der Unglückselige seine junge Braut in den Armen halten! Ich zog dem Toten die Rüstung aus, ließ ihn mit nackter Brust liegen, und gab sie meinen Waffenknechten: eine herrliche Trophäe! Und meine Gefährten hatten meine Tat gesehen; es hieß, ich hätte dem Tod ins Auge geblickt, obschon doch ein König hinter den Reihen seiner Krieger bleiben und andere für sich sterben lassen könne. Achill hat sich also geirrt, als er meine Tapferkeit in Zweifel zog, an jenem Tag, als wir in Streit gerieten.

Jener Tag – ich kann mich noch gut an ihn erinnern: Ich hatte eine Gefangene gemacht, Chryseïs, und jede Nacht schlief sie in meinem Zelt. Augen so schwarz wie die Nacht, Blicke, dass dir die Seele schwach wird. Seit vielen Wochen besaß ich sie schon, da erschien eines Morgens der Vater des Mädchens im Lager, ein furchterregender Alter, derselbe flammende Blick wie die Tochter, doch voll grausamer Drohung. In der Luft schwenkte er einen geschnitzten Stab, ein Zepter, wie man es in feierlichen Augenblicken ergreift, Abzeichen eines Königs, eines Herolds oder Priesters, das ihnen Unantastbarkeit verleiht. Um den Stab weiße Wollstreifen gewickelt; weiß wie sein wilder langer Bart; als wären sie aus demselben Stoff, wehten beide im Wind. Weiß war auch sein Mantel, weiß und aus Leinen, denn Hexer wie dieser Alte tragen nichts am Leib, das von einem Tier stammt, es würde sie unrein machen. Bei den Völkern des Ostens sind sie gefürchtet, werden *magu* genannt. Er stand da wie ein weißer Fleck, seltsam unwirklich inmitten des Glitzerns der Waffen und des schwarzen Schattens der Pferde. Ein Seher, ein Mann, der Flüche zu schleudern vermag: ein *aretér* – so nennen wir einen, der Herr ist über die Flüche, die *arái*; einen, der Worte kennt, die, wenn er sie ausspricht, zum Leben erwachen und gefährlich werden wie Dolche. Wie ihn habe ich viele getroffen. Sie sagen, sie könnten die Götter hören und sehen. Doch aus ihrem Mund strömt der schlechte Atem verderblicher Kräfte.

Chryses hieß er; wollte seine Tochter zurück, Chryseïs; bot mir ein stattliches Lösegeld. Das Volk um mich herum murrte, ich begriff, dass die Männer mein Einlenken forderten. Jener Greis hatte etwas Beunruhigendes, sie hatten Angst, es würde Schlimmes geschehen, wenn man ihn gegen sich aufbrachte; besser man war auf der Hut vor einem, der mit Göttern und Geistern verkehrt! Auch rührte der Alte ihr Herz, etliche hatten Mitleid mit einem Vater, der ins Lager des Feindes kam und alles aufs Spiel setzte, um seine Tochter zu befreien. Er jammerte und stöhnte, hielt mir goldene Ketten und Armbänder hin, die er als Lösegeld mitgebracht hatte. Mit Mühe nur sprach er meine Sprache, nannte mich *wanaka*, „Herr" – ein Name, mit dem man die Götter anruft.

Was scherte mich eine Sklavin? Sklavinnen besaß ich viele. Doch Chryseïs war mein *géras*, meine Ehrengabe, und dem Alten seine Tochter zurückzugeben hätte bedeutet, meine Ehre wegzugeben. Und meinen Genuss, denn an dem schlanken braunen Körper und den tiefblickenden Augen des Mädchens erneuerten sich meine Kräfte. Niemand kann mich zwingen zu tun, was ich nicht will! Also weigerte ich mich, ihm Chryseïs zu geben, und schickte ihn weg, Drohungen ausstoßend. Der Alte störte mich. Doch wenn ich ihn mit Schimpf davongejagt habe, dann nicht, weil ich wütend war, wie später die anderen sagten, sondern vor allem, weil ich weiß, dass solche Menschen gefährlich sind. Sie tragen das Böse in sich, von ihnen geht Ansteckung aus, sie schleudern den bösen Blick.

Deshalb ließ ich den hässlichen Alten keinen Augenblick länger in der Nähe des Lagers dulden. Er ging; die Wachen sagten mir später, sie hätten ihn am Strand fortgehen sehen, mit zornigem Blick, den Bart flatternd im Wind. Die Augen auf Meer und Himmel gerichtet schwang er seinen verfluchten Stab und stieß Worte in einer fremden Sprache aus. „*Aplunas, Aplunas*", rief er, denn in der Sprache jenes Volkes nennt man so unseren Gott Apollon. Ich weiß nicht, was er da schrie, seine Worte waren unverständlich für uns. Gewiss – hätte er in jenem Augenblick vor mir gestanden, ich hätte ihn gleich mit der Schärfe meines Schwertes erschlagen.

Sicher verfluchte er uns, warf mit Beschwörungen um sich. Gefährlich ist der Zorn des Apollon; der Gott hat ein strahlendes Antlitz, er beschützt die Musik und den Tanz, liebt schöne Dinge, doch er kann auch grausam und blutrünstig sein; er kann heilen und schreckliche Krankheit schicken; von allen Göttern ist er der reinste, doch wenn Zorn ihn erfasst, bringt er Tod und Verderben. Doch ist er ein Gott, der manchmal in Raserei gerät, maßlos und blind. Sein Heiligtum ist die Insel Delos, kaum mehr als ein Felsen, an dem die Wellen sich brechen inmitten des Meeres; doch alle ziehen in froher Stimmung dorthin, bringen Gaben mit, feiern dort Feste und tanzen. Apollon, so sagen sie, sei dort geboren, auch wenn andere meinen, ein Fremder aus dem Norden habe dort nur einen Tempel für ihn gebaut. Auf der Insel steht ein heiliger Palmbaum, er wird von allen verehrt und in seinen Schatten legen sie ihre Opfergaben, denn es heißt, dass Leto, als sie Apollon zur Welt brachte, sich mit den Händen an den Stamm dieses Baumes klammerte und vor Schmerzen laut schrie. Die große Hera war eifersüchtig auf Leto und hasste sie, deshalb machte sie ihre Wehen besonders lang und besonders schmerzhaft. Neben der Palme steht ein Altar, aus den Hörnern der Opfertiere geschichtet, und jedes Jahr, wenn das Fest des Gottes gefeiert wird, führen auf dem benachbarten Tanzplatz Jungen und Mädchen Hand in Hand einen Reigen auf, den *géranos*, den Kranichtanz. Auf einem Bein hüpfend bis zur Erschöpfung, hin und her, wie in einem Labyrinth – denn so tanzten einst Theseus und Ariadne, als sie auf ihrem Schiff weit weg von Kreta bis nach Delos geflohen waren, und noch heute erinnert der Tanz daran, wie der Held mit der Hilfe des Mädchens dem Labyrinth entronnen ist.

Apollon war es, bei dem Chryses der Magier uns verflucht hatte. Es dauerte nicht lang, und einige unserer Pferde gingen zu Boden, schlugen aus und verendeten; auch einige Männer wurden krank und starben. Das geschieht oft im Heerlager – nicht nur die Lanze hält tödliche Ernte –, dann haben die Götter Krankheit unter die Menschen geworfen. Damit niemand bemerkt, wie sie sich nähern, ersticken sie die Stimme der Opfer. Plötzlich sind sie da, und keiner kann ihnen entgehen, wenn seine Stunde gekommen ist.

Achill benutzte die Gelegenheit, um eine Versammlung einzuberufen. Ich glaube, er tat es, um mich herauszufordern, denn er dachte, er sei stärker als ich, und wollte mich vor aller Augen bloßstellen. Das gesamte Heer wird nur selten versammelt, wichtige Entscheidungen werden im Rat der Anführer getroffen, der in meinem Zelt zusammentritt. Das Heil des Volkes, es soll nicht zu vielen Köpfen anvertraut werden. Achill aber wusste, dass die Männer ihn liebten, denn er hatte das Heer viele Male mit seinem Mut gerettet, und mutig ist er ja auch – aber nicht wie ein Mensch, fast wie ein Wahnsinniger. Achill erhob sein Zepter und forderte, es müsse etwas gegen die Pest unternommen werden (so nannte er die Seuche). Als wäre es ihm gerade erst in den Sinn gekommen – aber er hatte es schon lange überlegt, da bin ich sicher –, schlug er vor, einen Heilpriester oder einen Traumdeuter oder Seher zu rufen, der uns den Grund des Übels erklären sollte. Wenn es nämlich zu einer Seuche oder

Hungersnot kommt, dann ist dies ein Zeichen, dass etwas einen Gott beleidigt hat, im Verborgenen breitet sich das Unheil dann aus, niemand kann ihm entfliehen.

Da stand Kalchas der Seher auf und ergriff das Wort. Ein Mann wie Chryses, noch widerwärtiger sogar, alle verabscheuten und fürchteten ihn. Dennoch gingen sie immer wieder, wenn sie allein waren, heimlich zu seiner Hütte aus Stroh und Binsen am Ufer des Meeres und legten einen Ring oder sonst etwas von einigem Wert oder auch etwas zu essen in die große Schale, die er unübersehbar davor aufgestellt hatte. Dann kam der Seher heraus, wenn er nicht schon mit abwesendem Blick vor seiner Tür saß, und sie baten ihn um Auskunft, ob sie morgen in der Schlacht sterben oder mit dem Leben davonkommen würden. Manche ließen sich ein Amulett gegen feindliche Schläge geben oder wollten wissen, ob es ihren Lieben auch gut gehe in der Heimat. Denn es ist schwer, so lange fort zu sein von der Frau und von den Kindern und sie nicht aufwachsen sehen zu können. Und er stellte alle zufrieden mit dem, was er sagte, mit den Zaubersprüchen, die er murmelte und den nicht immer eindeutigen Antworten, die er gab; oder indem er Stäbchen auf dem Sand ausschüttelte, die, je nachdem, wie sie fielen, Botschaften enthielten – ob wahr oder falsch, wer konnte das sagen? Kalchas war eine elende Kreatur, niemandem sah er geradewegs in die Augen, wie es Männer tun, wenn sie reden und dem anderen ins Gesicht sagen, was das Herz ihnen gebietet.

An jenem Tag aber redete Kalchas vor der ganzen Versammlung, und das Volk hörte ihn an, denn es fürchtete ihn.

„Ich will dir sagen, was die Ursache ist, ruhmreicher Achill. Die Ursache ist hier, mitten unter uns. Aber, soll ich sie offenbaren, musst du mir schwören, mich zu beschützen, denn jemand, der sehr mächtig ist, könnte sehr zornig werden."

„Ich schwöre, dass niemand dir ein Haar krümmen wird", erwiderte Achill, „nicht einmal, wenn es Agamemnon sein sollte, den du beschuldigst – der doch so stolz auf seine Macht ist."

Nach einem Augenblick des Innehaltens – aber vielleicht war auch das nur vorgetäuscht – sprach Kalchas weiter.

„Also will ich es dir sagen. Apollon ist zornig auf uns, weil Agamemnon den Magier Chryses beleidigt hat. Erst dann wird er von seinem Zorn ablassen, wenn wir jenem die Tochter zurückgeben, und zwar ohne Lösegeld zu verlangen."

Eine schwarze Wolke des Zorns umfing mich, als ich sah, wie dieser Scharlatan mich so unverschämt beleidigte: einer, der im Schmutz seiner Hütte lebte mit seinen Zaubertränken und seinen heiligen Schlangen, die er in einem Korb eingeschlossen hielt; einer, der aus dem Dunkel der Vergangenheit kam; einer voll Bosheit und Tücke wie alle seines Schlages. Wären wir allein gewesen, Mann gegen Mann, ich hätte ihm mit einem einzigen Hieb meines Schwertes den Kopf abgeschlagen – aber hier, vor allen Leuten, zwang mich dieser Mann, dessen Augen nicht die eines Menschen sind, sondern die einer hungrigen Ratte, mich vor allen zu rechtfertigen.

Jedoch, ich beherrschte mich und erklärte mich einverstanden, zum Wohle meines Volkes. Mein Name aber durfte nicht entehrt werden. Ich hatte Chryseïs als meine Konkubine mit nach Argos nehmen wollen, um sie mein Leben lang an meiner Seite zu haben. Wenn es dem Wohl des Heeres diente, mein *géras* herzugeben, dann musste mir zum Ausgleich ein anderes verschafft werden. Achill erhob sich und widersprach. Und er machte seine Sache gut, denn manchmal konnte dieser Mann, der allein aus Trieben gemacht schien, dennoch listig sein wie eine Schlange.

„Welche Gaben besitzen wir, Agamemnon, die wir dir geben könnten in deiner Gier? Jeder hat sein *géras* bekommen, wir können die Beute nicht noch einmal neu aufteilen. Wenn wir Troja erobert haben ... dann wirst du das Zehnfache erhalten!"

Wenn wir Troja erobert haben – noch so ein Betrug ... Vor einem jüngeren Krieger und seinem Lügenpropheten durfte ich nicht meine Ehre verlieren, niemals! Vor Wut zitterten mir die

Fäuste, die ich unter dem Gewand verborgen hielt. Es war die Wut, die mich mit fortriss. Andere gibt es, die können sich beherrschen, Nestor ist so einer, ein Greis, der schon drei Menschenalter erlebt hat; wenn er spricht, spricht er mit Maß und rät immer zum Besten. Aber Nestor ist alt, in seinen Adern fließt das Blut nicht mehr so heiß und er hat wohl vergessen, wie einem die Leidenschaften im Herzen kochen und dazu treiben, zu reden und zu handeln, ohne viel nachzudenken. Es gibt Männer, die können voraussehen, welche Folgen es haben wird, was sie tun; andere sind unfähig, zu sehen, was kommt. Odysseus, er vor allen anderen, er kann schweigen und auf den rechten Augenblick warten, und während er schweigt, seine Pläne schmieden; er weiß rechte Worte zu finden, die anderen zu überzeugen; mehr als einmal habe ich gesehen, wie er den Sinn der Soldaten in die Richtung lenkte, in die er wollte.

Ich nicht, in meinen Adern fließt das Blut von Pelops und Oinomaos, zwei Männern, die keiner Herausforderung aus dem Weg gingen, die in einem einzigen Augenblick alles zu wagen wussten. Mein Blut ist das Blut eines Königs, niemals könnte ich dulden, dass man mich beleidigt. Wenn der Zorn ihn packt, wird ein Mensch zu allem Überfluss auch noch von einem Schleier aus Wahn eingehüllt, und das ist das Schlimmste für seinen Geist, so gesund er auch sein mag. Man nennt das *áte*, Verblendung. Wer Opfer der *áte* wird, verliert die Berührung mit der Wirklichkeit, ihm ist, als steige er auf ein scheuendes Pferd ohne Zügel. Das sind die gefährlichsten Augenblicke, dann ist dir, als ob dir ein Dämon die Sinne raubt.

Ich blickte Achill fest in seine blauen, eiskalten Augen und sprach voller Zorn: „Dann, mein schrecklicher Achill, werde ich mir deine Sklavin Briseïs nehmen, dein *géras*, und du sollst sehen, dass ich der Stärkere bin." Mit einem Schlag wurde er bleich, als wäre alles Blut aus seinem Gesicht gewichen. Er griff zum Schwert – doch als er es schon halb aus der Scheide gezogen hatte, erstarrte er und blickte voll Entsetzen zum Himmel, als sähe er eine Erscheinung. In jenem Augenblick, so sagte er später, sah er Athena, die ihn von hinten am Schopf gepackt hatte, und sie redete auf ihn ein, damit er von der Gewalt lasse, und er hielt inne.

Athena! Ich selbst habe noch nie einen Gott an meiner Seite gesehen. Ich glaube, Achill starrte damals außer sich vor Zorn nur seine eigenen himmlischen Hirngespinste an. Jedoch, manche erzählen, sie hätten neben sich schon einmal die Stimme eines Gottes gehört, der ihnen ins Ohr flüsterte, und vielleicht ist es wahr, was sie sagen.

Achill stieß sein Schwert zurück in die Scheide und ging davon, laut Drohungen und Verwünschungen ausstoßend. Schaum stand ihm vorm Mund, er schrie, ich sei ein Hund und ein Feigling. Bei seinem Fürstenzepter schwor er, nicht mehr gegen die Trojaner in die Schlacht zu rücken, und tatsächlich zog er sich aus allen Kämpfen zurück. Man sah ihn später allein am Ufer, er weinte und streckte die Hände zum Meer aus, dessen einsame Wellen an den Strand schlugen, gleichgültig gegenüber den Leidenschaften der Sterblichen. Achills Mutter Thetis ist eine Gottheit der Meere, manchmal, so erzählte er, sei sie aus der Tiefe zu ihm hinaufgestiegen, um zu ihm zu sprechen und ihm zu raten – vielleicht tat sie es auch diesmal. Sie wusste ja, dass aus ihrem Schoß ein zerbrechliches Menschenwesen geboren wurde. Wie anders ist nur die Zeit für die Götter, für sie, die immer bestehen! Der Zorn, der doch unser Herz restlos ausfüllt und uns ohne Vergleich scheint, wie flüchtig mag diese Leidenschaft einem Gott erscheinen? Doch Thetis war Achills Mutter, und ihr größter Kummer bestand darin, dass ihr einziges Kind einst zu den Toten hinabsteigen musste, während sie weiter am Grund des Meeres tanzen würde. Sie hatte versucht, ihn unsterblich zu machen, aber das vermag nicht einmal ein Gott.

Achill also und seine Männer zogen seitdem nicht mehr in die Schlacht und er kam nicht mehr zur Versammlung der Fürsten. Ohne Zweifel war das ein Übel für alle, heute weiß ich es. Aber manchmal nehmen die Götter auch dem Besonnensten den Verstand, und wenn das geschieht, was können wir Menschen da tun?

An jenem Abend brachte man Chryseïs zu ihrem Vater zurück, und neben mir schlief Briseïs in meinem Zelt. Sie war blond und freundlich, und vielleicht liebte sie Achill tatsächlich. Als meine Herolde vor seinem Zelt erschienen, befürchtend, er würde ihnen im Zorn begegnen, empfing er sie, so heißt es, mit höflichen Worten und widersetzte sich nicht. Patroklos, sein Gefährte, ging ins Zelt, kam kurz darauf mit dem Mädchen an der Hand wieder heraus und übergab es den Herolden. Briseïs aber, als man sie fortführte, wandte sich mehrmals um, die Tränen liefen ihr still über die schönen duftenden Wangen. Achill – er konnte wohl auch zärtlich sein, wenn nicht der Rausch des Krieges ihn in seiner Gewalt hatte.

Briseïs brachte man in mein Zelt, aber ich rührte sie nicht an, ich war zu erregt vom Streit mit Achill, und sie blickte mich ängstlich an. Außerdem fürchtete ich: Würde ich sie zwingen – Achill hätte mir niemals vergeben.‹

# Éros – Der Gürtel der Aphrodite

**Fünfzig Gemächer hat der Palast des Priamos,** mit begehbaren Dächern und Fresken an den Wänden: Fische, Ruderschiffe und Reigentänze ziehen über sie hin. In jedem Gemach schläft ein Königssohn mit seiner Gemahlin, auf der gegenüberliegenden Seite des Hofes sind zwölf Gemächer, in denen die Schwiegersöhne des Königs und dessen Töchter schlafen, in den übrigen lebt Priamos mit seinen Frauen. Jetzt aber beherbergen viele Betten nur noch einen einzigen Gast, denn auch durch die Reihen von Priamos' Söhnen ist der Tod geschritten. Sein Haus ist ein Labyrinth von Gängen, Säulenhöfen und Sälen, ein Ort voller Geheimnis, ganz anders als die mykenischen Paläste, die streng um den Hauptraum des Megaron herum angelegt sind, wo sich alles vor aller Augen abspielt, während den Frauen das Obergeschoss vorbehalten ist.

Im Halbdunkel eines der weiten Säle des Palastes sitzt Helena und tut, was die Frauen so oft tun, sie sitzt am Webstuhl und webt. Auch die anderen Frauen können weben, doch gibt es einige, denen das Tuch wie magisch aus der Hand fließt: Kirke sitzt am Webstuhl und singt und lockt die Männer zu sich, verwandelt sie dann in wilde Tiere; Penelope webt für die Freier ein Tuch der Täuschung.

Auch Helenas Webstück ist eine besondere Arbeit. In den großen purpurnen Stoff webt die Frau, die manche eine Hündin nennen, andere eine Göttin, all jene Taten ein, die vor den Mauern der Stadt von Trojanern und Achäern um ihretwillen vollbracht werden; ihre eigene Geschichte steht dort geschrieben. Helena kennt die Männer nur zu genau, die sich ihretwegen gegenseitig erschlagen. Alle haben sie begehrt, etliche wollten sie zur Frau, bevor sie sie noch gesehen hatten, nur weil sie von ihrer Schönheit sprechen hörten.

Helena webt ihr Webstück in der Farbe des Blutes, die Götter – oder das Schicksal – verweben Helenas Schicksal in ein Geflecht, das um vieles größer ist.

In die Arbeit vor sich auf dem Webstuhl legt Helena, was von ihrer Seele noch frei ist, den anderen Teil hat das Schicksal längst eingefordert. Nicht sie selbst hat sich diesen wundervollen Körper ausgesucht, nicht diese Augen, deren Blick das Blut der Männer in Wallung versetzt. Nicht ihr Entschluss war es, Menelaos untreu zu werden und einem Liebhaber zu folgen, nach dem sie verrückt ist wie die Männer nach ihr. Aphrodite war es, die sie gepackt hatte, in ihr die Leidenschaft geweckt hatte. So übermächtig und unvorhersehbar kam diese Leidenschaft über sie, dass Helena heute noch darüber staunen muss. Eros ist eine Urgewalt, alle Dinge entstehen aus ihm, er wirkt in jedem lebenden Wesen fort und fort, ob Mensch oder Tier, nichts und niemand kann sich ihm widersetzen. Und Herrin über diese unsichtbare unaufhaltsame Kraft, die jedes Atom in diesem Universum durchwaltet, ist allein Aphrodite, jene Göttin, die Helena zu ihrem Abbild auf Erden gemacht hat.

Auf dem Schlachtfeld vor Troja verschlingt der Krieg jeden Tag Menschenleben. Doch diese Frau ist allem entrückt. In Trojas Tempeln flehen die Ehefrauen der Krieger für das Leben ihrer

Männer, jammern, pressen, wenn grausame Nachrichten vom Schlachtfeld sie erreichen, ihre Kinder an ihre Brust. Auf der anderen Seite des Meeres, auf den Inseln und in den Städten inmitten der Wälder harren Penelope, Klytämnestra und die anderen Frauen der Achäer, und wissen nichts, verzehren sich in Erinnerungen oder vergehen in finsterem Groll.

Helenas Leben ist nicht wie das der anderen Frauen und Mütter, die ihre Kinder aufwachsen sehen, während sie selbst immer älter werden. Paris und Helena sind wie aus einer anderen Welt, einer Welt ohne Aufruhr. Die Männer fallen im Kampf, Ströme von Blut werden vergossen, um eine Tat zu rächen, die im Wahn der Leidenschaft begangen wurde. Gegen jedes Gesetz: Familie und Eide, Bündnisse und Gastrecht sind vergessen. Zwei Völker im Kampf auf Leben und Tod, unzählige Hochzeiten, deren Band vom Schwert zerschnitten wurde, Ehelager, die allzu lange leer bleiben. Und doch liegt im blinden Glück der beiden Liebenden etwas Großes, etwas, das Neid und, mehr noch, Bewunderung weckt.

Eines Tages war ein schöner Fremdling nach Sparta gekommen, höflich und freundlich, elegant und prächtig gekleidet, wie man es im Land der Achäer noch nicht gesehen hatte. Von diesem Augenblick an war Helenas Leben nicht mehr dasselbe. Sie war es gewohnt, begehrt zu werden. Aphrodite hatte ihr alle Gaben dazu verliehen: Schönheit, Verführungskraft, Leidenschaft, und sie hatte all diese Gaben ihrem Gemahl Menelaos geschenkt. Eine Frau, wie sie nie wieder jemand haben würde. Doch von einem Augenblick auf den anderen verschwand Menelaos aus ihren Gedanken.

Als Paris den großen Saal des Palastes betrat, nahm Menelaos den Fremden aus einem fernen Land höflich auf und erwies ihm die Ehre, die einem Königssohn zukam. Zu Helena sagte Paris kein Wort, und Worte brauchte es auch nicht. An jenem Abend fiel Helena das erste Mal auf, dass ihr Mann zu laut lachte, als er zu Tisch saß; zum ersten Mal sah sie die grauen Haare in seinem Bart. So geht es, wenn die Liebe das Herz befällt, es ist wie eine Krankheit, vor der man nicht fliehen und die niemand erklären kann. Ein paar Tage später begab Menelaos sich – blind und töricht wie er war – zur Leichenfeier eines Verwandten, an der eine Frau besser nicht teilnehmen sollte.

In jener Nacht stieg Helena aus dem Frauengemach, dem Gynaikeion, in den Garten des Palastes hinab, wo Paris schon auf sie wartete. Eilig packten die Mägde die Schätze ihrer Herrin zusammen, Truhen voller Schmuck, Kleider und Edelsteine, und begleiteten sie zum Schiff des Trojaners, das einige Meilen vor Sparta im Hafen von Gythion vor Anker lag und wo Paris' Männer auf den Befehl zum Auslaufen warteten. Noch vor Morgengrauen stach das Schiff der Trojaner in See und trug Helena mit sich fort zu einem anderen Leben, im Kielwasser die Leben so vieler, die ihretwegen den Tod finden sollten.

Damals konnten die beiden Liebenden noch nicht wissen, dass aus ihrer Liebe unermessliches Leid entstehen sollte. Im Morgengrauen machte das Schiff vor der Insel Kranae fest, dort liebten die beiden Flüchtigen sich zum ersten Mal.

Bei all ihrer Schönheit ist Helena doch auch eine Getriebene. Manchmal muss sie an Menelaos denken und an Hermione, ihr kleines Töchterchen, das sie in Sparta zurückließ. Wie konnte sie ihre Kleine nur für einen Fremden verlassen, den sie kaum kannte? Beim Gedanken an Hermione legt ein Schleier von Traurigkeit sich über ihr Gesicht. Doch schön ist sie auch dann noch, selbst ihre Dienerinnen, die ihr den Elfenbeinkamm reichen und die Duftessenzen, sehen sie hingerissen an; sie haben gelernt, die Schwermut auf ihrem Gesicht zu lesen.

Manchmal wehrt die Herrin die Hände, die sich an ihrem Haar zu schaffen machen, unwirsch ab, dann wissen die Dienerinnen, dass sie allein sein will. Im Grunde ist Helena wie sie, Kriegsbeute, Tauschware, Sklavin, denn auch sie ist nicht frei.

Was sie bindet, sind die unsichtbaren Bande des Begehrens, die Ketten des Eros, des mächtigsten aller Herren.

Sie kann ohne Paris nicht leben, seinetwegen hat sie ihre Familie verlassen. Doch in Troja ist sie immer eine Fremde geblieben. Man begegnet ihr mit Misstrauen, und im Lauf der Jahre hat sich das Misstrauen mancher in blanken Hass verwandelt. Zu viel Trauer und Leid hat sie über die Stadt gebracht, zu viele Männer sind für sie, die schamlose Ehebrecherin, in die Schlacht gezogen und nie mehr zurückgekehrt.

So sitzt Helena am Webstuhl und hängt ihren Gedanken nach, als Laodike, eine ihrer Schwägerinnen, ins Zimmer stürzt und ruft: »Komm mit, komm und sieh dir an, was da vor sich geht! Die Männer haben mitten auf dem Schlachtfeld halt gemacht, die Schilde abgelegt und die Lanzen in die Erde gesteckt. Jetzt warten sie darauf, dass Menelaos und Paris sich einen Zweikampf um dich liefern. Einer wird sterben, der andere wird dein Gemahl sein!«

Tief im Inneren spürt Helena plötzlich Sehnsucht nach ihrem ersten Gemahl, der sie zur Frau nahm, als sie noch ein junges Mädchen und keine öffentliche Ehebrecherin in einem fremden Land war. Schnell zieht sie ihren schönsten Peplos an, wirft sich einen Schleier über, so fein wie ein Netz aus Licht, und eilt in Begleitung ihrer Dienerinnen auf die Stadtmauer.

Tatsächlich stehen die beiden Heere einander in Erwartung des Zweikampfs gegenüber. Die nötigen Schwüre wurden den Riten gemäß abgelegt, zwei schwarze Lämmer wurden geschlachtet, die Eidesformel mit ihren grausamen Flüchen gegen jeden Eidbrüchigen wurde gesprochen und ein Büschel von der Wolle der Opferlämmer wurde herumgereicht, damit die Anführer der beiden Heere sie berühren zum Zeichen der Bestätigung ihres Eides.

Es könnte der letzte Tag dieses Krieges werden. Auf den Mauern von Troja haben sich neugierig die Alten der Stadt versammelt. Zu schwach zum Kämpfen, können sie nur noch reden, sie wärmen sich in der Sonne und tuscheln in ihren dünnen Greisenstimmen zirpend wie die Zikaden. Da kommt Helena. Vieles haben die Alten in ihrem Leben gesehen, aber nichts gleicht dem Anblick dieser Frau, die da auf sie zuschreitet, als wäre sie eine Göttin oder eine Erscheinung. Vieles vermag die Schönheit – sogar für einen Augenblick den Krieg und die Schwermut des Alters vergessen zu machen. »Keine ist schöner als sie auf der ganzen Welt«, flüstern die Greise mit einem Augenzwinkern, »für solch eine Frau lohnt es sich auch in den Krieg zu ziehen!«

Höflich bietet Priamos der Geliebten seines Sohnes einen Platz an seiner Seite an und sagt entschuldigend und so, dass alle es hören: »In meinen Augen bist nicht du schuld an diesem Krieg, schuldig sind die Götter, die dich als Vorwand gewählt haben, um diesen Krieg zu entfachen.« Priamos ist ein weiser Mann, er verfügt über große Erfahrung und weiß Menschen einzuschätzen. Er hat begriffen, dass auch Helena schwer an der Last ihres Schicksals zu tragen hat, zu dem ihre Schönheit sie verdammt hat. Priamos weiß, dass die Gaben der Götter nie ohne Gefahren sind.

Auch Helena weiß, was man von ihr erwartet. Vor den greisen Trojanern demütigt sie sich, nennt sich selbst »Hündin« und wollüstig, auch wenn sie weiß, dass es nicht so ist. Doch so nennen die Witwen der gefallenen Trojaner sie. Die Männer aber starren sie hingerissen an und würden alles für ein Lächeln von ihr tun. Helena weiß, dass Priamos' Söhne alle versuchen würden, in ihr Bett zu steigen, wenn Paris nicht wäre. Der Einzige, der sie in Schutz nimmt und ihr gegenüber anständig handelt, ist Hektor. Er ist für sie wie ein Bruder, hat nur freundliche Worte für sie. Doch Hektor liebt seine Gemahlin Andromache, die zwar nicht halb so schön ist wie Helena, aber dafür rein und bescheiden. Staunend steht Helena vor dieser Liebe, die so stark und so tief ist, wie sie ihr zwischen einem Mann und einer Frau noch nie begegnet ist, ein Gefühl, das ihr fremd ist, weil sie keine Leidenschaft darin erkennen kann, nur grenzenlose Zärtlichkeit.

Dass Helena bereuen würde, was sie getan hat, davon kann keine Rede sein, denn das Wort »Reue« existiert in der Welt der Heroen nicht. Sie hatte keine Wahl. Als sie mit Paris ging, um der Liebe zu folgen, die ihr Leben von einem Augenblick auf den nächsten verwandelte, wollte sie frei sein. Doch dann wurde sie zum Faustpfand in einem Krieg, der um Worte geführt wird, die ihr ebenso fremd sind, Worte wie »Ehre«, wie »Rache« und »Macht«.

Der Zweikampf zwischen Paris und Menelaos ist schnell vorüber. Paris' Lanze bohrt sich in Menelaos' Schild, der daraufhin die seine auf Paris schleudert. Das Wurfgeschoss durchschlägt dessen Schild, doch er duckt sich geschickt zur Seite, so dass die Bronzespitze nur seinen Chiton schlitzt. Daraufhin attackiert Menelaos den Trojaner mit dem Schwert und versetzt ihm einen Hieb auf den Helm, der aber hält stand und die Klinge zerspringt in drei Teile. Grunzend vor Wut stürzt der Spartaner sich mit bloßen Händen auf den von der Wucht des Schwerthiebs benommenen Gegner, packt ihn am Helm und zerrt ihn mit Gewalt in seine Richtung, so dass der lederne Helmgurt sich in Paris' weißen Hals gräbt und diesen fast erdrosselt, bis er schließlich zerreißt und der leere Helm davonspringt und vor die Füße der Achäer rollt. Menelaos wendet sich um und fasst nach seiner bronzenen Lanze, wild entschlossen, diesem verfluchten Weiberheld, der ihm seine Frau gestohlen hat, den Todesstoß zu versetzen. Aber wo steckt er? Unversehens hat ein Windstoß eine Staubwolke aufgewirbelt, die den gesamten Kampfplatz mit allen Umstehenden einhüllt und für Augenblicke den Himmel verdunkelt.

Paris ist verschwunden. Vielleicht haben seine Kameraden ihn, die Gunst des Augenblicks nutzend, versteckt. Vielleicht auch – so werden später die Sänger sagen – hat Aphrodite ihren Liebling vor der Wut des betrogenen Ehemanns in Sicherheit gebracht, ihn in sein Schlafgemach versetzt, ist dann zu Helena geeilt und hat ihr, die von der Mauer aus dem Zweikampf zusah, geboten, dem Geliebten dort etwas Trost zu spenden. In der Gestalt einer alten Magd hat sie sich ihr genähert und in ihr Ohr geflüstert: »Königin, komm! Paris wartet in seinem Bett auf dich, so strahlend und schön, man könnte meinen, er komme nicht vom Schlachtfeld, sondern vom Reigentanz.«

Helenas Blicken jedoch, die geübt sind, die Göttin zu erkennen, bleibt diese auch in ihrer Verkleidung nicht verborgen. Auf den ersten Blick mag sie aussehen wie eine Greisin, doch schon der schlanke, glatte Hals, duftend und faltenlos, verrät, dass sich etwas Göttliches in diesem verwelkten Körper verbirgt. Auf ein wenig Schönheit kann Aphrodite nie ganz verzichten, auch nicht, wenn sie die Gestalt einer hinfälligen Alten annimmt.

Eine Woge des Begehrens wallt in Helena auf, dringt in jede Faser ihres Körpers. Doch ihr Wille versucht zu widerstehen: »Göttin, ich habe dich sehr wohl erkannt. Warum willst du mich wieder hinters Licht führen und mich in die Arme dieses Mannes treiben? Ich will nicht zu ihm gehen! Was sollen die Trojanerinnen sagen, wenn sie erfahren, dass Paris und ich uns lieben, während ihre Männer unseretwegen auf dem Schlachtfeld Schweiß und Tränen vergießen? Eine unsägliche Schande! Das Herz wird mir schwer, wenn ich nur daran denke. Nein, ich werde nicht zu ihm gehen!« Dann verhöhnt sie die Göttin sogar und raunt ihr zu: »Geh du doch zu ihm, in sein Bett, mach du dich zu seiner Sklavin, wenn du unbedingt willst!« Wie kann sie es wagen, so zu einer Göttin zu sprechen, als wäre sie eine vertraute Freundin? Und tatsächlich, wie es bei guten Freundinnen vorkommt, wird Aphrodite ein klein wenig böse auf sie: »Du Dummchen – tu, was ich dir sage, oder ich werde dafür sorgen, dass wie dich bisher alle geliebt haben, du von nun an allen verhasst sein und eines unrühmlichen Todes sterben sollst!«

Da senkt die Schöne ihr Haupt und gehorcht; vielleicht fällt es ihr auch gar nicht so schwer, sich zu fügen. Sie zieht den leuchtenden Schleier vors Gesicht und folgt der Alten gehorsam durch die leeren Straßen bis in den Palast und bis zu dem Gemach, in dem Paris, schön wie ein Gott, bereits auf sie wartet. Was folgt, ist nicht mehr als ein kurzes Geplänkel zwischen Liebenden: Helena hält Paris Feigheit vor, nennt ihn einen Drückeberger, demütigt ihn, indem sie Menelaos' Mannhaftigkeit rühmt – aber hinter der zornigen Maske regt sich schon das Begehren, das wortlos und wie ein übermächtiger Zauber vom Leib des Geliebten ausstrahlt und sie in seinen Bann schlägt.

Auch diesmal kann sie nicht widerstehen. Paris nimmt ihr ihre Vorhaltungen auch gar nicht übel, versteigt sich sogar zu einem Satz, der in seinem Stolz besser zu Paris' Bruder Hektor passen würde: »Dieses Mal haben die Götter Menelaos den Sieg beschert, beim nächsten Mal werden sie ihn mir gewähren.« Aber noch während er das sagt, weiß er in seinem Inneren genau, dass er um keinen Preis je wieder in die Reichweite von Menelaos' Lanze geraten will. Stattdessen verlegt er sich auf verführerische Reden, denn die beherrscht der Prinz von Troja meisterhaft, sogar die Bilder an den Wänden von Priamos' Palast, Bilder von Stieren, von jungen Männern beim Reigentanz, jungen Mädchen mit bloßem Busen, scheinen bei seinen Worten lebendig zu werden, wenn er in Helenas Ohr flüstert: »Nie warst du so schön, so strahlend wie heute, nie habe ich dich so begehrt, auch nicht in unserer ersten gemeinsamen Nacht, als ich dich aus Sparta entführte und wir uns auf Kranae das erste Mal geliebt haben, auf einer blumenübersäten Wiese, als ich dir das erste Mal das Kleid vom Leib streifte.«

Bei diesen Worten bewegt er sich Richtung Bett, und Helena folgt ihm. Am helllichten Tag, wie heimliche Geliebte es tun – nicht in der Nacht, wenn der Gatte in seinem Gemach bei seiner Gemahlin liegt und die Krieger nach dem Blutvergießen des Tages sich zu ihren Sklavinnen legen –, lieben sie sich.

Während Paris' strahlend geschmeidiger Körper sich mit dem blendend schönen Leib seiner Geliebten vereint, auf einem Bett aus Elfenbein, im Duft einer prächtig geschmückten Kammer; während zwei Liebende die Welt um sich herum vergessen –, stapft vor Trojas Mauern Menelaos, der um seinen Zweikampf betrogene Ehemann, noch immer von Schweiß und Staub bedeckt, die Augen rot vor Wut, auf der Suche nach dem elenden Ehebrecher, dem verfluchten Feigling Paris, der ihm im letzten Augenblick entkommen ist, auf und ab, außer sich vor Erregung.

Während Menelaos, nachdem er sich kurz in sein Zelt zurückgezogen hat, dort wie ein wildgewordener Keiler seine Kreise zieht, scheint es zwischen Achäern und Trojanern doch zu einer Einigung zu kommen: Was auch immer aus Paris geworden sein mag, den Zweikampf hat Menelaos gewonnen, daran besteht kein Zweifel. Man hat Eide geschworen, dass Helena in diesem Fall ihrem Ehemann zurückgegeben würde, auch das steht außer Frage. Wieder sieht es so aus, dass es Helenas Schicksal sein wird, als Faustpfand hin und her gereicht zu werden. Doch es sollte anders kommen.

Pandaros, dem Fürsten der Lykier, die auf der Seite der Trojaner kämpfen, dämmert ein unheilvoller Plan: Warum nicht Menelaos mit einem Pfeil zur Strecke bringen? Kein Krieg wäre mehr nötig, und Priamos würde den Schützen, der Menelaos ausgeschaltet und die Stadt gerettet hatte, überreich belohnen. Natürlich müsste man für Menelaos' Tod eine große Menge Gaben anbieten, aber Priamos' Schätze sind gewaltig. Wer würde dann noch kämpfen wollen, um die Frau eines Mannes zurückzubekommen, der nicht mehr am Leben war?

Pandaros ist der beste Bogenschütze beider Heere, er verfehlt kein Ziel. Vor Troja kämpft er ohne Streitwagen, obschon im Haus seines Vaters Lykaon ein Dutzend davon bereitstünde, jeder mit einem eigenen Gespann. Pandaros hatte Sorge, seine geliebten Rösser würden in der belagerten Stadt nicht genug Futter bekommen, denn sie waren an große Gaben von Hafer gewöhnt. Später bereute er seinen Entschluss, denn ohne Streitwagen hatte er bisher seine Tapferkeit noch nie unter Beweis stellen können.

Aber da ist ja immer noch sein Bogen, aus den Hörnern eines Steinbocks gemacht; ein großes Tier, das er selbst eines Tages im Sprung von einem Felsblock zum anderen mit einem Schuss in die Brust erlegt hatte. Er ließ die Hörner von einem geschickten Handwerker bearbeiten, ließ sie glätten und mit festen Ringen aus Bronze zu einem starken Bogen verbinden und an den Enden mit goldenen Haken versehen. Nur Pandaros ist in der Lage, den Bogen zu spannen, seine Pfeile fliegen schnurgerade ins Ziel, keiner geht daneben. Allein das Gift, mit dem er die Pfeilspitzen bestreicht, das hat er nicht mit nach Troja genommen – einen Mann in der Schlacht mit Hinterlist zu töten wäre nicht ehrenvoll.

Während seine Leute mit ihren Schilden eine Mauer bilden, um ihn zu decken, legt Pandaros, der Narr, im Knien den Pfeil auf die Sehne. Es würde genügen, aufzustehen, das Ziel ins Visier zu nehmen und zu schießen, aber Pandaros hat gelernt, Vögel im Sprung zu treffen. Er spannt den mächtigen Bogen zum Kreis, dann setzt er über die Wand aus Schilden; sirrend schnellt der Pfeil auf sein Ziel zu. Noch nie hat Pandaros sein Ziel verfehlt, doch jetzt geschieht es, denn so ist es bestimmt, dass Troja fallen soll, und Menelaos' Stunde ist noch nicht gekommen.

Vielleicht hat ein Gott das Geschoss abgelenkt – nur ein wenig, aber genug, um den Spartanerkönig nicht zu töten. Mit einer raschen Bewegung ihrer Hand hat Athena den Pfeil von Menelaos' Herz ferngehalten. Wie eine Mutter, die eine Fliege vom Gesicht ihres schlummernden Säuglings scheucht, eine unbedeutende, beiläufige Geste, die ausreicht, das Schicksal eines Kriegers in eine andere Richtung zu lenken, und die zeigt, wie weit das vergebliche Ringen und Mühen des Menschen von der

Leichtigkeit entfernt ist, mit der eine Gottheit über die Dinge herrscht.

Der Pfeil durchschlägt Menelaos' Rüstung und bleibt in dem geflochtenen Leinengurt stecken, den er zum Schutz vor Geschossen um den Leib gebunden trägt. Nur die Spitze dringt bis ins Fleisch, Blut spritzt aus der Wunde und läuft in Strömen über Menelaos' Schenkel und Waden.

In diesem Augenblick zeigt sich, dass auch Agamemnon im Grunde seines Herzens eine verletzliche Seite trägt, die offen zu zeigen er vermeidet. Der stolze, überhebliche, hochmütige Mann zittert um das Leben seines verwundeten Bruders. Eine ungewohnte Erscheinungsform der Liebe, die nichts mit dem Eros zu tun hat, wie er Paris und Helena auf ihrem elfenbeinernen Bett zusammengeführt hat, nicht der Eros des Begehrens also, sondern Freundschaft, *philía*, wie sie die Angehörigen einer Familie verbindet. Erst jetzt fällt Agamemnons Maske.

Die Heroen kennen keine Scheu zu weinen, im Gegenteil, Trauer, Klage und Tränen sind Teil ihres Wesens, denn mit ihren Tränen zeigen sie die Stärke ihres Gefühls. Zu weinen ist deshalb kein Zeichen von Schwäche, sondern von Mut, denn wer weint, fürchtet sich nicht, dem Schmerz ins Auge zu sehen und ihn seinen Gefährten offen zu zeigen. Die Helden Homers können ihre Gefühle nicht unterdrücken. Deshalb kommen Agamemnon jetzt die Tränen. Er nimmt die Hand seines kraftlos am Boden liegenden Bruders in die seine. Das Entsetzen, dass dieser vor seinen Augen sterben könnte, übermannt seine Seele. Erschüttert bilden die Kampfgefährten einen Kreis um ihn. Bitter bereut Agamemnon, dass er so unvorsichtig war und auf die Trojaner hereingefallen ist, bitter fühlt er, wie schändlich seine königliche Macht beleidigt wurde. Aber neben der Eigenliebe bewegt ihn auch die Sorge um den Bruder. Menelaos und er sind unzertrennlich, aufgewachsen in derselben Berufung zur Größe, vermählt mit den schönsten und edelsten Frauen auf dem

Antlitz der Erde, Helena und Klytämnestra. Nie ist zwischen den Brüdern ein böses Wort gefallen. Und jetzt ist das alles zu Ende, denkt Agamemnon, hier auf diesem vom Blut seines Bruders getränkten Stück Erde. Dann wird auch er nicht mehr derselbe sein, auch sein Leben wird auf diesem Flecken Erde zerbrechen. Tränen laufen ihm über das Gesicht, rinnen bis auf seine bronzene Rüstung.

»Du darfst nicht sterben, mein Bruder!«, ruft Agamemnon, »wozu bin ich mit dir nach Troja gekommen – um dich hier sterben zu sehen? So, von der Hand eines feigen Verbrechers? Wir haben Eide geschworen, sie wurden verletzt, den Sieg trägt der Verräter davon, und du, edel und schön, stirbst auf schändliche Weise. Oh, gewiss werden die Götter früher oder später den Eidbrüchigen strafen. Zeus wird Troja und die verfluchten Trojaner dem Untergang weihen, ein treuloses Volk von der Wurzel auf. Reichtümer besitzen sie viele, aber keine Ehre.

Wenn du jetzt stirbst, wird mein Schmerz unheilbar sein. Wie soll ich denn so mit Schande beladen heimkehren? Denn ohne dich werden mich alle verlassen, keiner wird mehr weiterkämpfen wollen. Eines Tages wird ein Trojaner seinen Fuß auf dein Grab setzen und sagen: ›Seht, was von Agamemnons Zorn geblieben ist: ein Häufchen Erde! Mehr hat er nicht vermocht.‹ Soll also die Erde sich auftun und mich verschlingen, denn ich, Agamemnon, kann mit dieser Schande nicht weiterleben, mit dir geht mein ganzes Leben dahin. Umsonst sind wir geboren.«

Agamemnon ist verzweifelt, sein Blick weicht nicht von dem des Bruders, ihre Hände suchen einander. Auch Menelaos lächelt jetzt, hat nichts mehr von einem wilden Tier an sich. Am Boden liegend versucht er seinem Bruder Mut zu machen: »Es geht mir gut«, flüstert er, »der Pfeil steckt nicht tief, nur die Spitze, es ist nur ein Kratzer ...«

Unterdessen ist Machaon erschienen. Er ist Arzt, versteht sich auf heilende Kräuter, kann jede Wunde behandeln, hat in den zehn Jahren vor Troja Hunderte von Verwundeten versorgt, kennt jeden Nerv und jeden Muskel. Machaon beugt sich zu Menelaos nieder und zieht vorsichtig den Pfeil aus der Wunde. Er achtet darauf, dass Spitze und Widerhaken nicht weiter ins Fleisch schneiden, stellt fest, dass die Pfeilspitze glücklicherweise nicht schwarz von Gift ist, saugt das Blut aus der Wunde, spuckt es aus und bestreicht die Stelle mit einer nach geheimer Rezeptur gemischten Kräutersalbe, bevor er die magische Formel spricht, die das Blut in der Wunde gerinnen lässt.

Menelaos wird am Leben bleiben, Agamemnon wird erspart, den eigenen Bruder sterben zu sehen. Natürlich denkt er auch an seinen Ruf als König, an die Schmach der erlittenen Niederlage, aber es geht ihm dabei nicht nur um sich selbst. Für ihn, wie für alle Heroen, sind die Regungen der Seele nicht voneinander zu trennen. Alles gehört zusammen: Ehre und Liebe, Schmach und Zorn und Schmerz.

Zwei Brüder können sich hassen, wie Atreus und Thyest sich hassen, oder sich lieben wie Agamemnon und Menelaos. Doch in der Kriegergesellschaft der Achäer gibt es noch eine andere Seite der Beziehung zwischen Männern. Die Trojaner scheinen sie nicht zu kennen, sie wissen nichts von dem engen Band, das zwei Männer mit Leib und Seele verbindet wie etwa Patroklos und Achill. Die beiden einfach nur Freunde zu nennen wäre zu wenig, niemand ist sich so nahe wie sie. Agamemnon, Odysseus, Diomedes – sie alle sind gestandene Männer, haben eine Frau und Kinder fern in der Heimat. Patroklos und Achill dagegen sind jünger, gehören zu einer anderen Altersklasse, sind zusammen aufgewachsen, sind unzertrennlich, der eine das Spiegelbild des anderen, nur zusammen sind sie ein Ganzes: die wilde unbezähmbare Stärke Achills und Patroklos' Sanftmut.

Wenn die beiden zusammen sind, geht etwas Unverwechselbares von ihnen aus. In der Nacht, als Agamemnons Gesandte zu Achills Zelt kommen und ihm die Gaben anbieten, mit denen der König sein stolzes Herz zu versöhnen hofft, tritt ihnen ein Mann entgegen, der eine ganz unerwartete Seite seines Wesens offenbart. Eine lichtvolle, heitere Seite, nicht die grausame, blutige, die sie von ihm aus der Schlacht gewohnt sind. Wie auch Agamemnon nicht nur der stolze, unnahbare König ist, sondern auch der mitleidende Bruder sein kann, kennt auch Achills Seele mehr als nur Grausamkeit und Stärke. Als die Gesandten das Zelt betreten, spielt er auf einer Leier, einem wunderschönen Instrument, reich verziert und mit einem Steg aus Silber, um seinen Schmerz zu lindern. Achill hat sie sich selbst ausgesucht aus der Beute einer eroberten Stadt, sie lag zwischen den anderen Dingen und glänzte, ein altes, schön gearbeitetes Stück, das im Lauf der Jahrzehnte von vielen unbekannten Händen mit zarten Fingern gespielt worden war. Zum Klang dieser Leier singt Achill von den Heldentaten der Vorzeit. Grausamkeit und Schönheit können durchaus zusammengehen, jede menschliche Seele besitzt zwei Seiten, eine helle und eine dunkle, und die des Achill ganz besonders. Er hat eine Stadt zerstört, sie geplündert, hat seine Hände in Blut getaucht, aber als es darum geht, seinen Teil der Beute zu wählen, nimmt er die Leier. Und nun sitzt er da und singt mit schöner Stimme, und vor ihm sitzt und lauscht hingerissen, den Blick auf den Sänger geheftet, Patroklos, sein Gefährte. Was mag in Patroklos vorgehen, während der schönste und stärkste der griechischen Helden nur für ihn allein singt?

Später – die Gesandten sind schon wieder auf dem Weg zu Agamemnon, um ihm die Nachricht zu bringen, dass Achill den Kampf nicht wieder aufnehmen wird – legt dieser sich im hinteren Teil seines Zeltes zur Ruhe. Neben sich eine der kriegsgefangenen Trojanerinnen – Ersatz für Briseïs – und auf der anderen Seite des Zeltes Patroklos; neben ihm Iphis, auch sie eine Gefangene, die Achill ihm geschenkt hat.

Die beiden Freunde teilen alles miteinander, Gefahren, Gefühle, Leidenschaften, sogar ihre Frauen, alles. Die intime Vertrautheit, die sie verbindet, kennt keine Grenzen, zeigt sich in jedem gemeinsamen Augenblick. Der sonst so grausame Achill – mit Patroklos geht er behutsam um, fürsorglich, sensibel, beschützt ihn, teilt seine Empfindungen; ebenso Patroklos ... als wäre er Achills Spiegelbild. Zwischen ihnen besteht ein Band, das bis in den Tod reicht und noch darüber hinaus.

In der Nacht nach dem Kampf, in dem Achill Rache für Patroklos' Tod genommen hat, träumt er von ihm. Achill will allein sein und weinen, das Herz voller Wut und voller Schmerz. Nie würde er Patroklos wiedersehen, nie mehr mit ihm sprechen. Er stöhnt unaufhörlich, seine Männer schlafen nicht, hören seine Rufe im Dunkeln. Schließlich wirft er sich auf den Strand, wo die Wellen leise murmelnd ans Ufer schlagen, dort wo er immer hingeht, wenn er Kummer hat, damit seine Mutter ihn von ihrer Wohnung am Meeresgrund aus hören kann und ihn tröstet. Dort schläft er ein.

Im Schlaf erscheint ihm eine Gestalt, die nach und nach die Züge eines Mannes annimmt. Er träumt, dass er schläft und die Gestalt zu ihm kommt. Sie ist Patroklos ähnlich in allem, Gesicht, Stimme und Kleidung. Der Schatten stellt sich neben Achills Haupt und redet ihn an. Sein Gesicht ist von Schmerz gezeichnet, Tränen laufen ihm über die Wangen.

»Du schläfst hier, Achill, und kümmerst dich nicht mehr um mich. Wie schnell du mich vergessen hast! Du denkst allein daran, wie du Hektor Schande zufügen kannst, denkst nur an deinen Zorn. Bestatte mich, rasch, sorg dafür, dass ich die Schwelle des Hades überschreiten kann und Frieden bei den Toten finde. Man muss dazu über einen Fluss setzen, er ist die Grenze zum Reich der Toten. Wer aber noch nicht bestattet ist und wen seine Gefährten noch nicht ein letztes Mal mit lauter Stimme beim Namen gerufen haben, darf diese Schwelle nicht überschreiten und taumelt wie vertrocknetes Laub ruhelos durch die Lüfte. Ich bin nicht mehr unter den Lebenden, doch die Toten halten mich noch von sich fern. Erst wenn mein Leib auf dem Scheiterhaufen verbrannt sein wird, kann ich werden wie sie, kein Fleisch und keine Knochen, und sie werden mich bei sich aufnehmen.

Aber nun reich mir deine Hand und lass uns zusammen weinen! Nie wieder werden wir Worte wechseln können, wie wir sie früher gewechselt haben, denn mich hat das Schicksal ereilt, das mir seit meiner Geburt bestimmt war.

Auch du, Achill, wirst vor Troja sterben, alles wird kommen, wie es bestimmt ist. Sorg dafür, dass unsere Gebeine nicht voneinander getrennt werden, nachdem auch für dich der Augenblick gekommen ist, den Scheiterhaufen zu besteigen. Befiehl, dass sie in dieselbe Urne gelegt werden, denn auch im Tod wollen wir nicht getrennt voneinander sein.

Unser ganzes Leben haben wir zusammen verbracht, von frühester Kindheit an. Dein Vater nahm mich in sein Haus auf, als ich noch ein Knabe war. Mein Vater Menoitios war mit mir aus unserer Heimat geflohen, in einem Wutanfall hatte ich ein anderes Kind mit einem Stein erschlagen, als wir beim Würfelspiel in Streit gerieten. Wie töricht von mir, ich wusste nicht, was ich tat, ich wollte nicht so fest zuschlagen, aber der Zorn eines Knaben kann zügelloser sein als der eines Mannes. Ich musste also in die Verbannung gehen, mein Vater vertraute mich euch an und dein Vater nahm mich in sein Haus auf. Als wir uns das erste Mal sahen, Achill, in dem Augenblick, als ich den großen Saal von Peleus' Palast betrat, hast du mir zugelächelt. Keines von den anderen Kindern hatte dich lieb, alle hielten sich fern von dir, denn schon damals warst du von Neid und Furcht umgeben. Du aber hast sofort gesehen, dass ich dein bester Freund sein würde, bist auf mich zugelaufen und hast meine Hand genommen.

Von da an wuchsen wir gemeinsam auf, lernten einen Streitwagen zu lenken, eine Lanze zu schleudern und zu ringen, die

Leier zu spielen und dazu zu tanzen. Ich wurde dein Gefährte und Ratgeber, wurde der Zeuge deines Ruhms, und ich starb in deiner Rüstung. So soll auch unsere Asche in einer einzigen Urne beigesetzt werden, jener Urne mit zwei Henkeln, die deine Mutter dir geschenkt hat.«

In seinem Traum gibt Achill ihm Antwort. Zunächst kommt ihm kein Wort über die Lippen, er will sprechen, aber er kann nicht, bis er der Traumgestalt schließlich erwidert: »Ich werde tun, was du sagst. Jetzt aber komm näher, wir wollen uns ein letztes Mal umarmen und einer in den Armen des anderen weinen.«

Achill streckt die Hände nach Patroklos aus, um ihn zu umarmen, doch er greift ins Leere. Die Gestalt löst sich auf, verschwindet wie von der Dunkelheit aufgesogen, kehrt in den Schatten zurück, aus dem die Träume kommen. Dann hört Achill eine Art hohes Zischen oder Stöhnen, ein Geräusch wie von einer Fledermaus, das aus der Tiefe der Erde zu kommen scheint. Da erwacht er, so wie wir aus einem Traum erwachen und meinen, der Traum wolle noch etwas sagen – aber er hat für immer aufgehört, zu uns zu sprechen.

Achills Asche wird später tatsächlich mit der des Patroklos vermischt, und die beiden Freunde bleiben für immer vereint. Für sie gilt, was Platon im *Gastmahl* über die Liebenden geschrieben hat: Würde ihnen ein Gott anbieten, sie unauflöslich zusammenzuschweißen, so dass sie sich ihr Leben lang nicht mehr trennen müssten und auch im Hades vereint blieben, wäre dies die Erfüllung ihres größten Wunsches, nämlich aus zweien zu einem Einzigen zu werden.

Auch Patroklos und Achill sind so sehr eins geworden, dass sie ohneeinander nicht leben können. Deshalb findet Achill in seinem Schmerz keinen Trost. Er mag in Zukunft andere lieben, aber mit Patroklos ist wahrhaftig die Hälfte seines Ich gestorben.

In jener Nacht findet Thetis ihren Sohn, wie er Patroklos' kalten Leichnam schluchzend im Arm hält. Sie streichelt ihn und versucht ihn zu trösten, indem sie ihm rät, mit einer Frau zu schlafen, denn das sei »etwas Gutes«.

Achill aber sieht nur noch *thánatos*, den Tod, auf sich zukommen und niemals mehr *éros*.

Das tiefe Band, die tragische, verzweifelte Freundschaft, die Achill und Patroklos für immer verbindet, liegt außerhalb der Sphäre der Aphrodite. Die Liebesgöttin hat etwas Heiteres, Strahlendes, manchmal Übermütiges, auch dann, wenn sie einen ins Unglück stürzt, schließlich wurde sie aus dem Schaum der Wellen geboren, und leicht und ungestüm wie die Wellen ist auch ihr Wesen. Aphrodites Liebe ist von Natur aus wechselhaft, sie bindet und löst, wie es ihr gefällt, denn sie herrscht nicht nur über die Liebe, sondern auch über das Verliebtsein: ein vergänglicher Zustand, kurz von Dauer, ein Augenblick, den man immer wieder erneuern möchte und doch niemals erneuern kann.

Wenn Aphrodite es so will, muss, auch wer vor der Liebe flieht, ihr später doch nachlaufen; wer ihr kein Opfer bringt, ihr später doch opfern; wer nicht liebt, schließlich doch lieben, auch wenn er nicht will. Doch nur mit Aphrodites gnädigem Beistand wird es ihm gelingen, sonst muss er scheitern. Ihr muss sich überlassen, wer jenes überflutende Leben kennenlernen will, das Liebe genannt wird.

Aphrodite, so heißt es auch, sei eine Ränkeschmiedin: *dolóplokos*. Ohne Täuschung nämlich gibt es keine Verführung. Wer der Verführung verfällt, der wird von einem Zauber umsponnen. Wer verführt, täuscht nicht, um zu betrügen, sondern um zu befreien. Ohne Aphrodites Beistand vermag niemand einen solch trügerischen Zauber zu spinnen. Aber das ist nicht wahr, Aphrodite ist keine gemeine Betrügerin, und hierin liegt das Geheimnis ihres Wirkens: Die Verführung hat eine eigene Art Wahrheit, in ihr will der Mensch sich nicht verbergen und nicht entblößen – er will sich dem anderen zeigen, wie er am schönsten ist. Allein Aphrodite ist fähig, sich den Willen eines Menschen zu unterwerfen und diesen wie mit magischen Kräften zu zwingen, sein Sinnen in eine andere Richtung zu lenken. Kinderleicht gelingt ihr das, denn außer Dionysos ist sie die Einzige von den Göttern, die bis in die Tiefe der menschlichen Seele vordringen kann und vordringen will.

Aphrodite, so sagen die Sänger, flößt selbst den Göttern Liebe ins Herz und herrscht über die Sterblichen und über die Vögel am Himmel und über jedes Tier, das lebt auf der Erde oder im Wasser. Geheimnisvoll und unwiderstehlich ist ihre allumfassende Macht. Wie jedes lebende Wesen muss auch der Mensch sie in sein Herz einlassen, denn ohne sie würde das Universum nicht bestehen und ohne sie wäre des Menschen Seele dürr und leer.

Aphrodites Zauber verdichtet sich in einem Gegenstand: einem Gürtel, mit dem sie bindet und löst, wessen Seele sie will. Ein Gürtel aus Leder, in allen Farben bestickt mit Tieren und Pflanzen, der die Macht aller Liebeszauber in sich trägt. In ihm wohnt die Liebe und wohnt das Begehren, wohnt das süße Liebesgeflüster und wohnt die Macht der Verführung, die auch den Verstand der weisesten Menschen mit sich reißt. Dem Anschein nach geschieht alles aus Zufall, in Wahrheit aber folgt es einem launenhaften Gesetz, dessen Regeln allein Aphrodite kennt. Ihr Gürtel dient nicht zum Schmuck, er dient dazu, sein Opfer in einem Netz des Begehrens zu fangen wie ein Hirschkalb im Netz eines Jägers.

Der Gürtel der Aphrodite nimmt es nicht nur mit sterblicher Schwäche auf. Auch Hera bedient sich Aphrodites Geschmeide, um Zeus, dem mächtigsten aller Götter, den Verstand zu rauben, wenn es ihr in den Sinn kommt, das Begehren ihres göttlichen Gatten auf sich zu lenken und seine ein wenig erschlaffte Leidenschaft für sie zu erneuern, damit er seine Aufmerksamkeit für eine Zeit lang vom Krieg um Troja abwende.

Die Götter leben auf dem Olymp in Glückseligkeit Tag für Tag, während hier auf Erden die Menschen leiden müssen, und so wird es bleiben für alle Zeiten. Die Götter sind neidisch, und deshalb werden sie ihre Glückseligkeit nie mit den Sterblichen teilen. Ein wenig lassen sie sich von der menschlichen Schwachheit anrühren, aber nur wie ein Kind, dessen Spielzeug zerbricht: So nichtig der Gegenstand auch sein mag, so füllt der Schmerz darüber doch seine ganze Seele aus. Die Götter erleben das Leid der Menschen wie die Zuschauer in einem Theater das Leiden der Figuren auf der Bühne. Manchmal – wenn das Stück gut und die Schauspieler überzeugend sind – geschieht es, dass sie von Mitleid ergriffen werden. Wenn aber das Stück aus ist, bindet sie nichts mehr an die Menschen, die es auf die Bühne gebracht haben.

Leichthin gleiten die Götter durch eine andere, eigene Zeit, von der die Menschen nichts wissen. Göttliche Verführer lieben sterbliche Frauen und haben Kinder mit ihnen. Doch diese Frauen und ihre Kinder werden alt und sterben, während sie selbst für immer jung bleiben. Andere Frauen werden kommen, und sie werden sie sich nehmen, denn eine ihrer Aufgaben scheint es zu sein, einen Funken Ewigkeit in die flüchtig vergängliche Welt der Menschen zu säen. Nur die Götter verfügen über die doppelte Macht von Sein und Werden. Sie existieren für immer, doch sie können zu etwas anderem werden und dann wieder sie selbst sein. Die größte Tragik der menschlichen Seele, die darin besteht, alles vergehen zu sehen, auch die eigenen Empfindungen (selbst die größte Liebe verwelkt mit der Zeit, und niemand, sosehr er auch darunter leiden mag, kann es verhindern), ist ihnen fremd. Nur ein Sterblicher erlebt das Gesetz des ewigen Wandels in der Tiefe seiner Seele.

»Leih mir deinen Gürtel«, sagt Hera zu Aphrodite, »ich will zu den Grenzen der Erde gehen, dorthin, wo Okeanos und Tethys wohnen, das uralte Götterpaar, das seit unendlicher Zeit das gemeinsame Bett und die liebende Umarmung verweigert, ich will sie versöhnen.« Lächelnd gewährt Aphrodite der Götterkönigin ihren Wunsch, ohne weiter zu fragen. Sie wird ihr den Gürtel geben, auch wenn sie im Herzen ahnt, dass Hera ihr eine Lüge erzählt hat, wie sie selbst oft welche benutzt. Eine Lüge, die dazu dienen soll, Verlangen und Liebe in die Welt zu bringen – denn das ist es ja, was die Göttin der Liebe will.

Bevor sie Aphrodites magischen Gürtel anlegt, um den Gemahl zu verführen, zieht Hera sich in ihr Gemach auf dem Olymp zurück und schmückt sich. Sie wäscht ihren prächtigen Körper mit Ambrosia, dann verteilt sie einige Tropfen einer besonderen Essenz darauf, deren übernatürlicher Duft Himmel und Erde erfüllt – schüttelt man nur das Fläschchen, in dem sie aufbewahrt wird, durchdringt eine Brise von Wohlgeruch alle Dinge. Danach kämmt Hera ihr Haar und lässt es über ihre Schultern fallen wie einen gleißenden Wasserfall. Sie legt ihr durchsichtiges Göttergewand an, das Athena für sie gewebt hat, und steckt es über den Schultern mit einer goldenen Fibel fest. In ihre Ohrläppchen zieht sie ein Paar goldener Ringe, an denen je drei runde Perlen unendlich anmutig schimmern. Über ihr Haar breitet sie einen Schleier, so leuchtend wie das Licht der Sonne, und bindet sich glänzende Sandalen an die Füße. Schließlich schlingt sie Aphrodites Gürtel um ihre Brust, dicht unter dem Busen, der sich in berückender Fülle emporhebt; eine Flut des Begehrens steigt von ihrem Gewand auf.

Mit Aphrodites Gürtel angetan, tritt Hera Zeus, der auf dem Gipfel des Idagebirges sitzt und das grausame Schlachtgeschehen vor Troja verfolgt, wie zufällig vor die Augen. Ein kurzer Augenblick nur, und der magische Gürtel bestrickt sein Herz. Kaum hat er die Gemahlin erblickt, wird sein Verstand von Leidenschaft überwältigt, und die Menschen, die dort unten fechten und sterben, schwinden aus seinen Augen wie Spielzeug, das man zur Seite legt. Zärtlich schließt der Sohn des Kronos sein Weib in die Arme und bettet es sanft zur Erde. Der Himmel verhüllt sich mit goldschimmernden Wolken, und während Zeus und Hera sich lieben, lässt die Erde unter der göttlichen Umarmung eine weiche Wiese aufkeimen, aus der wie von Zauberhand Lotusblüten, Krokusse und Hyazinthen sprießen, zart und dicht, weich wie eine Decke über den Boden gebreitet.

# Dôra – Geben und Empfangen

**Die nächtliche Stille der Ebene** ist erfüllt von gespenstischen Lauten: dem Gejaule der Hunde, dem Kreischen der Vögel, dem Geraschel der Tiere; sie halten ein Festmahl, die Leichen der unbestatteten Gefallenen sind ihre Nahrung. Die dunkle Fläche ist übersät von Feuern. Auf dem Schlachtfeld lagern die Trojaner, stolz auf den Sieg, zu dem Hektor sie geführt hat. Die Achäer haben sich hinter ihren Wall zurückgezogen und die Leichen der Kampfgefährten dem Feind und den Tieren überlassen – was für eine Schande.

Die Feuer funkeln im Dunkeln wie Sterne, die in einer windstillen Mondnacht am klaren Himmel stehen. In der Ferne zeichnet sich der Umriss des Gebirges ab mit seinen Gipfeln und Tälern. Hingerissen, das Herz voller Freude, betrachtet der Hirte die Schönheit der Landschaft. Regungslos neben ihre Pferde gelagert ernähren sich die Trojaner von Gerste und Spelt; angespannt erwarten sie das Heraufziehen der Morgenröte am Horizont.

Im Lager der Achäer ist alles still. Mit Mühe nur haben die Besiegten vereinzelte Feuer entzündet. Die Männer verkriechen sich ängstlich, denn sie wissen, dass mit dem nahenden Sonnenaufgang auch die Trojaner zurückkehren und mit ihnen der wilde Sturm ihrer Waffen. Die Männer erwarten den Angriff, sind am Rande ihrer Kräfte, sehen sich schon erschlagen oder als Gefangene weggeschleppt.

Agamemnon wandert mutlos zwischen den Zelten umher und sagt den Herolden, sie sollen zu den Soldaten gehen und sie zur *agoré*, zur Heeresversammlung, holen, jeden für sich, ohne zu rufen, mit halblauter Stimme.

Und so findet sich noch in derselben Nacht, beim Licht der Fackeln, eine gespenstische Kriegerschar ein. Agamemnon steigt auf einen Erdwall. Er ist aufgewühlt, jammert, zittert, die Tränen laufen ihm über das Gesicht bis in den zerwühlten Bart, er stöhnt, ihm bricht die Stimme, er wirkt wie die gestaltgewordene Niederlage. Die Götter haben ihm den Mut genommen, so angriffslustig er zuvor auch war. Als er das Wort ergreift, klingt seine Stimme nicht stolz und volltönend wie sonst – ein Besiegter, Gedemütigter spricht da. Noch vor wenigen Tagen hat er in seinem Hochmut Achill vor allen beleidigt, jetzt drückt ihn nicht nur die Niederlage, sondern auch, dass er nun vor allen seinen Wahn und seine Schwäche eingestehen muss.

»Wie schwer ist es doch, das Geschick zu verstehen, das die Götter uns bereitet haben! Seit unserem Aufbruch aus der Heimat zeigten mir tausend Vorzeichen, dass ich euch einst siegreich nach Troja führen würde. Wie bitter ist nun die Enttäuschung! Besiegt und ohne Ehre muss ich nach Mykene zurückkehren, und man wird sagen, ich hätte das Heer in den Untergang geführt. Ich, Agamemnon, werde es ertragen müssen. Doch uns bleibt nichts anderes übrig, als zu fliehen, denn gegen ein solches Verderben gibt es kein Mittel. Noch vor Morgengrauen und ohne dass die Trojaner es bemerken, werden wir die Schiffe ins Wasser ziehen, eines nach dem anderen, so leise es geht, und uns mit aller Kraft in die Riemen legen, auf dass die Götter uns wenigstens eine sichere Heimkehr schenken. Denn dass sie uns den Sieg nicht schenken wollen, hat sich deutlich gezeigt.«

Die Männer im Halbdunkel schweigen. Wie ein Berg lastet auch auf ihnen die Demütigung ihres Befehlshabers, ihres stolzen und siegessicheren Königs, der sie schalt, wenn sie zurückwichen und ihnen drohte, wenn er sie wieder in den Kampf schickte. In solchen Augenblicken ging selbst von seinen groben Schmähungen eine gewaltige Kraft und Stärke aus. Aber jetzt, wo sogar Agamemnon zurückweicht, was vermag da noch sein Volk?

Die Niederlage vor Troja wird der Untergang der Achäer sein. Wie ein Rudel Wölfe werden die Seevölker über ihre Städte herfallen, jetzt, wo die Schwäche ihrer Krieger zutage getreten ist, die man für unbesiegbar hielt mit ihren Streitwagen und ihren Bronzewaffen. Was werden jetzt die Hethiter tun? Was die Sardu? Was die Hirtenvölker in den Tälern des Nordens, Wilde, die immer gegen sie auf der Lauer liegen? Agamemnon und seine Verbündeten haben sie bisher auf Abstand halten können, aber nun? Lastendes Schweigen senkt sich über die Versammlung. In der Ferne sieht man rings um die Ebene die Stellungen und die Wachfeuer der Trojaner.

In der *agoré* sprechen nur die Anführer. Die Versammlung trifft keine Entscheidungen, sie hört zu, sie hat keine Macht, dient nur als Spiegel für die Kämpfe und Leidenschaften zwischen den Fürsten. Gewöhnlich applaudiert sie den Worten der Anführer oder sieht schweigend zu, wie sie sich streiten. Als Achill und Agamemnon ihren bitteren Zwist austrugen, blieben die anderen stumm. Allein der greise Nestor versuchte zu vermitteln, doch ohne Erfolg. Nestor ist alt, er hat schon zwei Menschengeschlechter gesehen und herrscht nun in Pylos über das dritte. Er weiß Dinge, welche die Jungen nicht wissen, er ist die lebendige Erinnerung an die alten Gebräuche. Denn dies ist das Vorrecht der Alten: das Herkommen zu bewahren. Nestor ist der einzige Alte im Heer der Achäer, umgeben von einer Schar von Söhnen und Enkeln, und doch erscheint er noch immer mit seinem Wagen auf dem Schlachtfeld, um den Jungen ein Beispiel zu geben, auch wenn er keine Lanze mehr zu schleudern vermag. Nestor ist alt, und alt ist auch sein Wagenlenker, alt und langsam selbst seine Pferde. Nestor ist in allem ein Abbild des Alters, eines Alters, dem niemand entrinnen kann. Alles an ihm ist alt, und sorgsam pflegt er das Bild eines Mannes, der die Zeiten überstanden hat – wie ein Baum einen Waldbrand, und nun ragt er auf einem verbrannten Hügel einsam gen Himmel.

Wenige Stunden vor dieser traurigen Versammlung hat auch Nestor dem Tod ins Auge gesehen. Ein Pfeil hatte eines seiner Pferde getötet, und während er noch mit zitternden Händen versuchte, das Zaumzeug loszuschneiden, erschien plötzlich Hektor und raste mit erhobener Lanze auf ihn zu. Er hätte ihn sicher getötet oder gefangen genommen, wäre ihm nicht – als Einziger von den Achäern – Diomedes zu Hilfe geeilt und hätte ihn auf seinen Wagen steigen lassen, während die anderen Hals über Kopf die Flucht ergriffen. Auch Odysseus kam vorbei, und Diomedes brüllte ihm zu, er solle ihm helfen, der aber schoss an ihnen vorüber, ohne Antwort zu geben. Vor dem Erdwall des Lagers stauten sich Wagen und Männer. Die Fliehenden drängten sich vor den Toren, jeder versuchte zu entkommen, so gut er konnte. Agamemnon, Ajax, Menelaos, Fußvolk und Anführer nebeneinander, denn auf der Flucht verliert auch der Mutige seinen Mut und wird wie die anderen.

Diomedes dagegen hätte sich sogar Hektor in den Weg gestellt, damit niemand ihn einen Feigling nennen konnte. Er war der Einzige inmitten der flüchtenden Menge, der seine Rösser nicht hatte kehrtmachen lassen. Doch Nestor beschwor ihn: »Mag Hektor dich auch einen Feigling höhnen – die Trojanerinnen, deren Männer du erschlagen hast, werden ihm wenig Glauben schenken!« Und nun, dem Tode entronnen, sitzen beide, Nestor und Diomedes, in der ersten Reihe und hören, was Agamemnon zu sagen hat.

Schwer wie Felsbrocken fallen Agamemnons Worte ins Schweigen. Dann steht Diomedes aus Argos auf, um zu sprechen. Ein Mann, der nur ein Gesetz kennt: das der Ehre. Sein Vater Tydeus war ein furchtloser Krieger, der nicht zögerte, es allein gegen viele aufzunehmen, und der nie auch nur einen Schritt weit zurückwich. Beim Kampf um Theben trat er gegen den thebanischen Feldherrn Melanippos an. Beider Lanzen trafen den Gegner, Tydeus' Speer drang Melanippos in die Brust, dessen Wurf traf Tydeus in den Hals. Noch im Todeskampf, als ihm schon das Blut aus der Wunde schoss und seine letzten Kräfte schwanden, ließ Tydeus seinem Feind den Kopf abschneiden, öffnete den Schädel und begann das Gehirn auszuschlürfen. Ein grauenvoller Anblick, vielleicht hoffte der Sterbende, indem er sich von der Kraft seines Feindes nährte, noch einmal sein eigenes Leben zurückzugewinnen, vielleicht hatte ihn der nahende Tod auch schon um den Verstand gebracht. Doch so starb er, die Zähne in den Schädel des anderen geschlagen. In der Sage heißt es, Athena, die Tydeus' Mut und noble Haltung bewunderte, sei schon unterwegs auf das Schlachtfeld gewesen, um ihm eine Schale Ambrosia zu reichen und ihn damit unsterblich zu machen. Beim Anblick des widerwärtigen Schauspiels jedoch wandte sie sich ab und kehrte auf den Olymp zurück.

Im Schatten eines solchen Vaters wuchs Diomedes auf und wurde ein junger Mann, immer in der Furcht, seiner nicht würdig zu sein. Manchmal träumt er von ihm, sieht ihn vor sich: mit irrem Blick, den Mund voller Blut – und wacht schreiend auf. Stets in vorderster Reihe, wagt Diomedes das Unmögliche. Mit ihm vollbringt Odysseus die gefährlichsten Taten, der eine setzt seinen Verstand ein, mit seiner Kühnheit gewährt der andere ihm Deckung. Nicht weniger tapfer als Achill, trägt Diomedes indes nicht dessen Leidenschaft im Herzen. Im Gegenteil, es scheint, dass er keine Leidenschaften kenne. Er lässt sich nicht vom Hass leiten, nicht vom Schrecken und nicht von der Rachsucht, denn für ihn existiert nur das Gesetz der Tapferkeit ohne Zögern. Im Volk erzählt man, eines Tages habe er sogar die Götter herausgefordert, indem er zunächst Ares und dann Aphrodite verwundete, mit der Hilfe seiner Beschützerin Athena. Geschichten, wie sie am nächtlichen Lagerfeuer die Runde machen. Ganz sicher aber ist Diomedes kein Feigling, immer treu und verlässlich, ganz wie sein Vater, der sich für seinen König Adrast hatte abschlachten lassen.

Diomedes nun bricht das Schweigen und wendet sich an die Menge der Häupter, die sich vor ihm drängen. Seine Stimme tönt stark und zornig im flackernden Licht der Fackeln.

»Bist du wahnsinnig, Agamemnon, haben dir die Götter den Verstand geraubt? Was sagst du da? Mit dem, was du sagst, beleidigst du vor allen anderen meine Ehre, als würdest du mich feige und schwach nennen. Nach zehn Jahren voller Mühen und Siege sollen wir fliehen? Niemals! Zeus hat dir nur die eine Hälfte seiner Gaben gegeben, er hat dich zu einem großen König gemacht, aber was er dir nicht gegeben hat, ist der Mut, und der ist wichtiger als die Macht. Heute haben die Götter den Trojanern den Sieg geschenkt, morgen werden sie ihn uns verleihen, wenn sie es wollen. Unsere Tapferkeit haben wir nicht von einem Tag auf den anderen vergessen. Verschwinde nach Mykene, dorthin kannst du dich in Sicherheit bringen, wenn du dich traust. Wir bleiben hier und kämpfen; auch ohne dich; für unsere Ehre! Und wenn alle anderen fliehen, bleibe ich allein mit meinem Wagenlenker hier und kämpfe, damit alle wissen, dass ihr einen Mann, der keine Furcht kennt, dem Feind überlassen habt – diese Schande bleibt an euch haften für immer!«

Aus der Versammlung erheben sich zustimmende Rufe, Diomedes' Worte haben den Männern neuen Mut eingeflößt. Es gibt nichts Schöneres, als zu sehen, wie ein Mutiger den Schwankenden neue Standhaftigkeit schenkt. Schon wirken die erleuchteten Stellungen der Trojaner weniger bedrohlich, man stellt Wachen rings um das Lager auf, Feuer werden entzündet und das Mahl bereitet, während von Neuem der Wein die Runde macht, um die Herzen zu stärken. Nun erwarten auch die Achäer den Morgen mit weniger Furcht.

Unterdessen hat Agamemnon die Anführer in sein Zelt geladen. Farbe ist in sein Gesicht zurückgekehrt und Sicherheit in seine Worte. Es ist schwer, König zu sein und das Schicksal mit seinen Wendungen ertragen zu müssen, ohne zu wanken. Die Knechte machen sich an den Tischen zu schaffen, verteilen Platten mit Fleisch und noch warmem Brot darauf und reichen goldene Schalen voll Wein herum.

Agamemnon hat überlegt, was zu tun ist. Etwas, das nicht leicht anzunehmen und nicht leicht auszusprechen ist für einen Mann, der so stolz ist wie er. Dennoch, jetzt, inmitten seiner treuesten und weisesten Gefährten kann er es wagen: Er wird Achill, der sich seit dem Tag, als sie aneinandergerieten, in sein Zelt zurückgezogen und mit niemandem mehr gesprochen hat, zu ihnen zurückholen. Sicher erwartet Achill, dass die öffentliche Beleidigung auch durch eine öffentliche Entschädigung wiedergutgemacht wird.

Odysseus hatte ihm dasselbe schon unter vier Augen geraten, und Odysseus ist ein großer Menschenkenner. Wie er vermag kein Zweiter zu ahnen, was im Herzen eines anderen vorgeht. Nach einem Tag der Niederlage wie heute bleibt Agamemnon nun nichts anderes übrig, als Odysseus' Rat in die Tat umzusetzen, das weiß er, denn der Morgen wird schlimme Gefahren und vielleicht den sicheren Untergang bringen. Wie ein Hüne hat Hektor über die Schlacht geherrscht, nichts konnte ihn aufhalten, viele der Besten sind unter seinen Schlägen gefallen, andere verwundet worden.

Ja, so bitter es scheinen mag, er muss sich Achill beugen. Doch die Waage des Lebens schlägt manchmal seltsam aus, oft geschehen überraschende Dinge, und womit man gerechnet hat, bleibt aus, und die Götter finden einen Weg für das Unerwartete. Mag sein, dass eines Tages Achill sich vor ihm wird demütigen müssen. Kein menschliches Wesen ist bis zum Ende seines Lebens immer nur glücklich, niemand bleibt ohne Schmerz.

Und die Leitung der Gesandtschaft muss Odysseus übernehmen, er allein ist in der Lage, die Worte zu finden, um einen so stolzen Mann zu überzeugen wie Achill.

›Wie anders ist doch Odysseus!‹, denkt Agamemnon. ›Kleiner als die anderen, bescheidener auch, nie trägt er Goldschmuck oder Ketten, die auf seinen Kleidern funkeln, wie es manche Fürsten tun, um im Wettstreit ihre Pracht zur Schau zu stellen und mir ihren Reichtum zu zeigen – ausgerechnet mir, der ich sie mit Gold überschütten könnte, wenn ich es wollte! Odysseus dagegen wirkt fast wie ein Bauer, ein kleiner König, der über eine Insel herrscht, auf der es nichts als Gestrüpp und Steine gibt, bewohnt von Vieh- und Ziegenhirten, sein Ithaka, diese Insel im Abseits, auf die kaum einer je seinen Fuß gesetzt hat.

Wenn wir uns zur Schlacht aufstellen, könnte man meinen, seine Männer wären ein Haufen einfacher Bauern, ganz anders als meine mykenischen Krieger in ihren stolzen Reihen. Seine Männer haben keine Wagen, sie kämpfen zu Fuß. Und doch sind sie mutig und gehen für ihren König durchs Feuer. Man sieht, dass sie zusammen aufgewachsen sind, Odysseus und seine Leute, zwischen den Felsen von Ithaka, dass sie gemeinsam in die Wellen getaucht sind, gemeinsam gelernt haben zu jagen, zu segeln, zu rudern.

Da ist etwas ganz Besonderes, das diese Männer verbindet: Meine Leute haben Respekt vor mir und fürchten mich – zwischen den Männern von Ithaka, so scheint es, herrscht eine Art Freundschaft.

Es gibt keinen Zweiten wie Odysseus. Man muss nur in seine Augen sehen, wie sie funkeln, und man begreift, dass etwas in seinem Kopf vorgeht, das nicht zu durchschauen ist. Darum heißt es auch, dass Athena – sie schätzt Tapferkeit gepaart mit Verstand, nicht blinde Kampfeswut – ihn liebt und beschützt wie eine Mutter den Sohn. Was er zu sagen hat, ist oft noch klüger als die Ratschläge eines Nestor, der sich rühmt, von allen der Weiseste zu sein. Doch Nestor fehlt Odysseus' Scharfblick, er verfügt nur über die Erfahrung des Alters. Deshalb ist Odysseus und nicht der nie um eine Weisheit verlegene Nestor der Richtige, um zu Achill zu gehen und ihn umzustimmen. Wenn einer, dann vermag er es.

Eines Tages, als wir allein am Ufer des Meeres standen, hat er zu mir gesagt: „Agamemnon, mein Verstand hat viele Farben, ich kann das Vorher und das Nachher sehen, ich bin nicht wie jene, die aus der Regung des Augenblicks heraus handeln und sich nicht klar machen, was morgen geschieht. Das ist mein Privileg, Agamemnon, die Gabe, welche die Götter mir in die Wiege gelegt haben. Dir haben sie Herrschaft und Reichtum verliehen, mir die Schärfe des Verstandes. Hör auf meinen Rat, er wird immer der beste sein."‹

Tatsächlich war es Odysseus, den Agamemnon schon früher heimlich um Rat gefragt hat, und er hat es nie bereut. Gab es einen Auftrag, der Mut, Entschlossenheit und List erforderte, hat er stets ihn geschickt – und dies war eine schwierige Aufgabe.

›Wir werden Achill mit Gaben entschädigen müssen, die eines Königs würdig sind‹, überlegt Agamemnon. Was für eine Dummheit, seinen stärksten Krieger einer Sklavin wegen zu beleidigen, eines Mädchens, das für ihn heute kaum noch eine Rolle spielt. Aber damals hat ihn die Gier nach Chryseïs alle Vernunft vergessen lassen. Achills hochmütiges Verhalten vor dem gesamten Heer hat ihn so provoziert, dass er jede Vorsicht vergaß. Nun würden viele schöne Dinge aus Agamemnons Schatzhäusern in den Besitz des Achill wechseln.

In der Welt der Heroen herrscht ein ständiger Kreislauf von Dingen, sie wandern von Hand zu Hand. Nicht irgendwelche Dinge, sondern wahre Kunstwerke, die man allen zeigt, damit sie sie bewundern: Dreifüße, an denen noch keine Flamme geleckt hat, metallene Schüsseln, Trinkschalen, Gefäße, wertvoll und kunstvoll wie jenes, aus dem Nestor sein Trankopfer bringt, jeder möchte es besitzen, so schön ist allein sein Anblick. Gerade weil es zum Schönsten aus seinem Schatz gehört, hat Nestor es mit nach Troja genommen, das Werk eines der größten Goldschmiede aus alter Zeit, der es verstand, das Metall so zu biegen und zu formen, dass es Leben annahm wie das Werk eines Zauberers. Ein Pokal, am Rand mit einem Kranz von feinsten Blüten verziert, als wären sie eben erst von einer goldenen Wiese gepflückt, mit vier Henkeln, jeder mit einem fein gearbeiteten trinkenden Taubenpaar daran, so vollkommen, dass der Anblick jeden verblüffte.

In der Welt der Heroen existiert kein Geld, dort gibt es nur Dinge, die man tauscht und sich gegenseitig zum Geschenk macht. Aber nicht aus freien Stücken und wie es einem beliebt, sondern nach genau festgelegten Regeln. Wer ein junges Mädchen zur Braut nehmen will, muss seinem Vater *dôra* anbieten, »Gaben«; hat man sich an einem anderen vergangen, können »Gaben« als Wiedergutmachung angeboten werden; wer einen Fremden an seiner Tafel aufnimmt, macht ihm eine »Gabe« und erwartet seinerseits »Gaben«, kommt er zu ihm als Gastfreund; bittet man den Feind um die Leiche eines gefallenen Verwandten, um sie zu bestatten, werden dafür »Gaben« geboten; werden Totenspiele zu Ehren eines Verstorbenen abgehalten, stiftet, wer sie ausrichtet, »Gaben« für den Sieger; will jemand einen Gefangenen auslösen, bietet er ebenfalls »Gaben«; treten zwei Krieger im ritterlichen Zweikampf gegeneinander an, tauschen sie in Erinnerung an ihr Treffen »Gaben« aus.

Solche »Gaben« zu geben, gehört zum Wesen eines Mannes. Jeder Klan bewahrt die Gaben, die seinen Vorfahren in alter Zeit gemacht worden sind, und rühmt sich ihrer, denn mit ihnen wird die Erinnerung an die großen Männer bewahrt, von denen sie stammen. Wer keine Gaben verteilt und keine erhält, bewegt sich außerhalb der Gesellschaft, pflegt keinen Umgang mit der Welt.

Es ist also legitim und durchaus nichts Ehrenrühriges, wenn Agamemnon Achill Gaben anbietet, denn so ist es üblich: Ein Unrecht soll wiedergutgemacht werden, und dies geschieht, indem man dem Betroffenen das Wertvollste anbietet, das er erwarten kann.

Nachdem alle gespeist haben, ergreift Agamemnon das Wort. Die Versammelten, die Trinkschale mit Wein in Händen, richten ihre Blicke gespannt auf den König, der nun wieder mit fester, volltönender Stimme spricht, wie sie es von ihm gewohnt sind.

»Hört mir zu, die ihr zum Rat der Achäer zählt. Ich will es nicht leugnen, ich habe einen Fehler gemacht. Der Mann, den ich beleidigt habe, ist der Tapferste von uns allen, er zählt so viel wie tausend andere, denn Zeus gewährt ihm seine Ehre und seinen Schutz. Ich bin einer verderblichen Regung gefolgt und konnte mich nicht zügeln. Doch niemand, nicht einmal die Götter, können ungeschehen machen, was geschehen ist. Deshalb will ich ihm Genugtuung leisten, indem ich ihm unermessliche Gaben bereite, und ich will euch auch sagen, welche Gaben: sieben Dreifüße, zehn Talente Gold und zwanzig glänzende Becken; sodann zwölf Pferde, sämtlich von edler Rasse, die bereits

Preise im Wettkampf errungen haben; auch werde ich ihm sieben Sklavinnen schenken und ihm Briseïs zurückschicken und schwören vor allen Göttern, dass ich sie nicht berührt habe.

All dies soll er sofort erhalten. Wenn wir dann Troja erobert haben, soll er der Erste sein, der seinen Beuteanteil wählen darf. Außerdem will ich ihn, zurück in der Heimat, mit Gold überhäufen und ihm den gleichen Erbteil versprechen wie meinem Sohn Orest. Drei Töchter habe ich, drei Prinzessinnen, die nun von Klytämnestra im Palast erzogen werden: Chrysothemis, Laodike, Iphianassa. Mag also Achill sich wählen, welche er will, und sie als Braut in seine Heimat nach Phthia führen. Auch soll er mir keine Brautgabe machen müssen, wie es üblich ist. Vielmehr werde ich ihm Geschenke machen: sieben am Meer gelegene Städte voll fleißiger Männer, die große Herden besitzen und Handel treiben auf schnellen Schiffen.

All dies will ich ihm geben, wenn er von seinem Groll ablässt. Ich weiß ja, dass er ein Herz aus Eisen hat, doch auch die Götter lassen sich besänftigen, wenn man ihnen die richtigen Opfer darbringt. Jeder akzeptiert Gaben im Ausgleich für erlittenes Unrecht. Schon viele haben den ihnen gebotenen Preis für einen erschlagenen Sohn oder Bruder angenommen und leben nun mit dem Mörder friedlich in einer Stadt, nachdem er ihnen den Preis gezahlt und sie ihren Hass begraben haben. Warum sollte Achill nicht darauf eingehen?«

Staunend blicken die Versammelten ihn an: Was ist das nur für ein König, der es sich erlauben kann, einem Mann sieben Städte mit all ihren Einwohnern zu schenken, um dessen Zorn zu besänftigen? Niemand könnte je gegen Agamemnons Glanz und Größe bestehen.

Der König spürt, wie ihm eine Welle der Bewunderung entgegenschlägt und seine Verfehlungen vergessen macht, denn alle denken: ›Bei solchen Gaben muss Achill einfach seinen Zorn und seine Halsstarrigkeit ablegen. Agamemnon tut das, was ein Mann und König tun muss, seine Ehre wird nicht darunter leiden.‹ Er schaut sich um und beschließt seine Rede, er hat für alle erkennbar seinen Stolz wiedergewonnen, sein Selbstbewusstsein und seine Kraft: »Achill mag nun nachgeben und meine Gaben annehmen. Ich bin der Ältere, er schuldet mir Achtung, ich bin ein mächtigerer König als er.« Dann führt er die Schale mit lemnischem Wein an seine Lippen und trinkt.

Später werden die Gesandten ausgewählt. Als Ersten nennt Agamemnon Odysseus, danach Ajax von der Insel Salamis, ein wahrer Riese, treu und durch nichts zu erschüttern und nach Achill der Stärkste im Kampf Mann gegen Mann, einer, der keine Falschheit kennt und den Achill höher als andere schätzt. Als Dritter wird Phoinix bestimmt, Achills alter Erzieher und einer seiner vertrautesten Freunde.

Von Phoinix erzählt man sich eine düstere alte Geschichte. In seiner Jugend lebte er in der Hellas, einem abgelegenen Landstrich, wo es nur Hirten und Räuber gibt. Sein Vater Amyntor, Oberhaupt des größten Klans dieser Gegend, war damals schon ein reiferer Mann und nahm, wohl um das nahende Alter zu vergessen, eine junge Nebenfrau ins Haus. Phoinix' Mutter, eine stolze und harte Frau, biss sich die Lippen vor Eifersucht. Sicher waren in all den Jahren auch andere Frauen durch Amyntors Bett gegangen, Sklavinnen, Bäuerinnen, die Amyntors Lager geteilt hatten, und mehr als ein uneheliches Kind vermehrte die große Familie ihres Gatten. Aber dies junge Ding nahm er wie eine zweite Gattin in sein Haus auf. Phoinix' Mutter, wie ihr Mann auch sie jenseits der Lebensmitte, war tief gekränkt und tobte innerlich vor Wut, und in ihrem Zorn dachte sie sich die grausamste Weise aus, um sich an Amyntor zu rächen. Sie nahm ihren Sohn beiseite, weinte und klagte über den Gatten und weckte die Empörung des Jungen. Sie bat ihn, seiner Mutter beizustehen, flehte ihn unentwegt an, das Mädchen doch zu verführen, denn so hoffte sie, es dem Vater zu entfremden. Vielleicht weil Phoinix seinen Vater heimlich verachtete, denn Amyntor war ein grober, aufbrausender Mann; vielleicht auch weil die heimlichen Blicke und das strohblonde Haar des Mädchens ihn verwirrt und sich zwischen den beiden eine geheime Leidenschaft entsponnen hatte, ließ Phoinix sich von den Worten seiner Mutter verleiten. Und es geschah, was geschehen musste.

Argwöhnisch, wie der alte Amyntor war, bemerkte er die Kälte des Mädchens sofort; er ließ sie überwachen, und so erfuhr er alles. Sein Zorn war gewaltig. Aber er tat seinem Sohn nichts zuleide. Stattdessen ließ er den gesamten Klan zusammenrufen, Männer und Frauen, und in aller Anwesenheit verfluchte er Phoinix: »Deinen Vater hast du entehrt, sein Weib hast du besessen! Deshalb sollst du verflucht sein und sollst kinderlos bleiben dein Leben lang, kein Enkel von dir soll mir je auf die Knie gelegt werden!« Entsetzen erfüllte den Raum. Das Mädchen wurde vom Hof gejagt, von ihr verliert sich jede Spur. Wütend schloss Phoinix sich in seine Kammer ein, sein erster Gedanke war, seinen Vater zu töten. Er hatte den Dolch schon in der Hand, um Amyntor in seinem eigenen Haus zu erstechen. Doch dann hielt er inne, denn er begriff, dass er von jenem Augenblick an vor allem Volk als Vatermörder gelten würde. Niemand würde mehr mit ihm sprechen, niemand mit ihm vom gleichen Wasser trinken oder am gleichen Feuer sitzen wollen. Also beschloss er, von dort wegzugehen. Doch Freunde und Brüder hielten ihn auf und brachten ihn zurück, man sperrte ihn ein und kettete ihn an sein Bett, damit er sich beruhige. Sein Vater hatte das Urteil über ihn verhängt, der Sohn musste es annehmen, sein Leben lang würde er ein Ausgestoßener sein.

Eines Nachts jedoch gelang es Phoinix, die Ketten zu sprengen, er schlüpfte unbemerkt über die Mauer und floh auf einem gestohlenen Pferd in die Dunkelheit.

Nun war Phoinix ein Verbannter, er kam auf seinem Pferd bis nach Phthia zum Palast des Peleus, dort warf er sich vor dem Hausaltar nieder. Als Peleus erfuhr, was geschehen war, schüttelte er den Kopf, denn ihm war klar, dass der junge Mann, der vor ihm stand, zweifach das Opfer der Bosheit seiner Eltern geworden war, und beschloss, ihn bei sich aufzunehmen. Peleus liebte Phoinix, als wäre er sein eigenes Kind, als wollte er wiedergutmachen, dass sein Vater ihn hasste. Jener war ihm dafür treu ergeben, und als Achill zur Welt kam und seine Mutter Thetis aus dem Palast fortging und den Gatten verließ, übertrug Peleus, hilflos in seiner Trauer, ihm die Erziehung seines Sohnes. Phoinix war zu Achill wie ein Vater zu seinem Sohn, zu jenem Sohn, den er nie hätte haben sollen. Er ließ ihn auf seinen Knien sitzen und fütterte ihn mit in Milch getunkten Brotstückchen. Geduldig und voller Zärtlichkeit sah er den Jungen heranwachsen. Er brachte ihm das Laufen bei und später das Reiten, er schnitt ihm das Fleisch zu und goss ihm den Wein ein, er machte ihn mit den Dingen aus alter Zeit vertraut und erklärte ihm die Regeln der Ehre und der Gastfreundschaft.

Schon oft hat Phoinix diese Geschichte erzählt. Heute ist auch er ein Mann im reiferen Alter, weise geworden aus der Erfahrung eines langen Lebens. Trotz des alten Makels, der an ihm haftet, wird er von allen geehrt und geachtet. Vielleicht wird Achill auf ihn hören, denn niemand hat ihn von Kindesbeinen an so geliebt wie Phoinix. Ein kluge Wahl, ihn zu Achill zu schicken, da ist Agamemnon sich sicher.

Noch in derselben Nacht machen die drei Gesandten sich auf den Weg zu Achills Zelt. Die besorgten Blicke vieler Achäer begleiten sie, bis sich am Strand ihre Spuren im Dunkel verlieren. Maßlose Geschenke, List, Kameradschaft, Zuneigung – mit diesen so unterschiedlichen Gaben soll die lodernde Wut des über das Unrecht seiner Behandlung aufgebrachten Achill besänftigt werden. Alle hoffen, dass er von seinem Zorn ablassen wird.

Das große Zelt füllt sich mit Schatten und Schweigen, die Kohlebecken glimmen, niemand spricht. Auch Diomedes, der kurz zuvor noch gewagt hatte, Agamemnon offen zu widersprechen, erkennt in seinem Herzen, dass der König zu seiner alten Größe zurückgefunden hat. Die Größe eines Anführers zeigt sich nicht allein auf dem Schlachtfeld, sondern auch in seinem Denken und seinen Worten, wenn es ihm gelingt, die Versammlung davon zu überzeugen, dass seine Entscheidung die beste ist. Reiche Gaben – Agamemnon hatte recht, nur so würde Achill sich überzeugen lassen. Ein Mann muss wissen, wann es gilt, das Schwert zu erheben, und wann, es wieder sinken zu lassen.

Auch Diomedes wusste, wann der Moment war, haltzumachen, auch er hatte das schon erlebt. Auch damals spielten Gaben eine Rolle, wie man sie austauscht, um eine Freundschaft zu besiegeln, ein Bündnis zwischen Gleichen, zwischen Männern, die sich gegenseitig als Freunde Respekt zollen.

An jenem Tag waren es Diomedes und der Lykier Glaukos, die darauf verzichteten, gegeneinander zu kämpfen, als sie erfuhren, dass sie von alters her Gastfreunde waren.

Mitten zwischen den beiden Heeren fuhren sie auf ihren Streitwagen, die Waffen gezückt, geradewegs aufeinander zu. Um sie herum blieb alles stehen, um dem Zweikampf der beiden Heroen beizuwohnen: Zwei tapfere Männer blicken sich im Kampf unverwandt in die Augen, sie wollen wissen, gegen wen sie ihr Leben aufs Spiel setzen. Darum wollte auch Diomedes, der edle Kämpfer, wissen, wer dieser Mann war, den er noch nie gesehen hatte und der vor ihm nicht die Flucht ergriff. Als sie sich begegneten, befahl er dem Wagenlenker, die Zügel zu ziehen und den Wagen anzuhalten. Auch Glaukos auf der anderen Seite stand schweigend, und so sprach Diomedes als Erster.

»Wer bist du, Krieger? Ich habe dich noch nie gesehen, aber du musst sehr verwegen sein oder völlig verrückt, dass du es wagst, dich in Reichweite meiner Lanze zu begeben. Unglücklich die Eltern derer, die sich mir in den Weg stellen, viele schon mussten ihre Söhne beweinen! Wer also sind deine Verwandten, die um dich trauern werden?«

»Was fragst du da?«, erwiderte Glaukos. »Die Menschen sind wie die Blätter: Sie sprießen im Frühling und fallen im Herbst, andere treten an ihre Stelle, frische nehmen den Platz der verwelkten ein. Ich bin an die Stelle meiner Eltern getreten, und meine Kinder werden an meine treten. Doch der Baum, er bleibt fest eingewurzelt auch im Wechsel der Jahre. Willst du also meine Abstammung erfahren, dann hör zu:

Mein Geschlecht stammt aus Ephyra. Mein Vorfahr war Sisyphos, der schlaueste aller Menschen, so verschlagen, dass er selbst den Tod hinters Licht führte. Dessen Sohn war Glaukos, der Vater von Bellerophontes. Dieser war der schönste und stärkste junge Mann in der ganzen Stadt, alle beneideten ihn. Niemand verstand die Rosse zu bändigen und ins Rennen zu führen wie er, so gefügig und schnell. Sein Ross hieß Pegasos. Die Dichter behaupten sogar, es war göttlich und besaß Flügel, mit denen es über den Himmel zu fliegen vermag. Ob das wahr ist – ich weiß es nicht. Aber was ich weiß, denn mein Großvater hat es mir einmal erzählt: Es war ein prächtiges Tier, wild und unbändig. Von niemandem hatte es sich je einfangen lassen, auch nicht von Bellerophontes, denn Pegasos lief schnell wie der Wind und war nicht zu halten.

So kam es, dass Bellerophontes, der auf der Jagd nach Pegasos die Wälder und Hügel außerhalb der Stadt durchstreift hatte, an einen leise in die Abenddämmerung hinmurmelnden Bach kam, müde wurde und einschlief. In jener Nacht hatte er einen Traum, er träumte, dass Athena ihm Zügel und Zaumzeug schenkte, mit denen sich das Ross bändigen ließ.

Als Bellerophontes am anderen Morgen erwachte, fand er zu seinen Füßen Zügel und Zaumzeug aus glänzendem Gold. Verblüfft stand er auf und sah, wie nicht weit entfernt an einem Baum Pegasos stand, als warte er auf ihn. Gefügig ließ das Ross sich Zügel und Zaumzeug anlegen und begleitete ihn von nun an auf all seinen Abenteuern.

Kurze Zeit später geschah es, dass Bellerophontes im Streit einen Menschen erschlug und in die Verbannung gehen musste. So kam er nach Tiryns; sein Ruhm war ihm vorausgeeilt, und Proitos, der König von Tiryns, nahm ihn in seinem Palast auf und machte ihm reiche Geschenke. An Proitos' Seite saß die Königin, sie war noch jung und war schön und ihr Name war Anthea, die ›Blühende‹. Jeden Abend erschienen die Gäste im großen Saal des Palasts zum Bankett. Bellerophontes war der schönste und anmutigste von ihnen, seine Stimme klang wie Musik, sein Gesicht schien wie das eines Gottes, so strahlend war es.

Anthea verliebte sich in ihn. Vielleicht war ihr der Gatte zuwider geworden, denn er war plump und grobschlächtig, trank zu viel und war ausfallend und jähzornig; vielleicht auch goss Aphrodite den Rausch der Liebe, mit dem sie sich jedes lebende Wesen zu unterwerfen vermag, in ihr Herz. Niemand, Diomedes, verliebt sich aus freien Stücken. Wir können unseren Willen beherrschen, aber nicht unser Fühlen. Die Königin begann also, Bellerophontes zu begehren, und ihr Begehren wurde von Tag zu Tag stärker.

Eines Nachts verließ sie heimlich das Ehelager – der König schlief fest, hatte getrunken –, huschte ins Dunkel und schlüpfte in das Gemach, in dem Bellerophontes' Bett stand. Flüsternd weckte sie ihn und offenbarte ihm ihr Begehren.

Bellerophontes war entsetzt, erwiderte, nie würde er das Haus seines königlichen Gastgebers entweihen, der ihn in Zeiten der Not so großzügig aufgenommen hatte, und befahl Anthea mit fester Stimme zu gehen. Erzürnt und verängstigt verließ sie die Kammer. Sie war zurückgewiesen worden, und keine Frau kann das ertragen. Aber sie fürchtete auch, dass Bellerophontes sie bei ihrem Gemahl verraten könne.

Nach einer in Wut und in Angst zugebrachten Nacht beschloss Anthea anderntags, sich zu rächen und gleichzeitig zu retten. Damit war sie nicht die Erste, es heißt, dass auch Phaidra, von Hippolytos zurückgewiesen, ihren Stiefsohn vor Theseus verleumdete und dieser daraufhin einen Fluch über seinen Sohn aussprach.

Vor dem Zorn einer verschmähten Frau heißt es sich in Acht zu nehmen, denn der Rausch der Liebe verwandelt sich in ihrem Herzen in grausame Rache.

Als König Proitos am anderen Morgen erwachte, fand er seine Gattin ganz aufgelöst. Unter Tränen verriet sie ihm, Bellerophontes habe versucht, sie zu entehren. Zunächst habe sie geschwiegen, doch nach einigen Tagen die erlittene Schmach nicht mehr ertragen und sei nun entschlossen, sich aufzuhängen, werde sie nicht gerächt.

Proitos war außer sich vor Zorn.

Aber einen Gastfreund zu töten wagte er nicht, denn man hätte ihn dafür getadelt, und sein Ruf wäre befleckt worden.

Und so schmiedete er einen hinterlistigen Plan. Er gab Bellerophontes einen versiegelten Brief, den dieser an seinen Schwiegervater Iobates, den König der Lykier, überbringen sollte. Darin stand, man solle den Elenden, der es gewagt hatte, die Tugend der Königin zu verletzen, zu Tode bringen. Der Vater also sollte die Ehre seiner Tochter rächen. Natürlich hätte Bellerophontes den Brief öffnen und lesen können, doch Proitos wusste, dass er zu treu und zu rechtschaffen dazu war. Hinterhältig und feige zugleich, händigte er dem nichtsahnenden Opfer das eigene Todesurteil aus und überließ seinem Schwiegervater die Bestrafung.

Von den Göttern beschützt, überquerte Bellerophontes das Meer und kam nach Lykien. Dort herrschte Iobates über das Volk der Lykier, die an den Ufern des Skamandros ein blühendes weites Reich bewohnen. Als er zum Haus des Königs gelangte, wurde er feierlich aufgenommen und prachtvoll bewirtet, wie es der Brauch ist. Neun Tage lang setzte sich Iobates mit ihm zu Tisch und opferte jeden Tag einen Stier für das Gastmahl, zu dem er alle Edlen des Reiches lud, und jeder brachte eine Gabe für Bellerophontes.

Nachdem er so zuallererst dem Gast die Ehre erwiesen hatte, öffnete Iobates am zehnten Tag Proitos' unheilschwangere Nachricht.

Doch auch Iobates wollte sich nicht selbst entehren, indem er einen Mann tötete, mit dem er das Mahl geteilt hatte. Deshalb beschloss er, Bellerophontes schier unlösbare Aufgaben aufzutragen, die dieser unmöglich überleben würde.

Zunächst befahl er ihm, die Chimäre zu töten, das Ungeheuer, welches sein Land verwüstete. Bellerophontes aber stellte sich dem Kampf mit dem Untier auf Pegasos' Rücken und tötete es. Daraufhin schickte der König ihn an der Spitze seines Heeres gegen die kriegerischen Solymer und Amazonen in den Kampf.

Sicher würde Bellerophontes früher oder später den Tod finden. Doch dieser blieb immer Sieger, denn gerecht sind die Götter und sie beschützen, wen sie lieben. Schließlich, als er schon auf dem Rückweg zum Palast war, legte Iobates ihm einen Hinterhalt und schickte seine stärksten Krieger gegen ihn aus. Nicht einer von ihnen kehrte zurück.

Da erkannte Iobates, dass er einen Gerechten vor sich hatte, der unter dem Schutz der Götter stand, einen Helden von gewaltiger Stärke, und erwies ihm Ehre und begriff, dass jener Brief eine Lüge enthielt. Er behielt Bellerophontes bei sich und gab ihm eine seiner Töchter zur Frau, und die Lykier wiesen ihm ein großes Stück Land zu, von Knechten bestellt und gut für den Anbau von Weizen und zur Pflanzung von Bäumen geeignet, denn bei den Lykiern ist der Boden Gemeingut und wird nur zur Bestellung vergeben, und die Söhne gehören zur Familie der Frau, die sie zur Welt gebracht hat.

Bellerophontes hatte drei Söhne, einer davon war mein Vater Hippolochos. Als Bellerophontes alt wurde, verließ er sein Haus und seine Familie und hielt sich von allen fern. Eine Traurigkeit ohne Namen und ohne Grund nagte an ihm. Nicht einmal die Spur eines Menschen wollte er mehr sehen und zog sich in eine unwirtliche Gegend zurück, wo nur wilde Tiere lebten. Dort beschloss er sein Leben in Einsamkeit, wanderte ziellos umher, das Herz voll Beklemmung.

Mein Vater Hippolochos hat mich an der Spitze der Lykier, die Priamos beistehen sollen, hierher geschickt. Als ich aufbrach, ermahnte er mich, ich solle stets in vorderster Reihe streiten und keine Schande über meine Familie und meine Ahnen bringen, die stets die Besten und Tapfersten waren.

Dies, Diomedes, ist mein Geschlecht, und dies das Blut, das in meinen Adern fließt.«

Rings umher hatten alle die Lanzen gesenkt und gebannt Glaukos' Worten gelauscht, als er von seinem Großvater Bellerophontes erzählte, vom Ruhm seiner Siege und von seinem Ende in Schwermut. Frühling und Herbst folgen in unentrinnbarem Wechsel, der alte Mensch beschließt sein Leben in Traurigkeit, so herrlich es auch gewesen sein mag, neue treten an seine Stelle. So trägt Glaukos die Waffen, die einst Bellerophontes gehörten, und zieht damit in die Schlacht, und vielleicht werden einst auch seine Söhne sie tragen.

Bei diesen Worten hatte Diomedes' Miene sich aufgehellt, er steckte die Lanze in die Erde und sprach: »Glaukos, dann bist du also ein Gastfreund unserer Sippe, ein *xénos patróios!* Mein Vater hat uns erzählt, dass sein Vater Oineus einst den edlen Bellerophontes in seinem Palast aufnahm und zwanzig Tage beherbergte. Zum Abschied tauschten sie prachtvolle Geschenke aus: Oineus gab einen wertvollen purpurnen, durchbrochenen Gürtel, Bellerophontes einen zweihenkligen goldenen Becher. Noch heute wird er im Schatzhaus unserer Sippe aufbewahrt, und alle bestaunen ihn, wenn ich beim Gastmahl daraus trinke, denn sie wissen, dass er von einem edlen und starken Mann stammt.

An meinen Vater Tydeus habe ich keine Erinnerung, denn er starb in der Schlacht, als ich noch ein Kind war, und ich weiß nicht, ob er die Gabe erneuert hat, also wollen wir zwei dies jetzt tun. Und kommst du einst nach Argos, du oder einer deiner Verwandten, sollst du mein Gast sein, und ich will dein Gast sein, wenn ich nach Lykien komme.

Gegen dich werde ich nicht kämpfen, es gibt noch genug andere Trojaner zu erschlagen. Lass uns vielmehr die Waffen tauschen, damit alle sehen, dass wir Gastfreunde sind in der dritten Generation und, wie unsere Großväter Freunde waren, nun auch wir welche sind und uns niemals etwas zuleide tun werden.«

Sie stiegen vom Wagen und tauschten die Waffen. Doch vielleicht raubten in diesem Moment die Götter Glaukos den Verstand, denn er gab sein Schwert mit goldgehärteter Klinge und tauschte es ein gegen Diomedes' Schwert, das aus Bronze war. Den Wert von hundert Ochsen gegen den von neun Ochsen. Kein guter Tausch, doch der Sinn des Austauschs von Gaben ist nicht der Gewinn, wie ihn der Kaufmann anstrebt.

## *Dólos* – Die Nacht der Kundschafter

In **Agamemnons Zelt** warten die Anführer darauf, dass die Gesandtschaft zurückkehrt. Sie trinken Wein aus ihren wertvollen Bechern, hin und wieder tritt einer von ihnen vors Zelt und blickt in die Dunkelheit, um Ausschau zu halten in Richtung der Spur, die im Sand zu Achills Zelt führt. Doch nichts ist zu sehen – und nichts ist zu hören als der sanfte Schlag der Wellen auf den Strand. Schließlich tauchen aus dem Dunkel Gestalten auf, sie folgen dem Weg in umgekehrter Richtung, die Spur, die sie hinterlassen, leuchtet im Mondlicht. Doch die da aus dem Dunkel treten, sind nur zu zweit; man erkennt Odysseus' untersetzte Figur und die Riesengestalt des Ajax.

Wortlos treten sie ein, Agamemnon gibt den Dienern ein Zeichen, und sofort reicht man ihnen zwei Becher Wein.

»Er hat abgelehnt, Agamemnon«, beginnt Odysseus, »und er hat Phoinix bei sich behalten und will in den nächsten Tagen mit ihm in die Heimat zurückkehren. Zumindest sagt er das – aber ich glaube ihm nicht: Er ist stolz, und er fühlt sich beleidigt. Mit deinen Gaben kann er nichts anfangen, er hat genug Reichtümer auf seinen eigenen Beutezügen gesammelt. Aber er wird sich schon bald beruhigen, da bin ich mir sicher, denn ein menschliches Herz kann unmöglich für immer einen solch unbeugsamen Groll hegen. Außerdem wird es heißen, dass seinetwegen der Kriegszug gescheitert ist, wenn er geht, und man wird ihn dafür schmähen. Und das wäre schlimmer für ihn als alles andere. Achill sagt, dass seine Mutter Thetis ihm die Wahl zwischen zwei Schicksalen gelassen hat: einem langen Leben im Verborgenen und einem kurzen, aber ruhmreichen Dasein. Er hat Letzteres gewählt, aber nun bereut er es und will seine Entscheidung rückgängig machen. Doch auch das glaube ich nicht, denn niemand kann sein Schicksal selbst bestimmen, das wissen wir alle. Wenn er so spricht, dann weil er im Grunde seines Herzens entschieden hat zu bleiben. Auch wenn er uns mit heftigen Zornesworten überschüttet hat, konnte ich sehen, welche Gedanken er im Innersten hegt. Die Leidenschaften überkommen uns von einem Augenblick auf den anderen, dann vergehen sie wieder, und erst wenn sie uns wieder verlassen haben, ist der Moment gekommen zu sprechen. Achill ist ein Mann, der sich von seinen Leidenschaften mitreißen lässt, Agamemnon – genau wie du. Früher oder später wird sein Zorn sich legen, wie auch Stürme sich wieder legen. Wir müssen abwarten, bis es so weit ist; ganz sicher wird es Achill nicht ertragen, mitansehen zu müssen, wie seine Freunde hingemetzelt werden, während er selbst in Unehre fällt.«

Odysseus' Worte gleiten ins Schweigen, nur die Stimme des Meeres jenseits der Zeltwand und das Knistern der Glut in den Kohlebecken ist zu hören. »Wir werden ohne ihn auskommen«, erwidert Agamemnon. Was soll er auch anderes sagen? Nur Diomedes lässt noch einige spitze Bemerkungen fallen, denn ihn ärgert die Gleichgültigkeit, die Achill gegenüber seinen Kameraden an den Tag legt: »Du, Agamemnon, hättest nicht vor Achill zurückweichen und ihm auch noch Gaben versprechen sollen! Stolz war er vorher schon, jetzt hat er noch mehr Grund dazu.«

»Alle lassen sich beschwichtigen und vergessen erlittenes Unrecht, wenn man ihnen angemessene Gaben verspricht, Diomedes«, erwidert der König, »und niemandem wurden je größere Gaben versprochen. Ja, Achill ist stolz, und unvernünftig dazu. Die Götter werden ihn strafen. Lassen wir ihn sich in seinem Zelt verkriechen und grollen, und lasst uns nun zur Ruhe gehen. Der kommende Morgen wird uns Rettung bringen, oder Untergang, und wir müssen bereit sein.«

Die Versammlung löst sich auf und man kehrt in die Zelte zurück. Der Mond strahlt stumm und kalt vom hohen Nachthimmel, als Agamemnon noch einmal aus seinem Zelt tritt. Er kann keinen Schlaf finden, finstre Gedanken treiben ihn um. Er blickt über die Ebene und sieht die Stellungen der Trojaner, Hunderte Feuer brennen rings um das Lager. Von weitem hört er die Flöten und Schalmeien, zu deren Klang die Feinde ihren Sieg feiern, sicher tanzen sie gerade um ihre Feuer vor Freude. Dann schaut er auf das Lager der Achäer, das stumm in der Dunkelheit liegt, und meint, in Kehle und Brust die Beklemmung seiner verschreckten, verängstigten Männer spüren zu können. Es schmerzt ihn, zu denken, dass nun, da Achill seine Hilfe versagt hat, ihre ganze Hoffnung an einem seidenen Faden hängt. All diese Männer sind ihm anvertraut, und nun bleibt ihm nichts mehr, als auf den kommenden Tag zu warten.

Furcht überschwemmt seine Seele wie ein schwellender Gebirgsbach nach einem Regenguss, und er beschließt, Menelaos aufzusuchen. Auch sein Bruder ist wach und blickt finster in die Dunkelheit, in Richtung der weißlichen Masse des Hügels von Troja, von dem in der Ferne die Lichter leuchten. Er stellt sich seine Frau vor, dort bei Paris, unerreichbar für ihn, und dass in diesem Augenblick auch sie feiern werden und über ihn lachen.

Es braucht nicht viele Worte, zu groß ist die Last dieser nicht enden wollenden Nacht. Sie beschließen, die Anführer noch einmal zum Rat zu versammeln. Menelaos geht, um sie einzeln herbeizurufen, Agamemnon macht sich ohne Begleitung auf den Weg zu Nestor und seinem Zelt.

Nestor ist es gewöhnt, unter freiem Himmel zu schlafen, auf einem Bett aus Fellen mit einem Mantel als Decke. Noch hat er vor dem Alter nicht kapituliert, und vielleicht hat deshalb selbst der Tod Hochachtung vor ihm. Schlachten, Siege, Niederlagen – Nestor hat alles erlebt, etliche Male in seinem langen Kriegerleben, die heutige Niederlage war nicht schlimmer als andere. Von einem Moment zum nächsten können die Götter alles in eine andere Richtung wenden – so sieht er die Dinge –, es muss nur ein Gott seinen Finger auf die Waage legen, und ein stolzer Mann wird erniedrigt, und wer sich verloren glaubte, geht als Sieger hervor.

Diesem Lauf der Dinge muss man sich fügen, allein die Götter wissen, wer am Ende den Sieg erringt. Das Glück kann sich in einem einzigen Augenblick wenden. Das Schicksalsrad steht nicht still, mal ist man oben, mal unten, und niemand, der lebt, ist allezeit glücklich. Man soll den Göttern opfern und hoffen, dass sie das Opfer annehmen, aber man soll auch kluge Entscheidungen treffen. Den Göttern zu opfern ist recht, doch wer ihre Hilfe erfleht, sollte sich auch selbst zu helfen wissen.

Andere in seinem Alter, aber auch jüngere Männer, schlafen in diesem Moment in ihrem Haus und liegen am Feuer: Schwächlinge, Schlappschwänze, ohne Kraft und ohne Willen, Stimmen im Wind, nichts weiter. Nestor dagegen steht im Feld und tut, was er von Jugend an gelernt hat, in den vielen Schlachten, in denen er gekämpft hat: sich bereithalten! An seiner Seite, immer in Griffweite, Schild und Schwert, daneben ein bunt verzierter Leibgurt, den der Alte sich umbindet, bevor er die Rüstung anlegt.

Nestor hat den leichten Schlaf der Alten, kaum hört er Agamemnons Schritte, hebt er den Kopf und streckt die Hand nach seinem Schwert aus.

»Wer streift da allein zwischen den Zelten umher, mitten in der Nacht, wenn alles schläft? Was suchst du? Einen Kameraden, ein verirrtes Maultier? Bleib, wo du bist, und rede!«

»Ich bin es, alter Freund, Agamemnon, kein Grund zur Sorge!«

»Ah, ich verstehe: du kannst nicht schlafen, irrst durch das Lager, überlegst hin und her, suchst einen Ausweg, und dein Herz wird dir schwer. Morgen wirst du all deine Kraft brauchen, wer im Kampf steht, für den kann jede Nacht die letzte sein. Oder haben schlimme Träume dich aufgeschreckt? Und wo ist Menelaos? Der schläft und überlässt es dir, dich aufzureiben, obschon es seine Pflicht wäre, die Anführer aufzusuchen, einen nach dem anderen, sie zu wecken und zur Versammlung zu rufen!«

»Lass gut sein, alter Freund, diesmal trifft Menelaos keine Schuld. Bei anderer Gelegenheit habe ich dich gebeten, ihn zu ermahnen, denn sein Geist ist nicht immer wachsam und sein Herz manchmal schwankend; dann wieder ist er wie von Sinnen und will allein gegen Stärkere kämpfen, und ich muss ihm die Lanze aus der Hand reißen und ihn zur Vernunft bringen, denn es würde mir das Herz brechen, ihn sterben zu sehen, weil er es den Stärkeren nachtun wollte. Dann wieder zögert und zaudert er – aber nicht weil er feige ist, nein, auch nicht dumm: Er blickt auf mich und erwartet, dass ich ihm sage, was er zu tun hat, ohne mich zögert und schwankt er. Er tut, was ich tue, und das, seit wir Kinder waren, ich der Ältere, er, Menelaos, der Jüngere. Immer lief er mir nach und kümmerte sich nicht um die Gleichaltrigen, weil er nur bei mir sein wollte. Er hat mich immer bewundert und geliebt. Niemand liegt mir mehr am Herzen als mein Bruder. Er würde für mich durchs Feuer gehen, und ich lasse nicht zu, dass ihm jemand ein Leid zufügt.

Doch heute Nacht schläft auch Menelaos nicht. Jetzt gerade macht er sich auf, um die Fürsten zu rufen, einen nach dem anderen. Sie sollen sich am Tor des Lagers versammeln, bei den Wachen. Dorthin wollen auch wir jetzt gehen!«

Nestor steht auf und begibt sich mit dem König zu einem der Tore im Schutzwall des Lagers. Die Wachen lösen einander ab, die Waffe in der Hand, den Blick fest auf die Ebene gerichtet. Hinter dem Wall zeichnen sich in der für Augenblicke vom zitternden Mondlicht durchbrochenen Dunkelheit menschliche Gestalten ab. Sie haben sich an einer Stelle versammelt, wo keine Leichen liegen, weil Hektor dort mit seinen Männern kehrtmachte, als die sinkende Sonne dem Gemetzel ein Ende setzte.

Nestor ergreift als Erster das Wort: »Freunde, dies ist der Augenblick, etwas zu wagen! Hat einer von euch den Mut, sich bis zum Lager der Trojaner durchzuschlagen und einen Gefangenen zu machen, der uns sagt, was sie vorhaben? Ob sie sich in die Stadt zurückziehen, jetzt, wo sie uns eine Niederlage beigebracht haben, oder ob sie unseren Wall und unsere Schiffe angreifen werden? Hier ist ein fähiger Mann gefragt! Wenn er uns die Nachrichten bringt, werden wir ihm jeder eine Gabe bereiten, man wird seinen Mut bewundern und ihm beim Gastmahl den Ehrenplatz einräumen.«

»Alle Achtung, mein Alter«, erwidert darauf Diomedes mit einem Lächeln, »du gönnst dir keine Ruhe, obwohl du schon viele Jahre auf deinen Schultern trägst. Immer gibst du den besten Rat; und jetzt willst du uns zu einer gewagten Sache anstiften – aber du hast recht, diese Nacht dürfen wir nicht ungenutzt lassen! Ich werde gehen, Angst habe ich keine, aber es ist besser, wir sind zu zweit, dann kann der eine den anderen schützen – zwei Köpfe finden immer eine Lösung. Wer mir folgen will, soll vortreten! Oder wir lassen das Los entscheiden.«

Aber das Los muss nicht entscheiden, denn keiner der Anwesenden will feige erscheinen, und alle bieten sich an: Ajax, Menelaos, Meryones, Ideomeneus und so auch alle anderen Anführer ohne Ausnahme.

Also ergreift Agamemnon das Wort: »Wenn so viele bereit sind zu gehen, such dir selbst aus, wen du als Gefährten willst,

Diomedes! Nimm den, der dir am geeignetsten scheint und achte nicht auf sein Geschlecht, wenn es auch königlich ist. Diesmal muss es der Beste sein, einer, der wie ein Raubtier durch die Dunkelheit zu schleichen und blitzschnell aus dem Hinterhalt zuzuschlagen versteht.«

Das sagt er, weil er fürchtet, Diomedes könne aus Achtung vor ihm seinen Bruder wählen und Menelaos würde von einem so gefährlichen Auftrag nicht lebend zurückkehren. Diomedes erwidert: »Wenn ich wählen darf, will ich Odysseus. Er behält in jeder Lage seinen Mut und hat einen scharfen Verstand, außerdem genießt er allzeit Athenas Schutz, die ihn liebt. Mit ihm würde ich durchs Feuer gehen.«

»Behalt dein Lob für dich, Diomedes«, erwidert Odysseus. »Was du da sagst, das wissen ja alle. Ich komme mit dir, aber lass uns sofort aufbrechen, der Morgen naht, zwei Teile der Nacht sind schon verstrichen, es bleibt nur noch einer.«

Rasch machen sie sich bereit und bewaffnen sich für den Kampf aus dem Hinterhalt. Diomedes wirft sich ein Leopardenfell über den Chiton, nimmt ein zweischneidiges Schwert, einen leichten biegsamen Wurfspieß und einen niedrigen Helm aus Leder ohne Helmbusch, wie ihn junge Krieger tragen, wenn sie auf Erkundung geschickt werden. Odysseus wählt ein Kurzschwert, Bogen und Köcher und bekommt auch einen Helm, wie ihn früher die Jäger trugen, aus Lederstreifen geflochten und ringsherum mit Eberzähnen besetzt. Einst gehörte der Helm dem Autolikos, dem Meister aller Diebe, ausgestattet mit dem Talent, egal wo, sich nächtens Einlass zu verschaffen und auf Raubzug zu gehen; jetzt, als Gastgeschenk von Hand zu Hand gegangen, gehört er Meryones, der ihn Odysseus als Kopfschutz leiht.

Dann schwärzen sie sich das Gesicht mit Ruß von einer Feuerstelle, die neben ihnen langsam verglüht, und stecken die Schwerter in eine Hülle, damit auch nicht das kleinste Aufblinken sie verrät. Für Geschöpfe der Nacht könnte man die beiden halten, nicht zu unterscheiden von einem Baum oder Stein, blinde Schattengestalten.

Ein Leopard und ein Wildschwein – wer zu einem nächtlichen Hinterhalt aufbricht, muss sich unsichtbar machen wie Luft. Am Tag zeigt ein Krieger sich strahlend im Licht der Sonne, denn die anderen sollen ihn bewundern. Aber wer des Nachts in den Kampf aufbricht, muss sich tarnen und eins werden mit der Dunkelheit.

Dasselbe hatte in der Nacht, als er zur Welt kam, auch Hermes getan. Heimlich schlüpfte er aus der Wiege und schlich sich fort aus der Höhle, in der er geboren wurde. Vor seinen Augen erschien das erste Mal das Schauspiel der Sterne am Himmel, die Wälder mit ihren tausend Geräuschen, die Silhouette der Berge am nächtlichen Horizont, bevölkert von den lauernden Wesen des Dunkels. Da entschied Hermes, dass von nun an dieses sein göttliches Vorrecht sein solle: zu verbergen und zu täuschen wie die Tiere der Nacht und aus allem einen Gewinn zu ziehen.

Die Nacht sollte für Hermes der Ort werden, seine Kräfte unter Beweis zu stellen: Diebstahl, Täuschung und List – Kräfte, mit deren Hilfe nicht der Stärkere siegt, sondern der Listigere. In jener Nacht machte der kleine Hermes sich auf, die Rinderherden des Apollon zu stehlen, und um seine Spur zu verwischen, führte er sie auf krummen Wegen. Seit damals ist die Dunkelheit Hermes' Zuhause. Und wer aus ihr Gewinn schlagen, sich vor ihren Gefahren schützen und in ihr bewegen will wie andere bei Tageslicht, um zu täuschen und andere zu betrügen, der tut gut daran, zu Hermes zu beten, will er heil nach Hause zurückkehren.

Wer in die Nacht aufbricht, muss tun, was der Gott des Betrugs getan hat, er muss sich klein machen, muss werden wie der Nebel, der überall hindringt und den niemand bemerkt. Und so machen sich auch Odysseus und Diomedes in ihrer nächtlichen Verkleidung auf den Weg in die Dunkelheit, und ihre Gefährten beobachten, wie sie mit aller Vorsicht ihren Weg in die Ebene gehen, bis die Dunkelheit die Eberzähne verschluckt hat.

Durch die Nacht zu schleichen, alle Sinne geschärft, wie ein Raubtier auf Beutezug, diese Kunst lernen die Achäer schon ganz jung. Wenn die Zeit gekommen ist, kaum dass sie dem Knabenalter entwachsen sind, schickt man sie in kleinen Gruppen wie Gesetzlose in die Wälder und Sümpfe, an die Ränder der Herrschaftsgebiete ihrer Städte. Dort müssen sie selbst für ihre Nahrung sorgen, auf die Jagd gehen und die Grenzen überwachen, damit nicht fremde Banden wie ihre eigene sie überschreiten, Viehherden rauben und die Hirten erschlagen. Dort lernen sie die Geräusche der Nacht zu deuten, die Stimmen der Vögel zu unterscheiden und den Lauf der Gestirne über ihren Häuptern zu bestimmen. Dort lernen sie alles, was man braucht, um im Dickicht der Wälder zu überleben, lernen sich gegen die Kälte zu schützen, sich einen Unterschlupf zu bauen, eine Wasserstelle aufzuspüren; wie man sich vor Wölfen und Keilern in Acht nimmt und wie man sie erlegt; und wie man Hirsche jagt; manchmal kämpfen sie auch gegen wilde Tiere. So lernen sie zu erspüren, wann Gefahr in der Luft liegt, lernen, verschlagen und grausam zu sein wie die Tiere der Wildnis, denn wie Tiere müssen sie leben in dieser Zeit, und manchmal lernen sie auch, wie man tötet, wenn sie im Dunkel der Nacht feindlichen Banden begegnen, die dasselbe im Schilde führen wie sie. Alle brechen gemeinsam auf, aber nicht alle kehren heim. Für ein ganzes Jahr verschwinden die jungen Männer aus dem Blickfeld ihrer Mitbürger, erst wenn sie die Kunst des Überraschungsangriffs und des Hinterhalts gelernt haben, kehren sie in die Stadt zurück. Erst dann gibt man ihnen Waffen und schickt sie in den Krieg.

Odysseus und Diomedes verstehen sich meisterhaft auf diese Art Kleinkrieg: wilde Tiere, die eine Witterung besitzen für die Tücken der Nacht, tödliche Gegner für jeden, der ihnen im Dunklen über den Weg läuft.

Auch die Trojaner schlafen nicht in dieser Nacht. Um ein großes Feuer versammelt, halten Hektor und die Führer der Verbündeten Kriegsrat. Hektor hat denselben Plan wie die Achäer: Er will einen Kundschafter aussenden, um herauszufinden, ob die Achäer sich zur Heimfahrt rüsten oder auch morgen zur Schlacht stellen werden. »Wer den Mut hat zu gehen, wird als Gabe zwei Pferde mit fleckenlos weißem Fell erhalten, ausgewählt aus den besten in Priamos' Ställen.«

Niemand der am Feuer versammelten Männer sagt ein Wort. Dieser Auftrag ist ihnen zu gefährlich, alle wissen, dass die verfluchten Achäer dazu ausgebildet werden, in der Dunkelheit zu kämpfen, und sich nur allzu gut auf die Kunst des Hinterhalts verstehen. Viele Trojaner sind schon verschwunden: Für einige wurde danach Lösegeld gefordert, begleitet von verzweifelten Bitten um Freikauf. Von anderen hat man nie wieder etwas gehört. In offener Schlacht kann man gegen sie antreten, dort treffen Schwerter und Lanzen unmittelbar aufeinander, aber im Überraschungsangriff sind die Achäer klar überlegen.

Niemand will deshalb das eigene Leben aufs Spiel setzen und riskieren, in eine nächtliche Falle zu gehen. Zwar hat man die Achäer in die Flucht geschlagen, aber ein verwundetes Tier ist das gefährlichste, erst recht, wenn es bis in seine Höhle verfolgt wird. Deshalb sagt niemand ein Wort, alles schweigt, nur das Knistern der Scheite im Feuer durchbricht die Stille.

Einen aber gibt es bei den Trojanern, den man schon früher als Kundschafter ausgesandt hat und der deshalb von allen jetzt Dolon genannt wird, »der Täuscher«. Dolon hat abstoßende Züge, vorspringende Augen, eine spitze Nase, schmale Lippen, und wenn er lacht, zeigt er spitze Zähne wie ein Nagetier. Er ist ein schneller Läufer, der schnellste seines Volkes. Sein Vater ist der Herold der Trojaner, und obschon weder schön noch adelig, hat er einen gewissen Reichtum ansammeln können, denn sein Amt in der Stadt hat ihm zu guten Geschäften verholfen, und weil er zum einfachen Volk zählt, muss er auch keine Gäste aufnehmen und keine Geschenke machen. Dolon ist, nach fünf Töchtern, sein einziger Sohn. Ohne zu wissen, was er da tut, vielleicht auch vom Schicksal dazu getrieben, ergreift Dolon das Wort; von seinem Vater hat er die laute Stimme geerbt, unangenehm und schrill.

»Ich werde gehen!« Kaum hat er es gesagt, bereut er es auch schon. Alle heben den Kopf und sehen ihn zweifelnd an, und das treibt ihn dazu, noch weiter zu gehen: »Ich werde dein Kundschafter sein, Hektor. Ich werde ins Lager der Achäer schleichen und im Verborgenen lauschen, was ihre Führer beschließen. Aber du musst mir schwören, dass ich, wenn wir sie vernichtet haben, zur Belohnung Achills Pferde und Wagen bekomme.«

Hektor lächelt, er stellt sich die Pferde des Achill vor in den Händen eines Mannes wie Dolon. Hätten sie die übrigen Achäer erst einmal ins Meer getrieben, würde er sich mit Achill schon einig werden oder ihn mit großen Geschenken dazu bewegen zu gehen. Die Vorstellung, Achill Wagen und Pferde zu rauben, kommt ihm unsinnig vor, noch mehr aber, sie in Dolons Besitz zu sehen – manchmal lassen geringe Menschen sich von ihrer eigenen Unfähigkeit blenden. Andererseits ist Dolon der Einzige, der gehen will, und vielleicht erweist er sich ja fähiger als gedacht.

Hektor verspricht also, was Dolon von ihm fordert. Dieser wirft sich einen grauen Wolfspelz über die Schultern, setzt sich eine Mütze aus Marderfell auf und macht sich auf den Weg. Im Weggehen greift er sich voller Kampfeslust einen Wurfspieß, der neben einem der Feuer steht, doch kaum hat er den Kreis der Feuer verlassen und steht allein in der Dunkelheit, schwindet sein Mut auch schon wieder. Er weiß nicht, dass draußen im Dunkeln noch andere über die Ebene streifen.

Behutsam suchen Diomedes und Odysseus ihren Weg, bleiben alle paar Schritte stehen und lauschen angestrengt in die Nacht – nichts, nur die Feuer in der Ferne, die langsam verlöschen, das sinistre Geraschel von Tieren, die an Leichen nagen, Windstöße von See her, die, vermischt mit dem Salzgeruch des Meeres, den scharfen Geruch der Verwesung herantragen.

Immer wieder legen die beiden Achäer ihr Ohr an die Erde. Odysseus ist es, der schließlich das Herannahen fremder Schritte erlauscht.

»Diomedes«, flüstert er seinem Gefährten ins Ohr, »die Schritte kommen von vorn, wahrscheinlich ein Kundschafter oder einer, der kommt, um Leichen zu plündern. Wir lassen ihn vorbeigehen, bis wir in seinem Rücken sind, dann überraschen wir ihn von hinten.«

Die beiden verstecken sich hinter einem Gebüsch, drücken sich flach an den Boden, um sie herum liegen in Haufen die Gefallenen. Dolon läuft langsam über das Feld, bis zum Lager des Feindes ist es noch weit, also wähnt er sich in Sicherheit. Odysseus und Diomedes lassen ihn vorbeiziehen, dann brechen sie aus ihrem Hinterhalt hervor und nehmen die Verfolgung auf.

Dolon hört in seinem Rücken das Geräusch von Schritten: Wahrscheinlich hat Hektor jemand geschickt, um ihn von seiner gewagten Mission zurückzuholen.

Aber da schälen sich zwei bedrohliche Gestalten aus dem vom Mond nur schemenhaft erleuchteten Dunkel. Sie stürmen in seine Richtung, recken ihre Waffen in die Höhe, sehen aber gar nicht wie Menschen aus: Um den Größeren flattert ein geflecktes Fell, am Kopf des Kleineren prangt eine zähnebleckende Schnauze.

Für einen Augenblick ist Dolon starr vor Schreck: Vielleicht sind es Nachtgespenster, dann hilft nur die Flucht. Dolon läuft so schnell er kann, wie ein Wolf, der über die Ebene schießt. Bis zu den Lagerfeuern der Trojaner ist es nicht weit, aber die beiden Verfolger schneiden ihm den Weg ab, einmal, noch einmal, Dolon muss ausweichen, von einer Seite zur anderen wechseln – und wird jedes Mal näher in Richtung des Lagers der Achäer getrieben. Seine Verfolger hetzen ihn wie die Hunde einen Hasen, sie treiben ihn vor sich her, verstellen ihm jeden Fluchtweg. Schon kann man die Reihe der Wachen vor dem feindlichen Lager ausmachen. Dolon gerät immer tiefer in die Falle, bis er es irgendwann aufgibt, sich zu winden wie ein Fisch an der Angel und mit letzter Kraft in die einzige Richtung läuft, die ihm noch bleibt: auf das Lager der Achäer zu.

Diomedes reißt seinen Speer in die Höhe und schleudert ihn in seine Richtung. Aber nicht, um Dolon zu treffen: Das Geschoss pfeift ihm über die Schulter, verfehlt ihn um Armeslänge und bohrt sich wenige Schritte vor ihm in den Boden.

Vor Schreck wie gelähmt, macht Dolon halt, seine Beine tragen ihn nicht mehr, und im nächsten Moment stehen Odysseus und Diomedes vor ihm. Dolon wirft seinen Spieß weg und fällt auf die Knie, er zittert, seine Zähne klappern ihm, er ist kreideblass: »Lasst mich am Leben, das Lösegeld will ich zahlen!«

Zwei rußgeschwärzte Gesichter beugen sich über ihn, ein Leopard und ein Wildschwein.

Das Wildschwein sagt mit ruhiger Stimme, als wäre es nicht gerade noch hinter ihm hergerannt: »Wer schleicht denn da so weit von seinem Lager durch die Dunkelheit, nachts, wenn alles schläft, noch dazu in Verkleidung? Bist du auf Kundschaft oder bist du ein Leichenfledderer, einer von denen, die sich nach der Schlacht über die Gefallenen hermachen, um sie auszuplündern, wie ich sie zuhauf gesehen habe in meinem Kriegerleben?«

»Ich heiße Dolon, ich bin aus Troja, mein Vater ist der Herold unserer Stadt. Ich habe keinen Achäer getötet, ich diene hinter den Reihen, ohne Rüstung, überbringe nur Nachrichten. Fesselt mich und bringt mich zu euren Schiffen, mein Vater besitzt viel Bronze und Gold, ich bin sein einziger Sohn nach fünf Töchtern, er wird euch mit Schätzen überhäufen, um mich loszukaufen.« Das Wildschwein lächelt und sagt in seltsam freundlichem Ton: »Wer spricht denn hier vom Töten? Natürlich werden wir Lösegeld für dich fordern! Aber jetzt rede und sag schön die Wahrheit: Wer hat dich geschickt? Hektor, damit du uns ausspähst? Oder war es dein eigener Plan? Denk daran, dein Leben hängt davon ab, was du antwortest!«

Stotternd erwidert Dolon: »Hektor hat mich hierhergeschickt, ich habe mich von ihm überreden lassen. Ich soll ausspähen, ob die Achäer die Schiffe in die Flut ziehen und zur Flucht rüsten, oder ob sie auch morgen Widerstand leisten werden. Zur Belohnung hat er mir Achills Wagen und Pferde versprochen.«

Mit immer noch freundlicher Stimme und wieder mit einem Lächeln sagt der Wildschweinmann zu ihm: »Oh, was für eine schöne Belohnung, die Hektor dir da versprochen hat: Achills Pferde! Niemand kann sie bändigen, nur er selbst und sein Wagenlenker können ihnen Zügel anlegen, denn es sind göttliche Rösser. Aber nun sag mir, was haben die Trojaner vor? Wie ist ihr Heer aufgestellt, haben sie Wachen und wo stehen sie? Erzähl uns alles der Reihe nach und lüg uns nicht an!«

Während der eine so redet, beugt der Leopardenmann sich über ihn, blickt ihm mit einem Funkeln in den Augen ins Gesicht und zieht sein Schwert.

»Ich will alles sagen – Hektor hält dort, am Grab des Ilos, des Gründers von Troja, Kriegsrat mit den Anführern, während die Trojaner um die Feuer versammelt sind, sich Mut machen und gegenseitig anspornen, nur ja auf der Hut zu sein und zu wachen. Aber ohne die Verbündeten; die überlassen das den Trojanern.«

»Und wo stehen die Verbündeten? Schlafen sie bei den Trojanern oder sind sie abseits aufgestellt?«

»Ich will dir ja alles sagen – die Söldner der Leleger und der Karer lagern auf der Seeseite, auf der Landseite die Lykier und Phrygier, in der Mitte die Trojaner. Erst gestern ist eine Abteilung thrakischer Söldner angekommen, sie liegt abseits. Ihr Befehlshaber ist Rhesos. Ich sah seine Pferde, groß und prächtig, weiß wie Schnee und schneller als der Wind; und seine Rüstung ist mit Gold und Silber verziert, eines Gottes würdig! Aber jetzt bringt mich als Gefangenen zu den Schiffen oder fesselt mich und lasst mich hier, bis ihr zurück seid, ihr werdet sehen, dass alles so ist, wie ich gesagt habe.«

Dolon war nützlich, kein Zweifel. Aber er ist ein feiger Spion und hat seine Kameraden verraten. Während der Wildschweinschädel ins Dunkel zurückweicht, spricht der Leopardenmann wenige, unentrinnbare Worte zu ihm:

»Glaub nur nicht, dass du davonkommst, Dolon! Wenn wir dich freilassen, wirst du früher oder später zurückkehren, um uns auszukundschaften – aber du sollst niemandem mehr schaden!«

Mit einem einzigen glatten Hieb auf den Hals trennt er Dolon den Kopf ab. Noch mit der Marderfellmütze bedeckt, beschreibt dieser in der Luft eine kurze Bahn, fällt zu Boden und rollt unter ein Gebüsch. Und wie er so über den Boden huscht, unter dem zerwühlten dichten Pelz, sieht er wirklich einen Augenblick aus wie ein Nachttier, das ängstlich in seinen Bau schlüpft.

Unruhig schreitet Agamemnon vor der Reihe der Wachen auf und ab und blickt in die Dunkelheit. Der Mond ist schon fast untergegangen, aber noch herrscht Finsternis. Aus dem feindlichen Lager dringt kein Lärm mehr herüber, auch die Tiere haben ihre nächtliche Arbeit eingestellt. Eine große Stille liegt über der mit leblosen Leibern übersäten Ebene. Agamemnon denkt, dass es unvorsichtig war, zwei seiner besten Männer auf ein Kommando zu schicken, das sie in höchste Gefahr bringt. Was, wenn sie in Gefangenschaft geraten oder, schlimmer noch, getötet werden? Was, wenn im Morgengrauen das Heer der Trojaner vor dem Schanzwall aufmarschiert und auf zwei Lanzen die Köpfe von Diomedes und Odysseus vor sich herträgt? Ein grauenhafter Anblick, wie sollte man da die Soldaten noch in den Kampf schicken? Zwei der Besten für immer verloren! Vor allem aber: zwei Gefährten, mit denen er tausend Gefahren geteilt hat. Wie könnte er dann noch einmal die Anführer in seinem Zelt zum Rat versammeln, ohne das Leuchten in Odysseus' schlauen Augen und ohne die Worte aus Diomedes' Mund, mit denen er noch den Mutlosesten neuen Mut einzuhauchen vermochte. Von nun an würde er allein die Last dieses Krieges auf seinen Schultern tragen müssen. Wer sonst sollte ihm beistehen? Der greise Nestor, wie er da neben ihm sitzt, auf einem weichen Fell, fast eingenickt, ohne eine Braue zu verziehen: weise und erfahren, ja, aber schwach. Bleibt noch Ajax, der Sohn des Telamon, der Einzige, der mit seiner Riesengestalt und seinem trotzigen Mut den Männern Mut machen könnte. Zu Fuß zieht er in die Schlacht, gemächlich, ohne zu reden, gedeckt von seinem Schild, der genauso hünenhaft wirkt wie er selbst und den nur er zu führen weiß, geschichtet aus sieben Lagen Ochsenhaut übereinander. Wie eine Schildkröte marschiert dieser Ajax unbeirrbar vorwärts, während es Pfeile dicht an dicht auf seinen Schild regnet, wie ein Tier mit einem Panzer voll Stacheln sieht er dann aus. Wenn er die feindlichen Linien schließlich erreicht hat, stürmt er plötzlich los, stößt seinen Kriegsruf aus und sprengt allein mit der Wucht seines Körpers die Reihen der Gegner auseinander. Vor nichts hat er Angst, dieser Ajax, trägt keine Maske, ist zu keinem Kompromiss bereit, kennt weder die Verschlagenheit eines Odysseus noch das Feuer eines Diomedes, fest und unverbrüchlich ist er wie ein Fels.

Ja, diese Mission war zu gewagt. Er selbst, Agamemnon, hat nie aus dem Hinterhalt kämpfen gelernt; als er in das Alter kam, um mit den anderen jungen Männern zur Bewachung der Grenzen auszuziehen, hatte sein Vater Atreus es ihm verboten, denn er fürchtete, man könne ihm eine Falle stellen und den Königssohn töten. Feinde gab es genug, auch in der eigenen Sippe, viele streckten die Hand nach dem Thron von Mykene aus, aber Atreus wusste, dass Agamemnon der Richtige war, um ihm als König zu folgen. Er hatte ihn aufwachsen sehen, herrisch und unbeugsam, so ganz anders als Menelaos: Der war zwar mutig und treu, aber dem fehlte die Härte eines Felsens, wie ein König und Heerführer sie besitzen muss.

Noch immer herrscht Schweigen über der Ebene. Agamemnon geht zurück und nimmt wieder Platz neben Nestor; nicht weit von ihnen die anderen Anführer, auch sie warten, einige vertreiben sich beim Würfelspiel die Zeit.

Schon sind zur Linken, wo nach Dolons Worten die thrakischen Söldner lagern, die Feuer gut zu sehen. Geduckt schleichen Odysseus und Diomedes voran, der eine vorn, der andere, wenige Schritte hinter ihm, deckt seinem Kameraden den Rücken; kurz bleiben sie stehen, um sich im Dunkeln zu orientieren, dann geht es zielsicher weiter, so gleiten sie lautlos durch die Nacht. Wie zwei Raubtiere saugen sie die Nachtluft ein, wittern schon den Geruch von Menschen und Pferden.

Dolons Leiche haben sie entkleidet, ihr das Wolfsfell abgenommen, die Marderfellmütze aufgehoben und alles in die Zweige eines Tamariskenbaums gehängt. Um sie auf dem Rückweg ins Lager nicht zu übersehen, haben sie zum Zeichen einige Rohrstangen in die Äste gebunden. Während er Dolons Kleider dort aufhängte, betete Odysseus zu seiner Schutzherrin Athena: »Diese Kleider werde ich dir opfern, beuteliebende Göttin, wenn ich ins Lager zurückkehre, gewähre mir also auch weiterhin deinen Schutz!«

Dann endlich die Stelle im freien Feld, wo die Thraker ihr Lager aufgeschlagen haben. Sie schlafen auf dem Boden, in drei Reihen, neben jedem zwei Pferde, die Streitwagen etwas abseits nebeneinander abgestellt. Die Thraker sind erschöpft vom langen Marsch über das Gebirge, deshalb ist niemand mehr wach, keine Posten sind aufgestellt, man wähnt sich in Sicherheit. Wer käme auch auf den Gedanken, dass die Achäer ihnen auflauern würden, nach einem Tag der Niederlagen wie heute? Vielleicht hat Athena einen tiefen Schlaf über ihre Augen gegossen, vielleicht hat sie Odysseus und Diomedes tatsächlich unsichtbar werden lassen, jedenfalls dringen die beiden lautlos bis ins Herz des thrakischen Lagers vor, wo noch das ein oder andere Feuer glimmt und ab und zu glühende Funken in die stockfinstere Nacht stieben.

Vorsichtig schleichen die beiden Achäer zwischen den Reihen der schlafenden Krieger hindurch, um ganz in die Mitte zu gelangen. Dort stehen Rhesos' vier schneeweiße Pferde, mit den Zügeln festgezurrt an der Brustwehr seines Wagens. Rhesos liegt umgeben von den Männern seiner Leibgarde, barbarisch aussehende Krieger, das Gesicht voller Narben, mit Ohrringen und Ketten aus Silber, den Körper mit Tätowierungen übersät, wie es Brauch ist bei ihrem Volk, das lange Haar hoch auf dem Kopf zu einem schweren Knoten gebunden.

»Das muss der Mann sein, von dem Dolon gesprochen hat, Diomedes«, flüstert Odysseus seinem Gefährten ins Ohr, »jetzt zeig mir, aus welchem Holz du geschnitzt bist! Kein Zögern, töte so viele du kannst, ich kümmere mich um die Pferde.«

Dann tritt er lautlos zu der Stelle, wo Rhesos auf einem Teppich aus Fellen liegt und schläft. Diomedes ersticht die um den König herum am Boden liegenden Thraker. Zwölf insgesamt tötet er, geräuschlos, mit je einem einzigen Stich seines Schwertes, während Odysseus die Leichen an den Füßen zur Seite schleift, um den Pferden die Bahn freizumachen, damit sie nicht scheuen, wenn ihre Hufe auf menschliche Leiber treten und ihnen der Geruch von Blut in die Nüstern dringt.

Dann bindet er sie vom Wagen los und verknotet ihre Zügel, lautlos und umsichtig wie Hermes im Dunkel der Nacht. Diomedes ist nun bei Rhesos angekommen. Der König stöhnt im Schlaf, er träumt, dass ein Krieger sich über ihn beugt und mit dem Schwert bedroht. Ein Alptraum, gesandt von Athena, um ihn den nahenden Tod spüren zu lassen. Im nächsten Moment schon wird er Wirklichkeit werden, als würde Rhesos' Seele in ihrem eigenen Traum versinken. Im selben Augenblick tötet ihn Diomedes: während er seinen eigenen Tod träumt. Rhesos wird seinen Traum weiterträumen im Hades.

Mit einem Pfeifen gibt Odysseus seinem Gefährten leise ein Zeichen. Diomedes steht weiter über Rhesos' Leiche gebeugt, das blutige Schwert in der Hand, unschlüssig, ob er noch mehr Thraker töten soll. Doch Odysseus holt ihn in die Wirklichkeit zurück: »Los, schnell, noch können wir entkommen, ohne dass einer aufwacht. Wir haben schon großes Glück gehabt, fordere das Schicksal nicht noch mehr heraus!«

Diomedes rafft sich zusammen und springt auf eines der Pferde, während Odysseus seines mit dem Bogen anpeitscht. Im nächsten Moment setzen sich die vier zusammengeschirrten Rösser in Bewegung und passieren die Gasse, die Odysseus ihnen freigeräumt hat, dann fliegen sie im Galopp auf das freie Feld. Schon liegt das Lager der Thraker in ihrem Rücken, während das Dunkel der Nacht langsam dem ersten Lichtschein der Dämmerung weicht.

Das Dröhnen der Hufe reißt die Thraker aus ihrem Schlaf. Während Odysseus und Diomedes ihre Pferde in Richtung des achäischen Lagers treiben, hören sie hinter sich die Klagerufe und Schreie des Feindes. Etliche Trojaner kommen gelaufen, um das Gemetzel mit eigenen Augen zu sehen. Die Thraker aber erheben lautes Klagegeschrei über den Tod ihres Königs. Niemand denkt an Verfolgung.

Odysseus und Diomedes kommen zu der Tamariske, in deren Zweige sie Dolons Wolfsfell und seine Marderfellmütze gehängt haben. Als wäre es Dolon selbst, nur ohne Körper – wie ein großer Hampelmann, den ein paar Kinder dort zum Spaß aufgehängt haben. Odysseus zieht die Zügel an, Diomedes springt vom Pferd, rafft Dolons Kleider zusammen, sitzt wieder auf, und im nächsten Moment treibt Odysseus die Pferde weiter in Richtung der Schiffe.

Der Erste, der ihren Umriss aus dem Dunkel auftauchen sieht, ist Nestor. »Da, Agamemnon«, mehr sagt er nicht. Agamemnons Herz weitet sich vor Freude, seine Gefährten sind zurückgekehrt, niemand muss ihren Leichnam auslösen und niemand ihren Tod beweinen, und er wird weiter mit ihnen in seinem Zelt tafeln können, mit ihnen sprechen und mit ihnen lachen. Und niemand wird ihn für seine Entscheidung tadeln können und sagen: »Durch Agamemnons Unvorsichtigkeit sind die Besten der Achäer ums Leben gekommen.«

Nur einen Augenblick später preschen Odysseus und Diomedes mit den Pferden auf ihn zu, herrliche Tiere. Die beiden springen ab, Agamemnon umarmt sie, die Anführer der Achäer umringen sie und jubeln ihnen zu.

»Erzähl, Odysseus«, bittet ihn Agamemnon, »woher habt ihr die Pferde? Strahlend wie die Sonne – seit wir Troja belagern, habe ich keine schöneren gesehen, bei den Göttern, sie sind eines Königs würdig!«

»Und einem König gehörten sie: Rhesos, dem Herrscher der Thraker. Doch jetzt ist er tot, Diomedes hat ihn getötet, ihn und zwölf seiner Männer. Der dreizehnte war ein Kundschafter der Trojaner, den Hektor zu unseren Schiffen ausgesandt hatte, um uns auszuspähen: ihn haben wir auch getötet – nachdem er uns den Weg gewiesen hat. Von den Thrakern haben wir nichts mehr zu befürchten, sicher werden sie in die Heimat zurückkehren, jetzt, wo sie ihren Anführer verloren haben.«

Odysseus peitscht die Pferde an, und sie setzen mit einem einzigen Sprung über den Graben; einmal im Lager, bringt Diomedes sie zum Stehen, nimmt die Zügel und bindet sie bei seinem Zelt neben den eigenen an, vor einer Krippe voll Weizen und Gerste. Dann hängt der König von Ithaka Dolons Kleider am Bug seines Schiffes auf, bis das Opfer bereitet ist, das er Athena bringen wird.

Nebeneinander stehen die beiden Gefährten am Strand, schon beginnt das rosenschimmernde Licht des Morgens den Himmel zu färben. Sie legen ihre Kleider ab und tauchen nackt in die Brandung. Das kristallklare Wasser nimmt sie in sich auf und hüllt ihren Leib in eine Wolke von Luftblasen, gibt ihnen neue Kraft und wäscht den Geruch von Schweiß und Blut von ihnen ab. Klar wie ein Bergquell umspült es die Felsen, die in den ersten Strahlen der Sonne tiefrot erglühen. Goldener Glanz erfüllt die Bucht, gesäumt von den Schatten der dunkel emporragenden Schiffe, so weit das Auge reicht.

Odysseus und Diomedes schwimmen mit langsamen Zügen; als sie aus dem Wasser steigen, haben die Diener Wannen mit heißem Wasser zum Bad bereitet. Langsam erwacht das Lager zum Leben, die Sonne steht jetzt über dem Horizont, am Himmel ist keine Wolke zu sehen.

## Pólemos – Der Ruhm der Helden

**Vielleicht schwebte an jenem Morgen** ein böser Dämon durch die Lüfte. Vielleicht war es auch nur der Wind in Mastwerk und Takelage der auf den Strand gezogenen Schiffe. Doch alle im Lager haben die gellende Stimme gehört, wie das Gebrüll eines wilden Tieres, aufwühlend und schrecklich. Auch Agamemnon ruft laut, als er aus seinem Zelt tritt und das Heer antreten lässt, seine dunkle, tiefe Stimme dringt bis in alle Ohren. Odysseus' und Diomedes' nächtliches Kommando hat alle Ängste vertrieben.

Jeder Krieger stößt in der Schlacht seinen Schrei aus, so wird in ihm die Kampfkraft angestachelt und kann wie ein anschwellender Fluss aus ihm herausbrechen. Ein anstürmendes Heer gleicht einer Flut von Gebrüll, das überschäumt und voranprescht und alles mit sich reißt. Noch bevor die erste Lanze geworfen wird, soll das Brüllen den Gegner in Angst und Schrecken versetzen. Deshalb heißt es von einem Krieger, er sei ein »Rufer im Streit«, und wenn einer weniger Geschick im Gebrauch der Waffen besitzt, aber dafür eine kraftvolle Stimme hat, wird auch ihm Respekt gezollt; wie Stentor, dem Herold mit seiner volltönenden Stimme, die dem lauten Rufen von fünfzig Männern gleichkommt; von allen wird er geachtet, denn er flößt den Kameraden in der Schlacht Mut und Zuversicht ein.

So ruft auch Agamemnon an jenem Morgen: mit aller Kraft, die in seinem Körper wohnt. Er befiehlt, zu den Waffen zu greifen und sich vor dem Erdwall zu sammeln. Auch er selbst beginnt seine Rüstung anzulegen, seine Waffenknechte reichen sie ihm, ein Stück nach dem anderen.

Seine Rüstung anzulegen bedeutet für einen Krieger, sich für den Tanz mit dem Tod zu schmücken. Deshalb tut er es mit gemessenen Bewegungen, vor aller Augen, wie ein Ritual. Er striegelt sich Haupthaar und Bart, als ginge er zu einem Festmahl. Dann legt er die Rüstung an. Für einen Krieger ist seine Rüstung wie eine zweite Haut, mehr noch: wie seine erste, denn sie ist, was man zuerst von ihm sieht. Keine Rüstung gleicht der anderen, so wie kein Gesicht einem anderen gleicht. Gleißend glänzt sie im Sonnenlicht, die Rüstung ist nicht einfach ein Schutz, sie ist eine Explosion der eigenen Identität; sie dient nicht nur dazu, vor den Hieben des Feindes zu bewahren, sie soll auch den eigenen Ruhm mehren, ihr Bronzeglanz inmitten des Staubs macht aus dem Mann, der sie trägt, ein lebendes Standbild.

Agamemnon bindet sich die bronzenen Beinschienen um, an den Fesseln mit Silber verstärkt, in das Köpfe von Ungeheuern graviert sind – ihre magische Kraft soll alle Schläge abwehren. Dann schnallt er den Brustpanzer um, ein Meisterwerk der Schmiedekunst, zehn Streifen in violettem Glasfluss, zwölf in Gold, zwanzig in Zinn gefasst, glitzernd und gleißend wie ein Regenbogen und an den Schultern Schlangen in blauem Glasfluss, drei auf jeder Seite. Die Rüstung ist ein Geschenk des Kinyras, des Königs von Kypros, der sich damit bei ihm einschmeicheln wollte. Kinyras ist ein kleiner, üppig mit Schmuck behangener Mann, angetan mit einem purpurnen goldbestickten Gewand, den Bart parfümiert, ein Kaufmann, kein Krieger; sein Palast quillt über von Schätzen und sein Harem von verführerisch schönen Frauen. In seiner Stadt steht der größte und bekannteste Aphroditetempel der Welt. Auch er glänzt vor Gold, in seinem Inneren befindet sich ein großer Hof, gesäumt von einem Säulengang, hinter dem etliche Zimmer liegen. Hier findet die Tempelprostitution statt: Alle Frauen von Paphos und viele aus anderen zyprischen Städten, so fordert es der Brauch, müssen dort eine Nacht verbringen und sich anbieten, adlige Frauen genauso wie Frauen aus dem Volk. Alle müssen ihren Körper eine Nacht lang dem Dienst der Göttin weihen, um für sich und für ihr Volk Glück und Gedeihen zu erflehen (auch wenn viele aus der Oberschicht sich von Sklavinnen vertreten lassen). Manche kehren schon am nächsten Tag nach Hause zurück, andere, unscheinbarere, müssen Wochen, manchmal auch Monate warten, von einer heißt es sogar, sie habe zwölf lange Jahre ausgeharrt. Die Einnahmen kommen dem Tempel zugute, ein Teil aber wandert in die Schatzhäuser des Königs.

Als Kinyras die unzähligen Schiffe von Agamemnons Flotte sah, die jeden Winkel seines Hafens ausfüllten, und als er sah, wie von ihnen furchterregende Krieger mit ihren Pferden und Streitwagen an Land gingen und vor den Mauern der Stadt ihr Lager aufschlugen, erschrak er. Zittern überfiel ihn und er riss sich den Bart aus, als er sie von der Stadtmauer aus erblickte. Was würde nur aus all seinen Schätzen und Reichtümern, aus seinen Weibern und auch aus dem heiligen Tempel der Aphrodite werden, wenn sie in die Hände dieser Barbaren fielen?

Und er fürchtete sich nicht ohne Grund. Achill und Diomedes hatten die Stadt unter dem Vorwand, dass er Paris und Helena bei ihrer Flucht nach Troja einst als Gäste aufgenommen hatte, sofort angreifen und plündern wollen. Nestor und Menelaos aber waren dagegen, denn sie fürchteten, dass eine so fette Beute ihre Männer Troja hätte vergessen lassen und diese, hätten sie die Stadt erst einmal ausgeplündert, heimgekehrt wären.

»Welcher Ruhm liegt schon darin«, gab Agamemnon, um dem Zwist ein Ende zu machen, schließlich zu bedenken, »eine Stadt zu erobern, die von einem schwächlichen Zwerg wie diesem beherrscht wird? Schätze in noch größerer Zahl wird Troja uns bescheren und zusammen mit ihnen unendlichen Ruhm! Troja ist die Beute, die mir gebührt, die uns gebührt – nicht Paphos.«

Im Grunde seines Herzens aber fürchtete er auch den Zorn Aphrodites, der seine Sippe schon einmal getroffen hatte, und nichts war schlimmer als die Launen der Liebesgöttin. Außerdem hatte Kinyras ihm eine herrliche Rüstung zum Geschenk gemacht, Pferde, Sklavinnen, eine Menge Gold und Bronze, und auch den anderen Fürsten Gaben gesandt. Für ihn waren es Gaben und Geschenke, in Wahrheit aber der Tribut der Angst. Agamemnon nahm also Kinyras' Einladung zum Mahl gemeinsam mit seinen Anführern an. Andere Genüsse, die dieser ihm bot, lehnte er ab, sogar seinen Harem wollte Kinyras ihm öffnen.

»Edler Kinyras«, sagte er am Ende des Gastmahls zu ihm, »die Gaben, die du an uns verteilt hast, entsprechen dem, was man von einem edlen und reichen König, wie du einer bist, erwarten kann. Doch jetzt bitten wir dich um etwas Weiteres, etwas, das deinem Ruhm noch würdiger ist: Vereinige deine Flotte mit der unsrigen, und du sollst den Lohn und die Ehre bekommen, die einem Krieger zustehen, und auch deinen Teil an der Beute.«

Auch das hatte Kinyras befürchtet. Sich diesen Leuten anzuschließen hätte bedeutet, sein prächtiges Leben aufzugeben und ihre Geisel zu werden. Sicher wäre in seiner Abwesenheit ein anderer an seiner statt König von Paphos geworden; der blühende Handel mit Troja wäre zum Erliegen gekommen, er hätte sich den Zorn des Priamos und seiner Verbündeten zugezogen und den Vorwurf, einen verbündeten König aus Feigheit verraten zu haben. So zart sein Körper war, so schlau war sein Verstand, und er hatte die passende Antwort schon parat: »Wie könnte ich dir diesen Gefallen verweigern, Agamemnon? Ich werde dir also ein Schiff mit einer kleinen Mannschaft unter dem Befehl meines Sohnes Mygdalion schicken. Gib mir nur etwas Zeit, um die Expedition besser vorzubereiten, ich werde die stärksten Krieger Asiens in Sold nehmen, Assyrer, Habiru, Bergvölker. Fünfzig Schiffe voll besetzt mit Kriegern werde ich ausrüsten und in See stechen lassen, das schwöre ich feierlich im Namen der Großen Göttin, die hier zugegen ist und hört, was wir sagen«, und dabei streute er Weihrauchkörner in die Glut eines Kohlebeckens und sprach die Eidesformel, die niemand zu brechen auch nur erwägen darf.

Die Achäer ließen sich überzeugen und setzten die Segel. Als das letzte Schiff hinter dem Horizont verschwunden war, fühlte Kinyras sich in Sicherheit. Und tat, was er geschworen hatte: Er ließ fünfzig kleine Schiffe aus Ton machen, voll besetzt mit Soldaten aus Lehm, und ließ sie ins Meer stoßen. Er hatte sein Versprechen gehalten.

Nachdem Agamemnon Kinyras' Rüstung angelegt hat, schnallt er sich eine Schwertscheide aus Silber an die linke Schulter; in sie steckt er das große Bronzeschwert mit scharfer, gehärteter Klinge, das Heft mit Beschlägen aus Gold besetzt. Dann ergreift er den Schild, den nur starke Arme zu tragen vermögen; er ist reich verziert, zehn bronzene Ringe fassen die Mitte, darin zwanzig Buckel aus Zinn im Wechsel mit solchen aus schwarzem Glasfluss. In der Mitte prangt das schreckliche Haupt der Gorgo, deren Fratze allein einen Mann vor Angst zu lähmen vermag: Wer Agamemnon gegenübertritt, muss der Gorgo mit ihren hypnotischen Kräften ins Auge blicken; neben ihr, klein und in Zinn eingelegt, die Dämonengestalten von Phobos und Deimos: Angst und Schrecken.

Auf den Kopf zieht er den Helm, rundum geschlossen bis auf zwei Sehschlitze und bis zum Kinn reichend, nur der Bart schaut darunter hervor. Vier Helmbüsche lassen den Helm noch höher erscheinen, Pferdemähnen, die sich bei jedem Windstoß bedrohlich aufbauschen. Zum Schluss wählt der König noch zwei Lanzen mit langer scharfer Spitze zu seiner Bewaffnung aus.

Auch die anderen Krieger haben ihre Waffen angelegt, und im ersten Licht der Dämmerung erhebt sich im ganzen Lager ein gewaltiges Getöse. Sie stellen sich vor dem Erdwall auf: die Wagenlenker auf ihren Streitwagen, die Zügel in der Hand, davor die Krieger, bereit aufzusteigen, vor ihnen schließlich die Reihen des Fußvolks, eine Mauer aus Schilden, aus der die Lanzen in Richtung der Ebene starren.

In der Ferne sieht man, wie die Hänge sich schwarz färben von Menschen, man hört das Wiehern der Pferde und die Rufe der Krieger. Es sind die Trojaner, auch sie stellen sich zur Schlacht auf.

Vom Hügel aus mustert Hektor das feindliche Heer, das vor dem Wall Aufstellung nimmt. In seiner Mitte macht er eine Gestalt auf einem Streitwagen aus, in glänzender Waffenrüstung, vor dem Wagen vier schwarze Pferde, deren Ungestüm der Wagenlenker kaum noch zu bändigen vermag, Agamemnon, auf seinem Schild die Fratze der Gorgo. An seiner Seite glänzen noch andere Rüstungen in der Sonne, deren Besitzer ihm gut bekannt sind: Diomedes, ein prankenschlagender Löwe auf seinem Schild, Idomeneus' Stier, Meryones' Sphinx, Menelaos' Chimäre – eine lange Reihe furchterregender Fabelwesen, Ungeheuer, die im Gewoge der bronzenen Schilde ein bedrohliches Leben annehmen.

›Agamemnon hat seine besten Krieger um sich versammelt, und sie brennen sicher darauf, vor seinen Augen ihre Tapferkeit zu beweisen. So sind die Achäer, sie schlagen sich leidenschaftlich, stellen ihren Mut und ihre Unerschrockenheit für alle sichtbar unter Beweis. So ist mir mehr als einer vors Schwert gelaufen‹, denkt Hektor, wie er vor seinem Kampfwagen steht, den Blick in die Ebene gerichtet.

Dort sieht er den Wall, den die Feinde zum Schutz ihres Lagers angelegt haben, den mit spitzen Pfählen gespickten Graben und weiter zurück die graue Reihe der auf den Strand gezogenen Schiffe. Dahinter das tiefblaue Meer, unbewegt und gleichgültig gegenüber dem Ringen der Menschen. Viele Male ist Hektor in dieses Meer schon getaucht, ist im Morgengrauen an seinem Ufer entlanggaloppiert, bis dann die Eindringlinge kamen und es mit ihren verfluchten Schiffen und Zelten für sich in Besitz nahmen. Er könnte sie angreifen und in Brand setzen und sich dann wieder nach Troja zurückziehen. Ohne ihre Schiffe – was könnten die Achäer da noch ausrichten? Kein Nachschub mehr und kein Fluchtweg über das Meer, keine Angriffe mehr auf die trojanische Küste. Auf dem Landweg müssten sie dann in die Heimat zurückkehren, keine einfache Flucht, mit wenig Wasservorräten und feindlich gesinnten Völkern, die ihnen den Weg verstellen. Noch wichtiger ist aber, dass Achill nicht in den Kampf zurückkehrt. Dieser Wahnsinnige, der jedem die Angst in die Glieder fahren lässt, der ihm begegnet, und der seine Männer mit in den Kampf reißen kann wie kein Zweiter. Aber nein, die Kundschafter berichten, er ist immer noch zornig auf Agamemnon. Heute würde er nicht in den Kampf eingreifen, heute musste sich alles entscheiden, denkt Hektor.

Hektor ist sicher, für die Schlacht gut gerüstet zu sein. Leider haben die Thraker, auf die er große Stücke gesetzt hatte, den Rückzug angetreten und den Leichnam ihres Königs Rhesos mitgenommen, um ihn in der Heimat zu bestatten. Ein schwerer Verlust, ihre wilde und grausame Kriegerschar hätte wertvoll sein können im Kampf. Aber auch so sind die Trojaner dem Gegner zahlenmäßig weit überlegen.

Am gegenüberliegenden Ufer des Skamandros hat Hektor die Bogenschützen aufgestellt. Die Achäer würden durch den Fluss waten müssen und von einem Pfeilregen überschüttet werden. Paris mag kein mutiger Krieger sein, aber er ist ein guter Bogenschütze, in seiner Zeit als Hirte im Idagebirge hat er gelernt, Jagd auf Hirsche zu machen, ihm ist das Kommando über die Bogenschützen anvertraut, und Paris wird sich für die erlittene Schmach sicher rächen wollen.

Die stärksten Feinde an Agamemnons Seite würden sich dessen Vorstoß anschließen, und er, Hektor, würde am rechten Flügel der trojanischen Streitmacht Aufstellung nehmen, die Lykier, seine besten Verbündeten, am linken, um Zeit zu gewinnen und zu warten, bis Agamemnon unter dem Pfeilregen der Bogenschützen zum Stehen kommen würde. Dann würde Hektor das Zeichen zum Angriff geben und die gegnerischen Flanken aufrollen, und Agamemnon und die besten seiner Männer säßen in der Falle wie Fische in einem Netz. Dies alles mit der Hilfe der Götter ... Man musste nur warten.

Die Sonne brennt hoch vom wolkenverlassenen Himmel, Hitze breitet sich aus. Da sieht Hektor am Boden einen Schatten auf sich zukommen. Es ist Polydamas, sein engster Berater, ein Mann aus dem Volk, aber weise und rechtschaffen. Nie ist sein Ratschlag von Eitelkeit oder Eigennutz getrübt. Hektor und Polydamas sind in derselben Nacht zur Welt gekommen, Polydamas' Söhne sind Spielkameraden von Hektors Sohn Astyanax. Und nun sind diese Kinder in Gefahr und es ist ihre Aufgabe, sie zu beschützen.

Polydamas kennt Hektors Mut, aber er weiß auch, dass er selbst besonnener ist als sein Anführer. Gestern haben sie den Feind in offener Schlacht besiegt, das erste Mal in zehn Jahren. Grund genug, dem Schicksal zu danken – und sich wieder in die Stadt zurückzuziehen, denn Troja ist uneinnehmbar. Der Schlag, den sie dem Feind versetzt haben, war stark genug, um ihn ins Wanken zu bringen, die Zeit würde ein Übriges tun; der Feind würde uneins werden, sein Heer würde sich auflösen. Wozu an einem einzigen Tag noch einmal alles aufs Spiel setzen?

»Lass nicht zum Angriff blasen, Hektor! In der Versammlung hast du mir schon oft vorgehalten, ich sei zu vorsichtig. Du weißt, was von Anfang an meine Meinung war: Wir sollten Helena zurückgeben und keinen Krieg um sie führen. Jetzt steht alles auf dem Spiel: unsere Frauen, unsere Kinder. Natürlich soll man dem Befehlshaber nicht offen widersprechen, aber hier kann niemand uns hören, und ich sage dir, achte auf die Zeichen der Götter! Eben noch wurde das Heer Zeuge, wie ein Adler eine riesige rote Schlange in seinen Klauen hielt und sie zu seinem Nest trug. Die Schlange aber lebte noch und wand sich, bis es ihr gelang, sich um eine Kralle des Adlers zu schlingen und ihn in den Hals zu beißen und zu verwunden, da ließ er seine Beute fallen und verschwand kreischend am Himmel. Zuckend fiel die Schlange vor unserer Schlachtreihe zu Boden, und uns lief allen ein Schauder über den Rücken, denn wir wussten, dass dies nicht aus Zufall geschehen war. Jeder Zeichendeuter, der seine Kunst versteht, wer es auch sei, würde dir sagen: Einen Feind, den du gestern geschlagen hast, greife morgen nicht noch einmal an! Es wäre gefährlich und könnte sich gegen uns wenden. Was wir gesehen haben, ist ein böses Omen. Gib keinen Befehl zum Angriff!«

Hektor sieht ihn finster an: »Polydamas, mir gefällt nicht, was du da sagst. Soll ich Vögeln und Schlangen Glauben schenken? Gewiss nicht. Es ist mir gleichgültig, ob sie von rechts oder links geflogen kommen, ob sie andere Tiere töten oder miteinander kämpfen. So sind Tiere, was soll daran göttlich sein? Ich glaube an Zeus' des Allmächtigen Willen, und ich bin sicher, dass er es war, der uns gestern die Kraft gab zu siegen, und hoffe, dass er es auch heute tun wird. Bist jetzt auch du unter die Seher gegangen? Von dieser Sorte haben wir wahrlich genug, meine Schwester Kassandra gehört auch dazu. Du willst ein Zeichen? Ich kann dir sagen, was für mich das einzige Zeichen ist, das zählt: für die

Heimat zu streiten und für sie zu sterben, das ist das schönste Zeichen. Sieh dich vor, dass du mit deinen bösen Omen den Leuten keine Angst einjagst, denn solltest du das versuchen, wirst du an deinem Hals ein Zeichen aus Bronze spüren – mein Schwert!«

Im selben Moment erhebt sich lautes Gebrüll aus der schwarzen Mauer aus Schilden und Pferden auf der anderen Seite der Ebene. Staub steigt auf, die Achäer greifen an. In vorderster Reihe stürmt Agamemnon, dieser verfluchte Sohn des Atreus, auf seinem Viergespann auf sie zu, schreiend folgen ihm die Achäer.

Wer unter der Macht des Dionysos steht, ist trunken, doch auch Ares erfüllt die Herzen der Menschen mit Trunkenheit, flößt ihnen Wut und Stärke ein. In solchen Augenblicken wird der Krieger von einem Fieber ergriffen, das ihn erzittern macht, er rollt mit den Augen wie ein Wahnsinniger, die Waffen an seinem Körper klirren, es scheint, als würden sie zum Leben erwachen, als wären sie es, die ihren Träger in Marsch setzen. Jeder, der in der Schlacht steht, kennt dieses Gefühl, es kommt und es geht – *ménos* nennt man dieses Aufwallen aller Kräfte. Man spürt es in den Adern pulsieren, spürt, wie der Mut plötzlich da ist. Arme und Beine sind von einer unbegreiflichen Stärke erfüllt, als würde der Körper von ganz allein losschlagen wollen. Es sind die Götter, die diesen *ménos* geben und wieder nehmen, Kraft und Kampfesmut rauben oder gewähren, damit einer stark wird wie ein Gott.

›Vorwärts, immer weiter, so stürmen meine Pferde, aufgepeitscht von den Rufen und vom Gedröhn der Hufe der anderen Tiere, mit Mühe nur kann der Wagenlenker sie in der Spur halten, und doch ist er der beste, den Mykene zu bieten hat. Neben mir eine lange Reihe von Streitwagen, die über die Ebene hinfluten, ein Schauspiel der Stärke, das die Seele erhebt. Hoch auf den Wagen die Tapfersten der Achäer, die Gefährten vieler

Schlachten: Diomedes, Idomeneus, Odysseus, Ajax. Sie stoßen ihr Kriegsgeschrei aus und schütteln ihre Schilde. Diesmal wird nichts, nichts mehr, uns aufhalten.

Zehn Jahre lang hat sich die feige trojanische Brut hinter ihren Mauern versteckt. Jedes Mal, wenn wir sie gestellt haben, sind die Trojaner geflohen wie die Hirsche in den Wald, aber jetzt wagen sie es, uns in offener Schlacht gegenüberzutreten, und gestern haben sie uns geschlagen. Dass Achill, dieser Narr, nicht mehr in unseren Reihen streitet, das hat ihnen Mut gemacht – umso besser, jetzt wird der Ruhm des heutigen Tages ganz allein mir zufallen, Agamemnon, dem König der Achäer!‹

Agamemnon hält geradewegs auf die feindlichen Reihen zu und hofft, dass Hektor ihm vor den Wagen läuft, sein Herz ist voller Kampfeslust, unbesiegbar fühlt er sich. Zwei Trojaner stellen sich ihm in den Weg. Erst tötet er den Bienor, dann springt der andere, Oileus, vom Wagen und stürmt mit erhobenem Schwert auf ihn zu, doch Agamemnon ist schneller, trifft ihn mit der Lanze am Kopf. Der bronzene Helm hält dem Stoß nicht stand, die Lanze durchschlägt den Schädel, das Gehirn spritzt in alle Richtungen. Während sein Wagenlenker die Pferde hält, beugt Agamemnon sich über die Leichen, zieht ihnen den Leinenpanzer aus und lässt sie mit nackter Brust liegen, wirft die Panzer seinem Waffenknecht zu, und sein Wagenlenker treibt die Pferde weiter.

Überall beginnen die trojanischen Reihen sich aufzulösen, Streitwagen werden zur Flucht gewendet – ein schwieriges Manöver inmitten des panisch fliehenden Fußvolks. Währenddessen trifft Agamemnon auf einen weiteren Streitwagen. Er ist mit zwei Brüdern besetzt, Peisandros und Hippolochos, Söhne des greisen Antimachos. Als die Trojaner Rat darüber hielten, ob man Helena herausgeben solle, hatte Antimachos – von Paris mit viel Gold bestochen – sich erhoben und die Rückgabe abgelehnt. Stattdessen schlug er vor, Menelaos zu töten, der gekommen war, um zu verhandeln. Doch Priamos und Hektor hatten diesen Frevel verhindert. Jemanden zu töten, der durch heilige Eide geschützt war und das sakrosankte Zepter der Herolde und Botschafter trug, hätte gegen jedes menschliche und göttliche Recht verstoßen.

Vielleicht bereiteten die Erinnyen, die keinen Frevel ungerächt lassen, seit damals Antimachos' Bestrafung vor, denn wie die Söhne den Ruhm ihrer Väter weitertragen, so tragen sie auch ihre Schuld. Agamemnon reckt seine Lanze und richtet sie auf die beiden; dem Wagenlenker fallen die Zügel aus der Hand, die Brüder werden von Zittern ergriffen. Das eben ist der Unterschied zwischen einem tapferen Mann und einem Feigling: Der Feige zittert, wird blass und grün im Gesicht, seine Arme sind wie gelähmt, der Tapfere schaut der Gefahr ins Angesicht, ohne zu erblassen und ohne dass sein Herz schneller schlägt. Im Angesicht höchster Gefahr hat ein feiger Mann keinen Stand.

Auf ihrem Wagen gefangen, flehen die beiden Brüder den König an, jammern, versuchen, sein Mitleid zu wecken: »Lass uns am Leben, Sohn des Atreus, unser Vater wird dir ein großes Lösegeld zahlen, Bronze und Gold, unser Schatzhaus ist gut gefüllt!«

Doch sie bekommen eine harsche Antwort zu hören:

»Seid ihr die Söhne des Antimachos? Des Mannes, der einst, als Menelaos mit Odysseus nach Troja kam, um zu verhandeln, die Trojaner gegen jedes Recht aufhetzte, die beiden zu steinigen? Dann werdet ihr jetzt die Strafe für diesen Frevel zahlen, den euer Vater begangen hat. Soll er sich doch allein an seinen Schätzen erfreuen, der Mann, der mir meinen Bruder rauben wollte.«

Agamemnon erschlägt sie, ungerührt von ihrem Flehen. Und er geht noch weiter, wie es geschehen kann, wenn Krieger von Hass erfüllt und von Kriegslust geblendet sind. Wie besessen, genügt es ihnen dann nicht, den Gegner nur zu töten, und sie schänden auch noch, was von ihm bleibt, verstümmeln ihn, entehren ihn, nehmen ihm seine menschliche Erscheinung. Mit schweren Hieben beginnt Agamemnon die Leichen mit seinem Schwert zu zerstückeln, schneidet ihnen die Köpfe ab und die Arme und stößt ihre verstümmelten Leiber zur Seite, so dass sie wie Baumstümpfe den anderen Kämpfern vor die Füße rollen. So etwas geschieht, wenn Ares wie ein Wahnsinniger, wie ein wildgewordener Hund, in einem Krieger zu wüten beginnt und ihm seine Mordlust ins Herz gießt.

Das Schwarz der beiden Schlachtreihen ist nun ununterscheidbar geworden. Schwerthiebe, Schreie; Männer, die Wurfspieße und Steine schleudern, Blut, das aus Wunden spritzt und über allem eine Wolke aus Staub, die über der Ebene steht und alles verdunkelt, als wären Sonne und Mond und Himmel einfach verschwunden. Agamemnon setzt fliehenden Trojanern nach, brüllt, schleudert ihnen seine Lanze hinterher, seine Waffenknechte reichen ihm unentwegt neue. Kein Achäer wirft seine Lanze so zielsicher und gerade – wie Agamemnons Großvater Oinomaos, wenn er die Freier seiner Tochter erlegte.

Herrenlose Streitwagen irren über die Ebene, mit sich gerissen von scheuenden Pferden, wiehernd als klagten sie über ihre getöteten Wagenlenker. Den anderen immer eine Wagenlänge voraus, prescht Agamemnon an dem einsam inmitten der Ebene aufragenden Grabhügel des Ilos vorbei, des Gründers von Troja. Das Fußvolk ist zurückgefallen, die Streitwagen der Achäer haben das Flussufer schon erreicht. Ein Knäuel aus fliehenden Menschen und Pferden windet sich im Flussbett, Wasser spritzt auf, der Fluss trübt sich.

Auf einmal beginnt es Pfeile und steinerne Wurfgeschosse aus den Schleudern der Trojaner zu regnen, sie prasseln wie Hagel auf die Helme und Schilde der Achäer und mancher trifft auch den Mann darunter. Agamemnon ist stehengeblieben, sucht nach der richtigen Stelle, um den Fluss zu durchqueren und die feindlichen Bogenschützen, die seine Leute vom anderen Ufer aus beschießen, seinerseits anzugreifen; gleichzeitig rückt das dichte Aufgebot der achäischen Lanzenträger heran, bald werden auch sie durch den Fluss marschieren. Von hier aus ist Troja schon gut zu erkennen, man sieht Rauch in den wolkenlosen Himmel aufsteigen, vielleicht opfern die Trojaner gerade auf einem ihrer Altäre den Göttern.

In diesem Augenblick bemerkt einer der Trojaner, die sich auf der Flucht in den Fluss stürzen, dass wenige Schritte neben ihm, mitten im Gedränge, Agamemnon steht und angestrengt nach vorn blickt. Nicht einmal dessen Waffenknechte haben den Trojaner unmittelbar neben sich bemerkt. Das muss die Gabe eines Gottes sein, vielleicht des Apollon, der den Trojanern stets Hilfe leistet. Koon – so der Name des Trojaners –, den Feind dicht auf den Fersen, ist vom Wagen gesprungen. Er hat seinen Bruder, niedergestreckt von Agamemnons Lanze, daliegen sehen, nun gewähren die Götter ihm Rache!

Rasch zielt er und schleudert die Lanze mit aller Kraft auf den König; und er verfehlt ihn nicht, trifft ihn am linken Arm, dicht unter der Elle, die bronzene Spitze zerfetzt ihm das Fleisch. Agamemnon wendet sich um und streckt unter Aufbietung seiner letzten Kräfte seinen Gegner mit einem einzigen Lanzenstoß nieder. Anfangs treibt er seine Leute vom Wagen aus weiter zum Angriff, doch das Blut hört nicht auf, aus der Wunde zu sprudeln, beißender Schmerz durchfährt seinen Körper. Seine Begleiter bauen eine Mauer aus Schilden um ihn herum, Menelaos springt zu ihm auf den Wagen und sieht, wie sein Bruder bleich wird und in sich zusammensackt. Sofort befiehlt er dem Wagenlenker, die Pferde zu wenden und so schnell er kann zum Lager zurückzukehren. Die Pferde stürmen los, Agamemnon hält sich an der Brüstung des Wagens fest, sein Kopf taumelt bei jedem Sprung, und stünde sein Bruder nicht neben ihm auf dem Streitwagen und hielte ihn fest, er würde einfach vom Wagen fallen. Menelaos hält den Bruder im Arm, spricht ihm Mut zu, Tränen laufen ihm übers Gesicht, die Pferde galoppieren auf das Schanzwerk des Lagers zu.

Agamemnon hat das Schlachtfeld verlassen; die übrigen Achäer sind am Flussufer eingeklemmt – Hektor wendet sich um zur Reihe seiner unruhig wartenden Männer, die auf dem Kamm des Hügels bereitstehen, und gibt das Zeichen zum Angriff. Die Trojaner stürzen sich von den Flanken her in die Schlacht. Jetzt ist es Hektor, der wie ein wildes Tier aus seinem Versteck bricht und auf alles einschlägt, was sich ihm in den Weg stellt; und keiner seiner Hiebe geht ins Leere. Neben ihm stürmt sein Vetter Äneas voran, auch er voller Kampfeslust. Die Achäer halten dem Angriff der Feinde nicht stand, fliehen, werfen die Waffen weg.

Die Mitte des achäischen Aufgebots ist zum Stehen gekommen, unschlüssig, was zu tun ist, nachdem Agamemnon die Schlacht verlassen hat – und nun in Gefahr. Der Erste, der die Gefahr erkennt, ist Diomedes. Er wendet seinen Wagen und rast auf die Stelle zu, wo er von Weitem Hektors Rüstung ausgemacht hat. Im nächsten Moment steht er am Grabmal des Ilos – und trifft hier auf Hektor. Die beiden Streitwagen halten direkt aufeinander zu. Als Erster schleudert Diomedes seine Lanze, aus großer Entfernung und mit gewaltiger Kraft. Er hat auf Hektors Helm gezielt, und die Lanze trifft auch, aber nur den Helmbusch. Die bronzene Spitze lässt Hektors Kopf unverletzt, aber die Wucht des Aufpralls ist enorm. Hektor ist benommen, sein Wagenlenker bemerkt es sofort und lenkt das Gefährt zurück in die eigenen Reihen. Dort bricht Hektor in die Knie, stützt sich mit der Hand auf den Boden, ihm wird schwarz vor Augen und er speit Blut. Diomedes sucht seine Lanze, um ihm den Todesstoß zu versetzen. Aber er kann sie nicht finden. Unterdessen kommt Hektor wieder zu sich, steigt auf den Wagen und zieht sich zurück.

Als Diomedes seine Lanze schließlich findet, schaut er nach der Stelle, wo Hektor eben noch röchelnd auf den Knien lag, aber jetzt nicht mehr zu sehen ist.

»Diesmal bist du dem Tod noch entkommen, du Hund«, ruft er ihm nach, »aber noch einmal wirst du ihm nicht entrinnen, wenn wir uns begegnen und Apollon dann mir seinen Schutz gewährt und nicht dir, wie er es jetzt getan hat!«

Dann stürzt er sich auf den Trojaner, der ihm am nächsten steht, und durchbohrt ihn mit seiner Lanze, springt vom Wagen und beginnt, ihm die Rüstung auszuziehen. Genau in diesem Augenblick richtet Paris, hinter Ilos' Grabstele lauernd, seinen Bogen auf ihn, nachdem er sich, gedeckt von der Reihe der Streitwagen, bis dorthin geschlichen hat. Der Pfeil mit dreifacher Spitze schwirrt mit einem bösartigen Fauchen von der Sehne und trifft Diomedes in den Fuß, durchschlägt ihn und bohrt sich in den Boden.

Endlich, endlich gewähren die Götter auch ihm Ehre, nach der Schmach, die er vor wenigen Tagen erleiden musste. Mit denselben Armen, mit denen er jede Nacht die schönste Frau der Welt umfängt, hat er den Bogen gespannt. Und es sind nicht die Arme eines Schwächlings, unfehlbar hat sein Pfeil den Mann getroffen, dem alle, sogar der stolze Hektor, in der Schlacht aus dem Weg gehen, so ein Unmensch ist er. Wenn ihm jetzt auch noch Menelaos über den Weg liefe – mit welcher Lust würde er ihn ins Visier nehmen!

»Endlich hat mein Pfeil dich erwischt, schade nur, dass er dich nicht in den Unterleib getroffen hat, dann wäre dein Tod jetzt besiegelt!«

Zuckend vor Schmerz, hat Diomedes dennoch die Kraft zurückzubrüllen: »Feigling, Frauenverführer, du rühmst dich der Treffsicherheit deines Bogens – doch hättest du nur den Mut, dich im Zweikampf mit mir zu messen, ich würde dir auch jetzt noch, wo ich verwundet bin, den Kopf abschlagen. Worauf bist du so stolz? Es ist doch nur ein Kratzer am Fuß, das kümmert mich nicht, der Treffer eines Feiglings zählt nicht mehr, als wenn ein kleines Kind mich geritzt hätte.«

Aber das Blut pulsiert aus der Wunde und der Schmerz pocht heftig. Odysseus läuft herbei, deckt ihn mit seinem Schild, und Diomedes zieht sich im Sitzen die Pfeilspitze vorsichtig aus der

Wunde. Blut spritzt in alle Richtungen, der Schmerz wird übermächtig. Diomedes befällt Angst und er befiehlt seinem Wagenlenker, die Pferde in Richtung der Schiffe zu treiben.

Wie die Wellen einer Flut, die aufläuft und wieder abfließt, wogt die Masse aus Kriegern, Streitwagen und Pferden vor und weicht wieder zurück, ein ums andere Mal; doch näher und näher rückt die Flut dem Wall und den Schiffen. Viele Achäer sind verwundet, auch Odysseus ist nur wie durch ein Wunder dem Tod entronnen, eine Lanzenspitze hat seine Seite aufgeschlitzt, ohne aber die Eingeweide zu verletzen – vielleicht war es wieder Athena, die ihn beschützt und die Lanze mit einem Hauch abgelenkt hat –, trotzdem muss er sich aus dem Kampf zurückziehen. Bei den Trojanern hat es Äneas und Glaukos getroffen; Nestor, der seine Leute vom Wagen aus angefeuert hat, ist am Ende seiner Kräfte und kehrt mit dem heilkundigen Machaon zu seinem Zelt zurück. Machaon, der an seiner Seite kämpfte, ist ein Pfeil durch die Schulter geschlagen. Die Sonne hat ihren höchsten Stand am Himmel schon überschritten und beginnt langsam zu sinken, aber keine Seite gibt nach. Erst als die Stunde erreicht ist, zu welcher der Bauer die Ochsen vom Pflug schirrt, bricht der Angriff der Achäer in sich zusammen.

Die Götter haben entschieden, den Trojanern den Sieg zu schenken – so sehen es viele –, und gegen den Willen der Götter kann man nichts tun, auch der Tapferste verliert da die Hälfte seiner Kraft. In Haufen verlassen die Ersten die Schlachtreihe und flüchten sich hinter den Erdwall. Dann bricht Panik aus, ungeordnet laufen viele davon, die Trojaner ihnen nach. Hektor leistet Übermenschliches, sein Streitwagen scheint plötzlich allgegenwärtig. Wo er mit seinen schaumbedeckten Pferden auftaucht, löst die Schlachtreihe der Achäer sich auf. Die Fliehenden stoßen sich gegenseitig, im Gedränge steigt einer über den anderen, alle wollen durch das Tor.

Dies ist der Augenblick, den die Anführer am meisten fürchten, wenn Phobos, der Dämon des Schreckens, Ares' steter Begleiter, die Seele auch der tapfersten Männer ergreift. Wer es hinter den Wall geschafft hat, steigt auf den Laufgang und versucht, seinen Gefährten von dort aus Deckung zu geben, indem er Steine und Pfeile schleudert auf die Angreifer, die ihnen nachsetzen.

Der Einzige, der die Ruhe bewahrt, ist Ajax, der Sohn des Telamon. Langsam tritt er den Rückzug an, deckt sich mit seinem gewaltigen Schild, den er hält, als wäre er leicht wie eine Feder. Dann und wann duckt seine riesenhafte Gestalt sich hinter den Schild, auf den Pfeile und Speere niederprasseln, ohne dass ihn auch nur einer durchschlägt. Wenn die Feinde Ajax auch nur erblicken, ziehen sie sich zurück. Der Turmschild ist ein Erbstück von seinem Vater Telamon – Schilde wie diese wurden von den großen Kämpfern der Vorzeit benutzt, vielleicht sogar von Herakles selbst –, er sieht anders aus als die Schilde der Achäerfürsten und die viel leichteren achtförmigen der gemeinen Soldaten.

Rings um Ajax bildet sich im Gedränge ein Kreis, niemand wagt sich vor und greift ihn an, nicht einmal Hektor geht das Risiko ein. Ajax deckt die achäische Nachhut, während diese sich durch das Tor drängt. Nur ungern zieht er sich zurück, allein, von einem Haufen Trojaner verfolgt, die aus sicherer Entfernung Steine und Pfeile auf seinen Schild schleudern. Wie ein Esel, der in ein Ackerfeld eingebrochen ist, um Korn zu fressen, und der nun von einem Haufen kleiner Bengel mit Stockschlägen traktiert wird: Keiner von ihnen wagt sich in Reichweite seiner Hufe, während der Esel – störrisch, wie Esel nun einmal sind – in aller Ruhe die Ähren abweidet, ohne sich an den Streichen der Knaben zu stören. Schließlich ist auch Ajax wieder zurück im Lager, und das Tor wird hinter ihm fest verrammelt.

Am Bug seines Schiffes steht Achill und hört, wie die Schreie vom Schlachtfeld heranwogen, die Stimme des Krieges, mal näher, mal ferner. Neben ihm Patroklos; auf einer Matte am Ufer sitzt Phoinix, den Blick ins Leere gerichtet, in Gedanken bei den Tagen seiner Jugend.

Achill begreift, dass die Trojaner dabei sind, den Schanzwall zu überwinden, er sieht, wie Gruppen von Männern, die sich von der Truppe gelöst haben, die Kampfzone verlassen und auf die Schiffe zulaufen, Verletzte sich in die Zelte schleppen. Auf einem vorbeiratternden Streitwagen kann er gerade noch den greisen Nestor ausmachen, ohne Helm, sein weißes Haar flattert im Wind, neben ihm ein verwundeter Krieger, in dem er Machaon zu erkennen meint, den Arzt – ein weiser und mutiger Mann, mit dem er, seit sie vor Troja liegen, oft beim Gastmahl gesprochen hat.

Sein Herz bebt, aber nicht länger vor Zorn. Wie soll man den Regungen, die unser Inneres bewegen, jeder für sich einen Namen geben? Es sind viele im selben Moment, die das Herz des Menschen bewegen, so wie viele Kräuter zusammengemischt einen Heiltrank ergeben. Das hat ihn Cheiron, der alte Zentaur, gelehrt, und wie man die Regungen des Herzens zügelt. Manchmal aber sind sie zu stark, um von der Vernunft noch im Zaum gehalten zu werden.

»Ich sehe unsere Gefährten zurückweichen, die Schlacht rückt immer näher. Nichts mehr höre ich von der verhassten Stimme des Atreussohnes, die zum Kampf ruft. Ja, jetzt würden sie sich mir in Haufen zu Füßen werfen und mich anflehen zurückzukehren, diese feigen Kriecher: An jenem Tag hielten sie alle den Mund und duckten sich vor Agamemnons Übermut, als der mich beleidigte. Sie alle sind schuldig, sollen sie doch vor die Hunde gehen!

Es mag brave Leute unter ihnen geben, aber ich verachte sie alle, denn niemand hatte den Mut, sich auf meine Seite zu stellen. Aber ich möchte doch wissen, wer jener Mann ist, den Nestor auf seinem Wagen hatte. Patroklos, geh zum Zelt des Alten und frag ihn, es ist ja nicht weit.«

Nestor steht am Strand, das Gesicht im Wind, um sich den Schweiß der Schlacht aus den Kleidern wehen zu lassen. Als er Patroklos bemerkt, nickt er ihm grüßend zu und geht mit ihm in sein Zelt. Sofort stellen seine Diener einen Korb Zwiebeln auf den Tisch, dazu Honig, wie man es zum Wein reicht; in einem Mischkrug wird dieser mit Gerstenmehl und geraspeltem Ziegenkäse bestreut. Nestor und Patroklos lassen sich die Happen schmecken und prosten einander zu. Der Alte hat noch alle Zähne im Mund, er langt ordentlich zu und brummt: »Wir müssen neue Kräfte sammeln!« Ein Rat, den er seinen Kameraden in Augenblicken der Gefahr immer wieder gibt: essen, Kräfte sammeln, der Erschöpfung und der Angst nicht nachgeben. So hielt man es in den alten Zeiten.

Er kaut noch, da beginnt er schon auf seinen Gast einzureden, Nestor mag es nicht, wenn man ihn unterbricht.

»Was kümmert es Achill, wer von uns verwundet ist und wer nicht? Sieht er denn nicht, was für ein Unheil über die Achäer gekommen ist? Worauf wartet er? Dass die Trojaner die Schiffe anzünden und wir alle getötet werden, einer nach dem anderen? Glaubt er denn, dass man seine Schiffe verschonen wird? Wenn ich noch jung wäre, ich wüsste, was ich zu tun hätte, um Hektor in seiner Mordlust aufzuhalten. Damals – ich war kaum mehr als ein Jüngling – habe ich meinen ersten Feind mit einem einzigen Schuss in sein Herz zur Strecke gebracht, aus dem Hinterhalt, den tapferen Itymoneus, Fürst von Elis. Er hatte uns eine Schar junger Rinder geraubt, und ich übte Vergeltung und machte gewaltige Beute, ganze Herden von Ochsen, von Schafen und Ziegen, von Schweinen und Pferden. Ich trieb sie alle vor mir her, als ich in unsere Stadt einzog, und zeigte sie voller Stolz meinem Vater Neleus. Tags darauf teilten wir sie unter allen Familien von Pylos auf, denn die Raubzüge unserer Nachbarn hatten großen Schaden angerichtet, und das Volk sollte seinen gerechten Anteil erhalten.

Die Eleier liefen zusammen, um sich zu rächen, und wir zogen ihnen entgegen und durchschritten die Furt des Flusses Alpheios, zuerst das Fußvolk, dann die Reihen der Streitwagen. Mein Vater wollte nicht, dass ich mitmarschierte, denn ich war noch zu jung und gerade erst in die Wälder gegangen, um das Kriegshandwerk zu erlernen, und hatte noch nie eine Rüstung getragen. Also ließ er meine Pferde verstecken, damit ich nicht mitzog, aber ich tat es trotzdem. Die Schlacht am Alpheios war schrecklich. In den Reihen der Feinde kämpften die Molioniden, Zwillinge, an der Seite zusammengewachsen, als wären sie ein einziger Mann mit zwei Köpfen und vier Armen. Ich habe den Anführer der Feinde getötet, Mulios, den Schwiegersohn von König Augias, der dessen Tochter Agamede zur Frau hatte, eine große Magierin, die alle Zaubertränke kannte und alle Kräuter, die auf der Erde wachsen. Ich traf ihn mit meiner Lanze und warf ihn in den Staub, stieg auf seinen Wagen und kämpfte darauf an vorderster Front. Als die Eleier ihren Führer fallen sahen, zerstreuten sie sich, und ich stürzte mich auf sie wie ein Orkan und erbeutete fünfzig Streitwagen, und auf jedem standen zwei Krieger, und jeder von ihnen fiel in den Staub.«

›Fünfzig Streitwagen? Warum nicht gleich hundert?‹ – denkt Patroklos lächelnd. Er weiß, dass der Alte ein tapferer Krieger gewesen ist, aber er weiß auch, dass er wie kein anderer versteht zu prahlen und dabei Worte und Wendungen aus einer Welt zu gebrauchen, die es nicht mehr gibt.

»Jetzt aber«, fährt Nestor fort, »werde ich mein Leben wohl hier beschließen, wenn die Götter es denn so wollen – denn sie sind es, die entscheiden, wem sie den Sieg verleihen. Hat man sie gegen sich, verweht der Mut eines Mannes wie Rauch im Wind. Du aber, Patroklos, geh zu Achill und versuch ihn umzustimmen, und wenn er nein sagt, weil vielleicht ein Orakel ihn daran hindert, in den Kampf zurückzukehren, dann bitte ihn, dass er dir seine Rüstung leiht, und zieh du mit den Myrmidonen in die Schlacht, damit die Trojaner dich für Achill halten und sich zurückziehen. Täuschende Listen solcher Art hat man früher schon erlebt, und manchmal haben sie gewirkt. Im Krieg zählt nicht allein die Körperkraft, man muss auch schlau sein können.« Mit diesen Worten führt er Patroklos wieder ins Freie und entlässt ihn.

Dann dreht er sich um und geht zurück ins Zelt, er will seine Rüstung anlegen, will bewaffnet vor seinem Zelt sitzen, mit Rüstung und Lanze, damit, wenn die Trojaner kommen, er im Licht der Sonne sterben kann, als Krieger, in Ehren, nicht als Greis, der sich im Dunkeln verkrochen hat.

In seinem Zelt kommt Agamemnon wieder zu sich. Der Arzt hat ihm einen Kräuterbrei auf die Wunde gestrichen und den Arm verbunden. Die Blutung ist gestillt, aber noch fühlt er sich elend; vielleicht hat man ihm einen schmerzstillenden Trank zu trinken gegeben, der ihm die Sinne vernebelt. Auch Odysseus und Diomedes kommen verwundet aus dem Kampf. Diomedes stützt sich auf seine Lanze wie auf eine Krücke. »Die Trojaner sind dabei, über den Schanzwall zu klettern, was sollen wir jetzt nur tun?«, fragt er.

»Wenn das so ist«, erwidert Agamemnon, »bleibt uns nur noch eines: Wir müssen die Schiffe der ersten Reihe, jene, die am nächsten zur Flut liegen, ins Wasser ziehen, so viel Männer und Beute an Bord bringen wie möglich und sie außerhalb der Reichweite der Bogenschützen ankern lassen. Dann müssen wir abwarten, ob die Trojaner, nachdem sie die Schiffe am Strand verbrannt und das Lager geplündert haben, in ihre Stadt zurückkehren. Wenn sie das tun, können wir vielleicht noch einmal an Land gehen und sie angreifen, während sie, voll beladen mit Beute, auf dem Weg nach Troja sind – oder wir kehren in die Heimat zurück.

Sich in Sicherheit zu bringen, ist keine Schande, es ist besser, als in Gefangenschaft zu geraten.«

»Haben die Götter dir den Verstand geraubt, Agamemnon?«, fährt Odysseus ihn an. »Da müsstest du schon über andere Männer gebieten, über Männer, die keine Ehre kennen, nicht über uns! Du redest von Flucht? Sei still! Wenn unsere Leute dich so reden hören ohne Sinn und Verstand, laufen sie noch weg, und du hast den Trojanern in die Hände gespielt, die ja ohnehin schon die Oberhand haben. Wenn die Schiffe erst einmal zu Wasser gelassen sind, wer soll dann noch weiterkämpfen? Alle werden an Bord wollen, und Panik wird ausbrechen!«

»Deine Worte verletzen mich, Odysseus«, erwidert Agamemnon schwer atmend, »aber du hast recht. Ich werde also zu den Männern an vorderster Front gehen und ihnen Mut machen. Geht ihr zum Versammlungsplatz, wo die Altäre stehen, vor Odysseus' Schiff, und bringt den Göttern Opfer, damit sie die Stärke unserer Feinde zügeln und unsere Kräfte vermehren.«

Von seinen Waffenknechten gestützt begibt Agamemnon sich zum Schanzwall und versucht, die Flüchtenden aufzuhalten, indem er sie Mann für Mann mit ihrem Namen anruft. Einige bleiben unschlüssig stehen, andere tun so, als hätten sie ihn nicht gehört. Gleich hinter dem Wall sind die Anführer schon damit beschäftigt, die Reihen wieder zu schließen, doch plötzlich versagen Agamemnon die Kräfte, ihm wird schwarz vor Augen und er stürzt zu Boden.

Wie ein Fels, an dem die Wellen sich brechen und wieder zurückebben, steht der Erdwall des achäischen Lagers. Pfeile und Steine fliegen an ihm hoch und von ihm herab. Sarpedon, der Heerführer der Lykier, kriecht, gedeckt von den Schilden seiner Männer, langsam den Wall hinauf. Sarpedon ist ein Hüne von Mann. Mit bloßen Händen ergreift er ein Stück der steinernen Befestigung, stemmt es hoch und schleudert es mit aller Kraft gegen den Wall und reißt damit – man mag es kaum glauben – eine Bresche hinein.

Hektor steht vor dem verrammelten Tor. Er sieht einen schweren Felsblock – drei Männer könnten ihn nicht heben –, packt ihn und stemmt ihn über den Kopf. Entsetzt sehen die

Achäer zu, wie er ein solches Gewicht ohne erkennbare Kraftanstrengung, als wäre es ein Spielball, genau gegen die Mitte des Tores schleudert. Das Tor ächzt in den Angeln, der Riegel gibt nach und die Torflügel stürzen krachend zu Boden.

Die Trojaner ergießen sich durch die Bresche. Fassungslos angesichts derart übermenschlicher Taten meinen die Achäer, es mit Giganten oder mit Göttern – nicht mit Sterblichen – zu tun zu haben und fliehen Hals über Kopf zu den Schiffen.

Hinter dem Schanzwall herrscht heilloses Durcheinander. Dunkel ragend säumen die achäischen Schiffe den sandweißen Strand, hier sind die Streitwagen nutzlos, hier wird am Boden gekämpft. Ajax überragt alle um Haupteslänge, er ist es, der die Reihen ordnet und die Achäer an der innersten Reihe der Schiffe zusammenzieht.

Hektor pflanzt sich vor Ajax auf und greift ihn an. Keiner der beiden will auch nur einen Schritt zurückweichen, bis schließlich Ajax' Lanze bricht und auch er sich zurückziehen muss. Einen Augenblick später stehen die Trojaner vor Protesilaos' Schiff. Protesilaos war der erste Achäer, der auf trojanischem Boden den Tod fand, zehn Jahre sind seitdem vergangen, zur Erinnerung an ihn haben seine Kameraden sein halb verrottetes Schiff am Strand liegen lassen, etwas abseits von den anderen.

»Gebt mir eine Fackel«, schreit Hektor, läuft mit ihr auf das hölzerne Wrack zu und schleudert Feuer zwischen die Spanten. Noch mehr Fackeln schwirren durch die Luft, Protesilaos' Schiff steht in Flammen.

»Jetzt die anderen!«, ruft Hektor seinen Männern zu.

Unter lautem Kriegsgeschrei versuchen die Achäer einen Gegenangriff, angeführt werden sie von Ajax, Idomeneus, Menelaos, jenen Männern also, die nicht weichen wollen. Andere haben ihre Waffen und ihre Panzer schon weggeworfen und sind ins Wasser gesprungen, schwimmen mit letzter Kraft nach Luft japsend aufs offene Meer hinaus, niemand weiß wohin ...

In seinem Zelt erwacht Agamemnon aus seiner Ohnmacht. Gewiss hat der Arzt ihm Kräuter in den Wein gemischt: Alles wirkt so weit weg, wie in einem Traum, auch die Geräusche dringen nur gedämpft an sein Ohr, der Himmel über ihm ist wie ausgelöscht. Der Geruch von Feuer steigt ihm in die Nase, und dann ist da in der Ferne – er ist sich ganz sicher – eine Pfeilspitze, die flammend in den Himmel schießt. Er kann nicht sagen, ob, was er da sieht, ein Fiebertraum, ein Vorzeichen oder die Erscheinung eines Gottes ist ... Doch plötzlich steht die Wahrheit wie ein Blitz am Himmel: Die Trojaner zünden die Schiffe an! Agamemnon glaubt sich schreien zu hören, dann sinkt wieder Nacht über seine Augen.

Patroklos läuft völlig außer Atem über den Sand auf das Zelt seines Freundes Achill zu, sein Gesicht ist verzerrt, tränenüberströmt. »Weshalb weinst du, mein Freund? Du siehst aus wie ein Kind, das heulend zur Mutter rennt und sie am Kleid zerrt, damit sie es auf den Arm nimmt. Welche Nachrichten bringst du?«

»Zürne mir nicht für das, was ich zu sagen habe, Achill – unsere Gefährten sind besiegt, am Ende. Die besten sind tot oder verwundet, die Ärzte lassen nichts unversucht, um sie zu retten. Jetzt ist der Untergang nah, und er wird auch uns einholen. Was hast du davon, wenn wir alle hier sterben? Dein Sohn und noch die Söhne seiner Söhne werden an der Schmach eines Mannes zu tragen haben, der aus lauter Verstocktheit ein ganzes Heer ins Verderben getrieben hat.

Wenn du schon nicht den Kampf wiederaufnehmen willst, weil eine Prophezeiung dich davon abhält, dann leih mir immerhin deine Rüstung! Ich will sie anlegen, und die Trojaner werden mich für Achill halten und in Verwirrung geraten, und wir werden uns auf sie stürzen, frische Männer auf Kämpfer, die erschöpft sind nach einem ganzen Tag in der Schlacht. Es wird ein Leichtes sein, sie in die Ebene zurückzuscheuchen und die Schiffe zu retten.«

Achill spürt, wie sich Aufruhr in seinem Herzen ausbreitet. Patroklos hat recht, zehn Jahre Ruhm verspielt an nur einem Tag. Aber er hat nun einmal geschworen, nicht in den Kampf zurückzukehren, zu tief sitzt die Beleidigung, die der Hund Agamemnon ihm zugefügt hat. Trotzdem, er kann nicht zulassen, dass die Achäer – wenn sie Glück haben – am Strand zwischen brennenden Schiffen stehen, die Unglücklichen aber besiegt, entwaffnet und wehrlos in langer Reihe als Gefangene schändlich nach Troja geführt werden, um dort – wer weiß – getötet oder in lebenslange Sklaverei geschickt zu werden. Und ihm, Achill, würde man für immer die Schuld an dieser Katastrophe aufbürden.

»Nein, kein Orakel, einzig und allein die Beleidigung, die ich vor aller Augen erdulden musste, ist der Grund. Hätte Agamemnon sich wie ein Freund verhalten, wären die Trojaner nie bis hierher gelangt und würden wie gehetzte Hirsche fliehen und die Gräben würden überlaufen von ihren Leichen. Ach Patroklos, wie sehr wünschte ich, die Götter würden sie alle vertilgen, Achäer und Trojaner ohne Unterschied – und nur wir zwei blieben übrig und könnten allein in die Heimat zurückkehren!

Aber das ist unmöglich. Also werde ich tun, was du sagst. Nimm meine Rüstung und führ die Myrmidonen in die Schlacht. Doch gib acht: Die Trojaner werden allein beim Anblick meiner Rüstung erschrocken die Flucht ergreifen. Lass sie ziehen, treib sie nur bis zum Wall, dann kehr wieder um! Ich will nicht, dass du dich in Gefahr bringst. Und lass dir im Eifer des Gefechts nicht einfallen, sie bis vor die Stadt zu verfolgen, das lass sein, denk daran! Ich bin es, der sie eines Tages besiegen wird, der Tag wird kommen, aber du bleib zurück!«

Rasch eilt Achill ins Nachbarzelt und ruft seine Männer zusammen. Die Anführer versammeln sich um ihn, die Wagenlenker spannen die Streitwagen an, die Myrmidonen greifen zu den Waffen. Wie ein Rudel Wölfe sehen sie aus, harte, breite Züge, wilde, entschlossene Blicke. Hirten sind sie und Reiter, aufgewachsen mit Tieren und Viehherden, die meisten von ihnen haben noch nie eine Stadt gesehen. Ihre wettergegerbten Gesichter verraten das raue Leben der Berge und Wälder; sie leben in Dörfern in großen Familienverbänden, in denen alles geteilt wird: die Ernte, das Vieh und das Wild und die Frauen. Auch nach Troja sind sie in Sippenverbänden gekommen, die Väter schon mit grauen Strähnen im Haar, die Söhne mit lang auf den Rücken fallendem Schopf, mit ihnen Brüder und Vettern. In der Schlacht lassen sie sich vom selben Gruppeninstinkt leiten, der sie auch in der Heimat zusammenschweißt. Ihren Heerführer verehren sie wie einen Gott. Blond und schön, furchtlos, mutig und stark wie er ist, könnte er wirklich der Sohn eines Überirdischen sein: Achill, der Sohn ihres Königs Peleus, mit dem jeder ihrer Anführer durch persönliche Bande verbunden ist. Unter seiner Führung sind fünfzig Schiffe mit je fünfzig Männern an Bord nach Troja gesegelt. Und nun lässt er sie antreten, in fünfzig Abteilungen, vorn die Streitwagen, dahinter das Fußvolk.

Währenddessen wählt Patroklos eine von Achills Rüstungen, die an der Zeltwand aufgehängt sind, und legt sie an. Nur die mächtige Lanze, die einst Peleus gehörte, lässt er stehen, sie ist so schwer, dass nur die starken Arme des Freundes sie zu führen vermögen. Dann tritt er auf den Versammlungsplatz, auf dem sich die Männer schon drängen.

Die Kraft, die von den kampfbereiten Myrmidonen ausgeht, ist mit Händen zu greifen. In der kehligen Sprache ihrer Heimat, die nur mit Mühe versteht, wer nicht dort geboren ist, wechseln sie einige grobschlächtige Worte. Das Aufgebot ist in fünf Kolonnen aufgestellt, jede unter der Führung eines erfahrenen Befehlshabers; einer davon ist Phoinix, erfüllt vom ganzen Stolz seiner Jugend. Einige der Männer tragen Wolfspelze über Kopf und Schultern gezogen, andere Lederhauben oder Bronzehelme. Sie schütteln die Lanzen in ihren Händen, und man meint einen Wald zu erblicken, dessen Äste im Wind hin und her schwanken.

Achill drückt den Obersten die Hand, macht ihnen Mut, mit ihnen redet auch er in der rauen Sprache seiner Heimat, nicht mit den Worten, die er wählt, wenn er mit den achäischen Fürsten zum Mahl versammelt ist.

Da sticht in der Ferne eine Flamme in die Höhe, eine Rauchsäule bohrt sich qualmend schwarz in das Blau des Himmels.

»Die Trojaner setzen die Schiffe in Brand«, ruft Achill. »Schnell, Patroklos, du musst aufbrechen. Aber vergiss nicht, du darfst ihnen nicht bis in die Ebene nachsetzen, mach halt, wenn du den Wall erreicht hast!«

Während er auf den Wagen steigt, dreht Patroklos sich noch einmal um und lächelt ihm zu, dann setzt er den Helm auf, der sein Gesicht ganz verdeckt.

Achill weiß noch nicht, dass er die Lippen des Freundes nie wieder wird lächeln sehen.

## *Psyché* – Der feine Stoff der Seele

**Die *psyché* ist der letzte Atem,** der einen Menschen verlässt, wenn er stirbt und reglos in die Arme des Todes sinkt. Wie ein Dunsthauch steigt die Lebens-Seele aus dem Mund oder der Wunde eines Sterbenden auf und flattert davon wie ein Schmetterling. Wie durch ein Luftloch entweicht sie aus dem Körper, der sie bis eben noch in sich trug wie eine Hülle, und begibt sich seufzend an einen dunklen, unzugänglichen Ort, den Hades, wo alle Seelen versammelt sind als blasse, kraftlose Geister.

All das Ringen, das Lieben und Hassen und Leiden, welches das Leben des Menschen Augenblick für Augenblick begleitet, löst sich auf in nichts als einen Hauch, der in der Luft verfliegt. Denn auch die Seele ist stofflich, aber aus einem so leichten und feinen Stoff, dass sie verfliegt und vergeht wie ein Rauchfaden im Wind.

So ist die Seele, die stirbt. Aber solange er lebt, jagen in jedem Menschen die Leidenschaften einander, so wie im Verlauf eines Tages am Himmel Wolken und Sonne einander abwechseln, und niemand vermag sie zu zähmen, so wie auch niemand vermag, die Wolken anzuhalten.

In ihrem Inneren fühlen die Heroen das unaufhörliche Fluten, die unausgesetzte Bewegung einer Kraft, die sie *thymós* nennen, ein Knäuel aus Regungen und Empfindungen, die einen Menschen dazu hinreißen, sogleich in Worte und Taten zu kleiden, was ihn innerlich umtreibt. Wie eine jähe Gewalt, die über sie hereinbricht, dringen diese Regungen in ihn ein und bringen alles in Aufruhr und Unruhe. Selten hält ein Mensch inne und denkt nach, gewöhnlich reagiert er nach seinem Gefühl auf äußere Reize, und das sofort. Nur wenige, wie Odysseus, haben gelernt, mit den Zügeln der Vernunft ihre Regungen zu zähmen und ihren *thymós* im Zaum zu halten.

Dieser innere Strom ist aufgeladen mit starken Empfindungen, es gibt in ihm keine erkennbare Ordnung, nur eine vorläufige Form von Bewusstsein. Es war Achills Zorn, der ihn dazu getrieben hat, sich aus der Schlacht zurückzuziehen; Agamemnons Wut auf den Apollonpriester Chryses, dessen Angst und Apollons Zorn gegen die Achäer folgten unmittelbar aufeinander. Zorn, Angst und Wut erfüllen das Herz und die Eingeweide des Menschen und stürzen auf ihn ein wie ein Windstoß oder ein Fluss, der über die Ufer tritt.

Unruhig schreitet Achill am Strand auf und ab, er wartet, dass Patroklos zurückkehrt, wie er es ihm befohlen hat, während die Sonne über einem unheilvollen Tag versinkt: Achill hat gehört, wie der Lärm und die Schreie der Schlacht sich immer weiter in Richtung der Ebene entfernten, er ahnt, dass die Trojaner sich zurückgezogen haben. Das Heer war gerettet, aber wo blieb Patroklos?

Einen nach dem anderen hat er seine Waffenknechte ausgeschickt, um ihn zurückzurufen, keiner kehrte zurück. Da klaffte in ihm der schreckliche Augenblick auf, dem sich früher oder später jeder Mensch gegenübersieht und den er niemals vergessen wird, solange er atmet, jener Moment, in dem der Schmerz auftritt und neben dir steht, als hätte er einen eigenen Körper.

Auf seinem Wagen prescht Antilochos heran, der Sohn des greisen Nestor. Er hat Tränen im Gesicht. »Achill, Patroklos ist tot, Hektor hat ihn in der Schlacht getötet, hat ihm Waffen und Rüstung abgenommen. Jetzt wütet der Kampf über seinem nackten Leichnam, denn die Achäer wollen ihn den Trojanern nicht als Trophäe überlassen.«

Achills Geist verdunkelt sich, als hätte sich ihm eine Gewitterwolke über die Augen gesenkt. Unmöglich, unmöglich – Patroklos lebt nicht mehr ... Achill rafft eine Handvoll Asche aus der Feuerstelle zusammen und streut sie sich schreiend aufs Haupt, bestreut seinen Körper mit immer mehr Asche, wirft sich zur Erde, wälzt sich im Staub, schluchzt, reißt sich die Kleider vom Leib, bis er fast nackt dasteht. Die Waffenknechte sehen ihm entsetzt zu, doch so muss es sein, denn was schrecklich ist für die Seele, muss schrecklich erscheinen vor aller Augen, damit jeder, der Zeuge dieses Schmerzes wird, begreift, wie tief der Abgrund ist, in den der Mensch da vor ihm gerade gestürzt ist. Man kann die Trauer nicht in ihrer Tiefe empfinden, wenn man sie nicht nach außen hin sichtbar macht. Die Sklavinnen kommen aus dem Zelt gelaufen, auch sie beginnen zu schluchzen und laut zu jammern. Sie beweinen Patroklos' Tod, aber jede von ihnen beweint in ihrem Herzen heimlich auch das eigene schmerzliche Schicksal. Antilochos hält Achills Hände, weil er fürchtet, dieser könne nach einem Dolch greifen und sich die Kehle durchschneiden. Achill schreit aus Leibeskräften und seine Schreie dringen bis auf das Schlachtfeld, wie das Geheul eines Wolfs lassen sie die Krieger erschauern. Nie haben diese Ufer Schrecklicheres gesehen, die doch in zehn Jahren Krieg Zeuge so mancher Schreckenstat wurden.

Noch kann Achill nicht zurück in die Schlacht ziehen, seine Waffen und Rüstung sind verloren, und er selbst ist zu verzweifelt. Er läuft Richtung Wall, schreit aus voller Brust, ununterbrochen, wie ein Besessener. Er tritt vor das Tor, von Weitem meint man aus seinem Kopf eine Flamme in bisher nie gesehener Farbe auflodern zu sehen. Sein Gesicht scheint wie das eines Dämons, furchterregend wirkt auch sein aschebeschmierter Körper, von dem die Kleider in Fetzen hängen. Vielleicht haben die Götter ihm die Ägis geschenkt, den Schild aus Ziegenfell, der jeden vor Angst erstarren lässt, der ihn auch nur anblickt, und vielleicht geben sie ihm in diesem Augenblick übermenschliche Kraft, die nun mit der Gewalt eines Erdbebens aus ihm herausbricht. Wer ihn erblickt, ob Freund oder Feind, erstarrt vor Entsetzen, sein bloßes Erscheinen auf dem Schlachtfeld genügt, um die Trojaner zurückweichen zu lassen, selbst Hektor. Aufruhr erfasst die Kämpfenden, ihre Pferde scheuen, einige werden im Gedränge zu Boden gerissen.

Dann, wie wenn der Wind, der eben noch die Wellen aufgewühlt hat, auf einmal nachlässt und Flaute eintritt, trennen sich, wie auf einen stummen Befehl hin, die beiden Schlachtreihen, und auf den Händen der Myrmidonen wird Patroklos' nackter, von Staub und Blut bedeckter Leichnam ins Lager getragen.

Ein Schmerz, für den es keinen Trost geben wird; denn was sollte ihn jetzt noch trösten? Sein Ruhm, seine Ehre, Briseïs' Rückgabe? Nichtigkeiten, verglichen mit dem unermesslichen Verlust, der ihm zugefügt wurde. Der Mensch, so heißt es, ist Schicksal und Unglück ausgeliefert, doch wenn das Schicksal tatsächlich eintrifft, gibt es nichts, um die Wunde zu heilen.

Was helfen da die Gaben, die Agamemnon ihm zweifelsohne anbieten wird, was seine Entschuldigungsworte? Was Achill das Herz zuschnürt, ist der Gedanke, all dies wäre nicht geschehen und Patroklos könnte noch am Leben sein, wenn …, ja wenn er nur …

Wieder stehen sich Agamemnon und Achill Angesicht zu Angesicht gegenüber. Nur wenige Tage sind seit ihrem Zerwürfnis vergangen, und doch ist nichts mehr so, wie es vorher war. Nach und nach finden die Achäer sich zur Versammlung ein. Viele werden fehlen, denn etliche wurden getötet; oder verwundet: Die Ärzte im Lager hatten viel zu tun, haben Verletzungen mit Heilkräutersalben bestrichen, Wunden ausgeschnitten und ausgebrannt, Zaubersprüche und magische Heilformeln gesprochen, denn ohne die geheimen Worte, die nur die Heilkundigen kennen, hört die Blutung nicht auf. Die Ärzte der Achäer kennen den menschlichen Körper recht gut, haben durchtrennte Sehnen gesehen und offene Adern, wissen genau, wie die Knochen und Gelenke von Händen und Füßen arbeiten. Sie sind die Ärzte einer Gesellschaft von Kriegern, sie sind an Wunden gewöhnt, nicht an den schleichenden Verfall eines kranken Körpers. Greise gibt es unter den Achäern nur wenige, die Mehrheit stirbt in der Blüte der Jahre.

Der Zorn des Achill – heute ist er verraucht. Es gibt Schmerzen, die stärker sind als die um eine geraubte Sklavin. Gestern ist Patroklos gestorben, und Achill hat das erste Mal erfahren müssen, was es heißt, einen unwiederbringlichen Verlust zu erleiden. Bis zu diesem Moment war es *seine* Rolle, Unheil über die anderen zu bringen, hatte er sich mit der blinden Rage eines spielenden Kindes auf seine Feinde gestürzt. Er betrachtete den Schmerz der anderen – wie ein Gott – nur aus der Ferne, hatte getötet und Gnade gewährt, wie es ihm in den Sinn kam. Erst gestern hat er begriffen, dass auch er ein sterbliches Wesen ist, sterblich wie alle anderen auch, zerbrechlich und dem Untergang geweiht. Und heute weiß er, was es heißt, eine Wunde zu empfangen, für die es keine Heilung gibt. Wenn er nur in jener Nacht Agamemnons Versöhnungsgaben angenommen hätte, wenn nur er selbst in den Kampf zurückgekehrt wäre, statt Patroklos zu schicken, verkleidet in seiner Rüstung, wenn nur, wenn, wenn ... Seine Gefährten versuchen ihn zu trösten: Es war Patroklos' Schicksal. So sollte es kommen, und jeden von uns wird es eines Tages treffen, in der Frühe des Morgens, am Mittag oder am Abend. Wir wissen nicht wann, aber kommen wird es.

Doch wozu solche Gedanken? Das Unglück, das über ihn hereingebrochen ist, das ihn in eine bodenlose Tiefe gestürzt hat, dieses Unglück hat Achill, das spürt er in seinem Inneren, selbst verursacht. Gäbe es in der Sprache der Achäer das Wort »Reue«, Achill könnte leichter verstehen, welche Empfindungen es sind, die ihm die Kehle zuschnüren, seit er erfahren hat, dass Patroklos getötet wurde, als er seine, Achills, Rüstung trug.

Das Heer ist versammelt und wartet darauf, dass er das Wort ergreift. Niemand spricht, erschüttert stehen alle vor der Unermesslichkeit seines Schmerzes. Als Achill aufsteht und redet, mischt sich kalte Wut in seine Worte, unendliches Leid gräbt sich in seine Züge, er scheint um Jahre gealtert, tief liegen seine Augen in ihren Höhlen.

Nur wenige Sätze: »Es war nicht richtig, Agamemnon, dass du und ich aneinandergeraten sind und du mich beleidigt hast, indem du mir Briseïs wegnahmst. Jetzt aber wollen wir an Rache denken, denn jetzt zählt nur noch eines: Patroklos' Tod zu rächen! Hektor ist ein toter Mann. Selbst wenn er sich mir noch heute zu Füßen werfen und um Erbarmen flehen wollte und mir ganz Troja mit all seinen Bewohnern versprechen würde – er besitzt nichts, womit er je wiedergutmachen könnte, was er mir angetan hat. Mancher nimmt Wiedergutmachung an für einen erschlagenen Verwandten, selbst für einen erschlagenen Sohn. Ich nicht! Rüstet euch für die Schlacht – und wenn ihr nicht den Schneid habt, eure erschlagenen Gefährten zu rächen, dann werde ich es allein tun. Glücklich die Trojaner, die sich morgen Abend zur Ruhe legen können, weil sie meiner Lanze entkommen sind!«

Agamemnon hört Achill reden und begreift, dass er nun einen anderen Mann vor sich hat als den, der ihn in seiner Wut schmähte, weil ihm eine Sklavin weggenommen wurde.

»Wir alle haben Patroklos geliebt; er war ein Mann, der mild und stark zugleich sein konnte. Dazu sind nur wenige im Stande, wir sind hart und stolz und dazu erzogen, immer die Ersten zu sein. Doch er verstand es, den Zorn und die Grobheit der anderen im Nu zu besänftigen, alle sahen ihn mit Freuden, wenn sie ihm begegneten. Patroklos wusste auch den rasenden Zorn des Achill zu besänftigen; selbst zu den kriegsgefangenen Frauen war er freundlich und hatte Mitleid mit ihnen. Menschen wie er machen den Freunden das Leben leichter. Hart kann das Leben sein, doch so haben es uns die Götter gegeben. So ist unser aller Schicksal, niemand kann für immer glücklich sein.«

Achill, nachdem er seinem Zorn abgeschworen hat, ist zu seinem Platz zurückgekehrt. Alle richten nun ihre Augen auf den Thron, auf dem Agamemnon sitzt, denn seine Verwundung bereitet ihm immer noch Schmerzen. Nun ist es an ihm, Worte zu finden, die dem Zwist ein ehrenvolles Ende setzen. Natürlich kann er sich nicht vor dem gesamten Heer demütigen, aber er weiß, dass das Volk gern den Worten anderer lauscht und dass, wessen Worte des Volkes Gefallen finden, im Vorteil ist. Deshalb erhebt er sich, unterdrückt seinen Schmerz und hält eine Rede, die er lange erwogen hat:

»Oft haben mich die Achäer in den letzten Tagen getadelt, weil ich unseren stärksten Krieger beleidigt habe. Doch ich will euch die Wahrheit sagen: Nicht ich bin schuld, schuld sind Zeus und die Moiren und vor allen anderen die Erinnyen, welche sich in der Finsternis winden, die düstersten aller Dämonen.

Sie waren es, die mir schädliche Gedanken eingaben an dem Tag, als ich Achill seine Ehrengabe entriss. Ein König, so heißt es, muss weiser sein und beherrschter als die, über welche er herrscht. Ich aber überließ mich meinem Zorn. Was blieb mir auch übrig? Oft liegt die Lenkung unserer Gedanken in den Händen göttlicher Kräfte. Jenes dämonischen Wesens vor allem, das früher oder später jeden in die Irre führt: in den Händen der blindmachenden *Áte*.

*Átes* Füße sind zart, deshalb schreitet sie nicht auf der harten Erde, sondern wandelt unsichtbar über die Köpfe all jener, die sie ins Verderben stürzt. *Áte* ist es, die entscheidet, wen sie verblenden will. Und am liebsten wählt sie einen der Mächtigen. An jenem Tag war ich es, auf den ihre Wahl fiel, aber ich bin nicht der Einzige. Wenn *Áte* jemand als Opfer gewählt hat, stellt sie es so an, dass er nicht mehr sieht, was er tut. Erst später erkennen die Menschen, dass ihr Geist in den Netzen der *Áte* gefangen war. Sie bedauern, was sie getan haben, und kommen wieder zur Vernunft; doch sind in der Zwischenzeit Dinge ohne Vernunft geschehen, Dinge, die niemand mehr ändern kann. Denn niemand, nicht einmal ein Gott, vermag die Zeit zurückzudrehen.

Darum trifft in Wahrheit nicht mich die Schuld an dem, was geschehen ist; dennoch will ich Achill zur Wiedergutmachung alles geben, was ich ihm versprochen habe, und Briseïs zuallererst.«

Agamemnon kehrt zu seinem Thron zurück und setzt sich, die Umstehenden nicken zustimmend. Achill erwidert zunächst, dass es ihm nicht um Entschädigung geht, sondern allein um Rache für Patroklos. Das sagt er vor allem aus Höflichkeit, denn unter solchen Umständen muss alles den hergebrachten Formen folgen, damit später niemand sagen kann, dass die Entschädigung nicht vollständig bezahlt wurde, und neuer Streit entsteht. Es wäre unehrenhaft, für Agamemnon wie für Achill, würden sie ihren Zwist nicht in gebührender Form beilegen. Also wird vor Zeugen das Gold gewogen, werden die Pferde zu Achills Zelt geführt und mit ihnen die trojanischen Sklavinnen, darunter Briseïs. Ängstlich betritt sie das Zelt, denn sie befürchtet, dass Achill sich mit seinem ganzen Zorn auf sie stürzen wird, weil sie es war, die mittelbar Schuld an Patroklos' Tod trägt. Sie jammert, zerkratzt sich das Gesicht, stimmt halblaut die Klage auf Patroklos' Tod an. Aber Achill rührt sie nicht an, kein hartes Wort kommt aus seinem Mund; so grausam er zu seinen Feinden sein kann, Frauen behandelt er immer mit Freundlichkeit.

An jenem Abend versammeln sich auch die Trojaner und beraten die Lage: Sollen sie am nächsten Morgen noch einmal zur Schlacht antreten oder sollen sie sich in ihre Stadt zurückziehen? Die Meinungen sind geteilt.
Mit Letzterem wären sie besser beraten, und zumindest einer in ihren Reihen weiß auch sehr genau warum:
»Wir sollten das Schicksal nicht herausfordern«, ergreift Polydamas als Erster das Wort. »Wenn es uns heute nicht gelungen ist, die Schiffe in Brand zu setzen, wird es uns morgen erst recht nicht gelingen – jetzt, wo Achill in die Schlacht zurückgekehrt ist. Wir wissen alle, dass er in der Lage ist, ein ganzes Heer in die Flucht zu schlagen. Sein Schlachtruf allein hat genügt, uns in Angst und Schrecken zu versetzen. Etwas Furchterregendes war in seinen Augen, er wirkte wie ein Ungeheuer aus dem Jenseits, wie ein Alptraum, der einen aus dem Schlaf schrecken lässt.
Seine Kampfeswut ist ins Übermenschliche gesteigert, seit Hektor ihm den besten Freund erschlagen hat. Lasst uns das Schicksal nicht heraufordern, Freunde, seid vernünftig! Ich kann voraussehen, was geschehen wird: Heute hat die hereinbrechende Nacht Achill noch einmal aufhalten können, aber schon bei Tagesanbruch werden wir es wieder mit ihm zu tun bekommen, und diesmal bewaffnet, und ich sehe ihn schon vor mir, wie er sich als der beweisen wird, als den wir ihn kennen und fürchten.
Hört auf mich: Lasst uns in die Stadt zurückkehren und die Tore verrammeln! Unsere Mauern sind fest, Troja ist uneinnehmbar. Stellt euch auf den Türmen auf, bewaffnet euch, so gut ihr könnt, und empfangt die Achäer, wie sie es verdient haben.
Achill soll nur versuchen, die Stadt im Sturm zu erobern, er

wird schon sehen, was er davon hat. Unsere Mauern kann er nicht überklettern, hoch und glatt, wie sie sind. Soll er sich nur die Seele aus dem Leib rennen und auf der Suche nach einer Bresche endlos um sie herumtraben wie ein Wolf, der gierig seine wütenden Kreise um die festgefügte Umzäunung einer Schafherde zieht, die von den Hirten sicher bewacht wird!«

Alle Blicke sind nun auf Hektor gerichtet. Polydamas hat gut gesprochen, aber er ist es, der zu entscheiden hat.

Hektor schweigt, er senkt den Kopf und denkt nach.

Wie ein Blitz erscheint vor seinem inneren Auge die Erinnerung an etwas, das zwei Tage zurückliegt, als die Schlacht um die Schiffe begann:

In einer Kampfpause hatte er sich vom Schlachtfeld zurückgezogen und war in die Stadt gekommen, um dort Sühneopfer für Athena anzuordnen – vielleicht würde sich so der Zorn der Göttin besänftigen lassen.

Fröhlich jagten die Pferde dahin, sie kannten den Weg, witterten schon von Weitem den Geruch des Stalls, in dem sie von Hektor und seiner Gemahlin Andromache Tag für Tag mit strahlend weißer Gerste gefüttert wurden. Hinter dem Stadttor überließ Hektor den Wagen einer der Wachen und eilte mit weiten schnellen Schritten in Richtung des Felsens, von dem der massige Bau des Tempels der Göttin ragt. Plötzlich sah er Andromache, ganz außer sich kam sie auf ihn zugelaufen. Die Frau, die da, ihren kleinen Sohn auf dem Arm, auf ihn zueilte, schien in ihren leicht in der Luft sich bauschenden Gewändern wie von einer schwerelos schwebenden Wolke umgeben, von einem zarten Schimmer, der Hektors Augen fast unwirklich schien nach all den düster blitzenden Rüstungen der Männer im Kampf.

Skamandrios haben sie ihren Sohn genannt, aber alle nennen ihn Astyanax, den »Herrn der Stadt«, sicher ein gutes Omen für einen zukünftigen König. Aber würde er je König sein? Hektor zieht sich das Herz zusammen, wenn er an manche gemeinsamen Augenblicke denkt: Andromaches Flehen, sich in der Schlacht nicht zu sehr der Gefahr auszusetzen; ihrer beider Rührung, als der Kleine, erschrocken vom Anblick des Vaters, als dessen Gesicht im Helm verschwand, in Tränen ausbrach. Als Hektor den Helm noch einmal absetzte, lächelte er wieder und streckte die kleinen Hände aus, damit der Vater ihn auf den Arm nehme; und sie stand daneben und sagte mit tränenerstickter Stimme: »Hektor, ich habe nur noch dich, dich und dieses Kind. Meinen Vater und meine Brüder hat dieses Scheusal alle erschlagen, aber du, du musst bei uns bleiben!« In diesem Augenblick krallte ein unaussprechlicher Schmerz sich in seine Seele bei dem Gedanken, seine Gemahlin könne in die Sklaverei verschleppt und sein Sohn getötet werden. Mit Gewalt musste er sich von ihnen losreißen. Er durfte einfach keine Schwäche zeigen an jenem Tag.

Er rafft sich zusammen. Das Feuer wirft seinen Schein auf die düster blickenden Gesichter der Männer ringsum. Sie warten auf seine Entscheidung. Sollen sie fliehen? Zugeben, dass sie Angst vor Achill haben? Ein einziger Augenblick kann ein ganzes Schicksal entscheiden. Hektor weiß, dass zwischen Achill und dem Leben seines Sohnes nur sein eigenes Schwert steht, und als er beginnt, sind es mehr die Worte, die aus ihm sprechen, als er selbst, der spricht:

»Dein Rat gefällt mir nicht, Polydamas. Habt ihr es denn nicht satt, euch in der Stadt wie in einer Falle zu verkriechen? Wie viele Schätze haben wir in all den Jahren verbraucht, wie viele Jahre werden sie noch reichen? Die Vorräte werden uns ausgehen, wenn die Achäer, übermütig gemacht von unserem Rückzug, die Stadt einschließen und niemanden mehr hinein- oder hinauslassen. Heute haben wir sie bis zu den Schiffen getrieben und ich habe euch zum Sieg geführt. Fast hätten wir ihre Schiffe verbrannt. Patroklos ist tot, ich habe ihn getötet, mit diesen Händen, im Zweikampf; seht doch, nun trage ich Achills Rüstung!

Hört auf mich: Lasst uns Wachen bei den Feuern aufstellen, lasst uns essen und unsere Kräfte sammeln, und morgen lasst uns ihnen den entscheidenden Stoß versetzen. Denkt ihr denn gar nicht an unsere Kinder, nicht an unsere Frauen? Für sie kämpfen wir doch hier!

Ob Achill und Agamemnon sich wirklich versöhnt haben, werden wir sehen. Und selbst wenn: Ich habe keine Angst vor Achill! Ares ist ein unparteiischer Gott, oft geschieht es, dass, wer andere töten will, selbst getötet wird.«

Niemand spricht. Polydamas schüttelt den Kopf, sagt aber kein Wort. Nachdenklich gehen die Männer auseinander und kehren auf ihre Posten zurück, das Herz ist ihnen nicht leichter geworden.

Die Schlacht ist vorüber. Alles ist so gekommen, wie Polydamas es vorausgesehen hat. Trojanisches Blut floss in Strömen, viele wurden getötet, etliche ertranken beim Versuch, durch den Hochwasser führenden Fluss zu schwimmen, manche wurden in der Furt gestellt, zitternd vor Angst wie Hirschkälber. Hektor, Äneas – die Besten versuchten die Flucht einzudämmen, aber auch sie wurden fortgespült. Achill hat gewütet wie ein Titan, allein sein Erscheinen auf dem Schlachtfeld hat genügt, die Trojaner vor Angst zu lähmen.

Die Ebene ist schwarz übersät mit reglosen Leibern. Ein Schwall von Flüchtenden staut sich vor den Toren der Stadt. Durchgegangene Pferde ohne Reiter irren durch die Ebene, die Achäer fangen sie ein. Einzelne Haufen von Trojanern stehen bewegungslos auf dem Schlachtfeld, die Männer haben die Waffen fortgeworfen und warten nun hoffnungslos darauf, dass die Achäer kommen, um sie zu töten – oder gefangen zu nehmen, das liegt in der Willkür des Feindes.

Hektor hat vor dem Stadttor haltgemacht, hat den Flüchtenden den Rücken gedeckt bis zum letzten Mann, viele verdanken ihm ihr Leben. Und Paris? Und die anderen Söhne des Priamos?

Äneas wurde verwundet, ebenso Glaukos. In der Stadt sammeln sich die Männer auf den Mauern: Besiegte; sie lassen Krüge mit Wasser durch die Reihen gehen, um ihren brennenden Durst zu löschen. Sie haben Angst, die Achäer könnten nun auch die Stadt angreifen.

Hektor steht allein vor der Mauer; er hat seinen Schild in den Boden gerammt und hält die Lanze im Anschlag, sieht zu, wie die letzten seiner Kameraden durch das Tor gehen, als wüssten sie nicht mehr wohin.

Von der Mauer aus hat auch Priamos den Kampf verfolgt, sich den Bart ausgerissen bei jedem Schlag, den seine Männer hinnehmen mussten, und nun sieht er dort vor dem Tor seinen Sohn stehen: zögernd, reglos. Jetzt taucht von Weitem Achill auf, kommt immer näher, gefolgt von den Achäern, die ihre Schilde auf dem Rücken tragen, um sich gegen Geschosse zu decken.

»Lauf zurück in die Stadt«, ruft er seinem Sohn von oben zu, »warte nicht auf ihn, du kannst nicht allein gegen alle Achäer kämpfen, du kannst gegen Achill nicht bestehen!« Und: »Ach, wenn die Götter Achill doch so hassen würden, wie ich ihn hasse – jener grausame Mann wäre längst tot, und die Vögel würden das Fleisch von seinen Knochen picken, so viele Söhne hat er mir entrissen! Komm zurück in die Stadt, was sollen wir ohne dich tun, der du unser Beschützer bist? Lass nicht zu, dass ich mit ansehen muss, wie Troja zerstört wird; wie es geplündert wird, wie der Schrecken über uns hereinbricht, wie die Kinder erschlagen werden und die Frauen in die Gefangenschaft verschleppt von diesen Barbaren!«

Auch seine Mutter Hekabe ruft nach ihm, mit der schrillen Stimme einer alten Frau; alle rufen ihm von der Mauer aus zu, er soll durch das Tor gehen. Nur Andromache ist nicht da. Sie hatte nicht den Mut, den Kampf mit anzusehen, sie ist im Palast geblieben, ahnungslos lässt sie ihrem Gatten ein warmes Bad bereiten, für nach der Schlacht.

Doch Hektor steht immer noch da, regungslos, antwortet

nicht, wie ein Tier vor seinem Bau, alle Sinne gespannt, bereit jeden anzufallen, der sich ihm nähert. Nun ist, gestützt auf einen Kameraden, auch der letzte Trojaner durchs Tor. Niemand wüsste zu sagen, ob Hektor vor Angst oder vor Entsetzen in Starre verfallen ist oder ob in seinem Inneren die Wut und der Kampfeswille mit jedem Augenblick wachsen. Das große Tor wird hinter ihm geschlossen und verriegelt, und Hektor steht noch immer reglos davor.

›Was soll ich tun? Kehre ich jetzt in die Stadt zurück, werden sie mir und meinem Starrsinn die Schuld am Untergang des Heeres geben. Polydamas wird mich vor aller Augen mit Schmähungen überschütten und sagen, dass es Wahnsinn war, den Kampf zu wagen. Wie soll ich weiterleben, bedeckt mit Schande nach einem Tag wie diesem? Auf Schritt und Tritt werden die Trojaner mich verfluchen, die Witwen werden vor mir ausspucken, weil ich ihre Männer in den Tod geschickt habe und selbst davongekommen bin.

Und wer soll mir jetzt noch gehorchen? Niemand wird mir mehr folgen wollen. Ein Leben in Ruhm und Ehre, um nun so zu enden: in Schande? Nein, besser Achill entgegengetreten, ihn erschlagen und heimkehren in die Stadt oder ruhmreich für sie in den Tod gehen.

Oder soll ich die Waffen strecken und Achill versprechen, Helena und all ihre Schätze zurückzugeben? Ihm die Tore öffnen lassen und den Achäern die Hälfte unseres Reichtums ausliefern, im Tausch für Leben und Frieden? Der Krieg wäre vorbei, und die Achäer würden beladen mit Schätzen nach Hause segeln können.

Aber was sage ich da? Achill dürstet nach Blut: Wenn ich die Waffen strecke, wird er mich erschlagen, schutzlos und ohne Gegenwehr, und als Feigling werde ich sterben. Nein – ich stelle mich ihm zum Kampf, nicht immer gewinnt am Ende, wer anfangs der Stärkere scheint!‹

So denkt Hektor, während Achill schon fast vor ihm steht. Er rennt auf ihn zu, als würde die Rüstung auf seinem Leib gar nichts wiegen, als ob sie ihm Flügel verliehe, so leicht und locker sind seine Schritte. Und mit jedem Schritt, den Achill näherkommt, scheint seine Gestalt ins Riesenhafte zu wachsen; seine bronzene Rüstung funkelt, als wäre sie aus Gold, auf seinem Helm flattert das Rosshaar des Helmbuschs und bauscht sich um seinen Kopf. Seine Bewegungen sind nicht mehr die eines Menschen, eine Energie, die kein Hindernis kennt, geht von ihnen aus. Nein, das ist kein Mensch mehr, der da in Speerwurfweite auf ihn zustürmt.

Mit einem Mal wird Hektor von Panik erfasst, wie seine Kameraden in der Schlacht, denen schon beim Anblick Achills die Knie weich werden, so schrecklich ist der Achäer. Genauso verlässt nun auch Hektor der Mut, und er weicht zurück. Er beginnt zu rennen, aber in die Stadt kann er nicht mehr, die Tore sind verriegelt. Achill setzt ihm nach, und so laufen beide im Kreis um die Mauern, keuchend vor Anstrengung; entsetzt verfolgen die Trojaner aus der Höhe das Schauspiel.

Achill gibt seinen Gefährten mit der Hand ein Zeichen, dass sie Hektor nichts tun sollen – er will ihn für sich. Gleichzeitig achtet er darauf, immer zwischen dem Flüchtenden und der Mauer zu bleiben und ihn so von der Stadt fernzuhalten und zu verhindern, dass jemand ihm ein Seil herunterlässt oder von oben mit Pfeilen geschossen wird, wenn sie zum Stehen kommen.

Achill kann Hektor nicht einholen, Hektor kann Achill nicht entkommen; der Abstand zwischen ihnen bleibt gleich, wie im Traum, wenn man hinter jemandem herläuft und ihn doch nicht einholt, während um einen herum alles stillzustehen scheint. Aber das hier ist kein Traum, hier geht es um Ehre und Leben und Ruhm.

Bei ihrem Lauf kommen sie an Orten vorbei, die den Trojanern aus Friedenszeiten gut vertraut sind. An den steinernen

Trögen, wo die Frauen die Wäsche waschen, an den beiden Quellen, die dort aus dem Felsen entspringen, eine mit heißem Wasser, von dem stets eine Dampfwolke aufsteigt, die andere mit Wasser so kalt wie Schnee. An dem großen Feigenbaum, der seine Äste unweit des Tores weit von sich streckt. Sie laufen weiter. Der da flieht, ist ein tapferer Mann, aber der ihn verfolgt, ist der Stärkere. Ein Wettlauf, könnte man meinen. Aber nicht um ein Opfertier oder um eine Ochsenhaut, wie sie der Sieger bei einem Rennen gewinnt. Ein Wettlauf um Hektors Leben.

Drei Mal umrunden die beiden die Mauern der Stadt; als sie zum vierten Mal die zwei Quellen erreichen, sieht Hektor im Spiegel der kalten eine menschliche Gestalt. Er blickt auf, vor ihm steht sein Bruder Deiphobos; er ist bewaffnet; vielleicht hat er sich von der Mauer herabgelassen, um ihm zu helfen.

»Hektor«, redet die Erscheinung ihn an, »ich bin hier, um dir beizustehen. Alle haben mich angefleht, die Stadt nicht zu verlassen, aber ich bin trotzdem gekommen, zu schwer fällt es mir, dich vor Achill fliehen zu sehen. Der dich verfolgt, ist furchtbar stark, aber wir sind zu zweit. Wir wollen uns Mut machen und ihm gemeinsam entgegentreten. Wir wollen sehen, ob Achill es sein wird, der unsere Rüstungen zu den Schiffen trägt, oder ob wir es sein werden, die ihn vor den Mauern erschlagen.«

»Du bist mir immer der liebste von all meinen Brüdern gewesen, Deiphobos«, antwortet Hektor und bleibt stehen, »und auch jetzt beweist du, dass du der beste bist. Deine Gegenwart gibt mir neuen Mut. Du hast recht, der Augenblick ist gekommen zu kämpfen.«

Achill rennt jetzt nicht mehr und kommt langsam näher. Das erste Mal in all den Jahren des Krieges sprechen sie miteinander. Hektor kennt die Sprache der Achäer, er hat sie als Junge gelernt und oft gebraucht, wenn er im Palast auf Helena traf.

»Ich werde nicht mehr vor dir davonlaufen, Achill. Die Angst kann jeden ergreifen, dem die Götter sie ins Herz gießen – aber die Götter können auch Mut ins Herz legen. Jetzt stehe ich hier vor dir, jetzt werden wir kämpfen. Ich werde dein Leben nehmen oder du meines. Aber zuerst lass uns vor den Göttern schwören: Wer auch siegen wird, er soll den Leichnam des Besiegten den Seinen übergeben, damit er ein ehrenvolles Begräbnis erhält, wie es einem tapferen Mann gebührt.«

Achills Stimme tönt rau und furchteinflößend aus seinem Helm, böse und hasserfüllt blitzen seine Augen durch das Visier. »Sprich mir nicht von Eiden, Hektor, Verfluchter! Zu viel Böses hast du mir und meinen Gefährten angetan, zu viele von uns hast du getötet mit deiner Lanze. Jetzt wirst du den Preis bezahlen für Patroklos und all die anderen. Schließen Löwen mit Menschen Verträge, Wölfe mit Lämmern? Nein, zwischen uns wird es keine Abmachung geben, im Leben nicht und nicht im Tod.

Dass du rennen kannst, hast du gezeigt, jetzt zeig, dass du kämpfen kannst!«

Achill wiegt die schwere, ganz aus Bronze geschmiedete Lanze, die sein Vater ihm mitgegeben hat, in der Hand und schleudert sie dann mit unvorstellbarer Wucht gegen Hektor. Der aber ist auf der Hut, sieht die Lanzenspitze direkt auf seine Brust zufliegen, bückt sich blitzschnell und hört das Geschoss über sein Ohr hinwegzischen und sich hinter ihm in den Boden rammen.

»Du hast mich verfehlt, Achill! Es stimmt also nicht, dass deine Lanze unfehlbar ist. Du wolltest mich erschrecken, damit ich den Mut verliere, jetzt versuch du, meiner Lanze auszuweichen. Wenn du stirbst, gehört der Sieg uns.«

Er hat nur einen Versuch; Hektor zielt sorgfältig, seine Lanze trifft genau in die Mitte von Achills Schild, den dieser eng vor der Brust hält. Aber Achills Schild ist aus härtester Bronze, und Hektors Lanze prallt von ihm ab.

Noch eine Lanze! Während Achill sein Geschoss aus der Erde zieht, kann Hektor ihn vielleicht an einer ungedeckten Stelle treffen!

»Deiphobos, schnell, gib mir deine Lanze, er geht aus der Deckung!«

Aber da ist kein Deiphobos mehr. Ein Trugbild, jetzt ist es verschwunden – oder hat ein Dämon ihn getäuscht? Da ist niemand mehr, nur eine Eule, die auf dem Ast eines Feigenbaums sitzt. Ganz allein steht er Achill gegenüber.

In diesem Augenblick begreift Hektor, dass er am Rand des Abgrunds steht. Aber so will er nicht enden, nicht so, ohne Ehre. Er zieht sein langes scharfes Schwert, das er an der Seite trägt, gibt sich einen Ruck und stürzt mit einem Schrei, die Klinge hoch in der Luft, auf Achill zu wie eine Schlange, die aus ihrem Nest schnellt, um ihre Fangzähne in den Angreifer zu schlagen.

Achill, ganz in die Rüstung gehüllt, umfasst seine geborgene Lanze. Hektor stürmt auf ihn zu und deckt sich mit seinem Schild. Mit einem Blick nur macht Achill die einzige ungeschützte Stelle am Körper des Gegners aus, dort, wo das Schlüsselbein die Schulter vom Hals trennt. Dorthin zielt er mit seiner Lanze, und dort zerfetzt ihre Spitze den Hals des Trojaners. Ströme von Blut spritzen in alle Richtungen, ergießen sich über seine Rüstung.

Hektor stürzt in den Staub. Vor seinen vernebelten Augen zeichnet sich undeutlich der Schatten seines Gegners ab, der über ihm steht.

»Dies, Hektor, ist der Preis, den du dafür zahlst, dass du mir Patroklos getötet hast. Damit hast du nicht gerechnet, dass es mich noch gibt, der ihn rächen würde. Nun wird er in Frieden ruhen können, während Hunde und Vögel deinen Leichnam zerreißen!«

Mit schwacher Stimme antwortet Hektor: »Ich flehe dich an, bei deinen eigenen Eltern, Achill, nimm das Lösegeld, Bronze und Gold, das mein Vater und meine Mutter dir geben werden, und lass die Trojaner mich bestatten!«

Hasserfüllt schreit Achill ihn an: »Spar dir dein Flehen, du Hund! Wenn ich könnte, würde ich dich in Stücke hauen und dein rohes Fleisch verschlingen, so Gewaltiges hast du mir angetan. Nichts kann mir Patroklos zurückbringen. Deinen Leichnam werde ich nicht herausgeben, auch wenn dein Vater Priamos ihn in Gold aufwiegen wollte, und Hekabe, deiner Mutter, werde ich nicht erlauben, dich zu beweinen. Nein, ich will, dass dein Leib Stück für Stück verrottet und von den Tieren verschlungen wird.«

»Man muss dich nur ansehen, Achill, um zu wissen, dass du ein Herz aus Stein hast und Mitleid nicht kennst. Sieh dich vor, dass nicht du selbst bald schon sterben musst!«

Kaum hat Hektor diese Worte ausgesprochen, hüllt der Tod ihn ein. Ein letzter Atemzug: Aus seinem Mund entweicht die Seele und fliegt zum Reich der Toten, beklagt die verlorene Stärke und Jugend.

»Heute stirbst du, morgen ich«, erwidert Achill nur und reißt ihm die Lanze aus dem Hals.

Achill hat Hektor getötet, aber sein Zorn wird immer noch größer. Als Trophäe nimmt er ihm seine Rüstung ab, dann all seine Kleider. Er durchsticht seine Fesseln, zieht einen Lederriemen hindurch und bindet ihn an seinen Streitwagen. Mit einem Peitschenhieb treibt er die Pferde an, und sie schießen in wildem Galopp über das freie Feld. Der Leichnam des Edelsten der Trojaner, der sein Leben einsetzte, um seine Stadt zu verteidigen, und gegen einen antrat, der stärker war als er selbst, schleift über das Feld, nackt, so dass alle es sehen, Freunde und Feinde; über der Leiche weht eine Staubwolke, braunes Haar schleppt durch den Sand. So schändet Achill den Erschlagenen.

Von der Stadt aus muss die Mutter mit ansehen, wie der Sohn noch im Tode entstellt wird; sie reißt sich den Schleier vom Haupt, Priamos bricht in Schluchzen aus, ganz Troja versinkt in Jammern und Tränen. Es ist, als würde die große Stadt von den Wurzeln her brennen – denn der Einzige, der sie verteidigt hat, ist gefallen.

Achill ist ein gewaltiger Mensch, maßlos in allem. Ein tapferer Gegner verdient es, dass man seinen Leichnam der Familie überlässt. Den Tod zu geben und zu empfangen, das ist der Tanz des Ares, wie es bei den Achäern heißt. Das wusste auch Patroklos, als er Hektor gegenübertrat. Deshalb war es nicht recht von Achill, Hektor, als er ihn getötet hatte, auch noch zu schänden. Ohne daran zu denken, dass die Trojaner ihm reiches Lösegeld gezahlt hätten, hätte er ihnen den Leichnam übergeben: kostbare Gefäße, Gold, Sklavinnen; so wäre auch Patroklos Ehre gezollt worden. Achills Herz aber ist voller Hass, denn man hat ihm den liebsten Freund erschlagen, und sein Herz ist zu gewaltig, als dass sein Verstand es zügeln könnte.

Was er tat, hatten schon andere vor ihm getan. Manchmal genügt es einem Krieger nicht, seinen Gegner zu töten, sein Hass macht an der Schwelle des Todes nicht halt. Den getöteten Feind zu entstellen gehört zu den grausamen Dingen, die vorkommen seit alter Zeit: seinen Körper auszuradieren, damit nichts von ihm bleibt.

Auch als Hektor gefallen war, umringten einige Achäer seine nackte Leiche, stießen mit der Lanzenspitze auf sie ein und lachten ihn aus: »Sieh an, jetzt ist er viel weicher, als wenn er seine bronzene Rüstung trug und versuchte, unsere Schiffe anzuzünden!« Agamemnon aber und die anderen Anführer hielten sich fern, denn sie wussten, dass auch sie eines Tages dasselbe Schicksal treffen konnte und maßloser Hass einem Mann mit gesundem Verstand nicht ansteht.

Alles findet ein Ende: Der Tag erlischt, der Wind legt sich, das Feuer brennt schwächer; auch der Hass muss ein Ende haben, niemand soll ihn für immer im Herzen tragen. Achills Hass aber wird immer größer, flammt auf wie ein Brand, ist unstillbar. Achill ist nicht wie andere Menschen.

Als er zum Lager kommt, peitscht er die Pferde noch einmal an und jagt sie drei Mal um das Totenbett, auf dem Patroklos auf seine Bestattung wartet: Achill will dem Schatten des Toten die Frucht seiner Rache zeigen. Dann denkt er sich neue Misshandlungen aus, die er dem Leichnam des Besiegten antun kann. Er wirft ihn mit dem Gesicht in den Staub vor Patroklos' Bahre auf den Boden und lässt ihn dort nackt und bloß liegen, damit er verrottet, bevor er ihn endgültig den Hunden zum Fraß vorwirft. Dann richtet er für die Freunde ein großes Gastmahl aus, ein Totenmahl zu Patroklos' Ehren. Viele Stiere schnauben unter dem Schlachtbeil ihr Leben aus, ihr Fleisch wird zerschnitten, in Stücken über das Feuer gesteckt; vor Angst meckernden Ziegen wird der Hals durchgeschnitten, Schweine werden geschlachtet, auch ihr Fleisch gebraten. Rings um den Toten fließt das Blut in Strömen zur Erde.

Achills Gefährten bereiten in einem Dreifuß heißes Wasser, damit er den Staub und das Blut der Schlacht abwaschen kann. Achill aber will nicht, er will kein Wasser anrühren, solange Patroklos nicht mit allen Ehren bestattet wurde. Das ist die Trauer: Ein Mensch, der so voller Schmerz ist, darf sich nicht waschen, darf nicht aussehen wie die anderen, darf sich nicht mit Duftessenzen salben, keine prächtigen Kleider anlegen, darf nicht schön sein wie ein Gott. Ein Gott und der Tod haben nichts miteinander gemein, die Götter meiden alles, was nach Verwesung riecht; außer Hades, der Gott der Toten. Es gilt als Frevel, über der Leiche des erschlagenen Feindes seine Stimme zum Dank an die Götter zu erheben. Wer trauert, soll hässlich sein wie der Tote, um den er trauert, deshalb zerreißt er seine Kleider und streut sich Asche aufs Haupt. Wer trauert, begleitet seinen Toten bis auf die Schwelle des Hauses, in dem der Tod wohnt. Erst wenn er ihn für die letzte Reise bereitet hat, darf er sich reinigen und zu den Lebenden zurückkehren. Auch Achill gibt die Anweisungen für Patroklos' Leichenfeier, den Staub, den Schweiß und das Blut der Schlacht noch auf seiner Haut, wissend, dass ihm nur kurze Zeit bleibt, bis auch er sterben muss. Es ist Patroklos' Schatten, der Achill dazu treibt, sie sogleich abzuhalten, denn die Achäer hören auf die Stimme der Träume.

Ein Schwarm Männer mit Äxten zieht aus, um auf dem Idagebirge Eichen und Tannen zu schlagen. Zu Dutzenden stürzen die Stämme krachend zur Erde, werden in Stücke gesägt und Maultieren auf den Rücken gebunden. Schritt für Schritt trotten die Lasttiere durch dichtes Unterholz über schmale Pfade zu Tal. Die Holzfäller tragen die Scheite auf dem Rücken bis zu den Schiffen, und werfen sie ab neben Achills Zelt; so türmen sie das Holz zu einem gewaltigen Scheiterhaufen.

Die Myrmidonen sind wilde, grobschlächtige Leute, sie leben in Wäldern und im Gebirge, sind ganz anders als die Bewohner der Städte, die Menschen in Sparta oder in Pylos oder Mykene, wo gemäßigtere Sitten herrschen. Sie schirren die Pferde an, zu Dutzenden donnern die Streitwagen über die Ebene, gefolgt von Hunderten Bewaffneter, das Gesicht mit Asche geschwärzt, schreiend und heulend, wie von Sinnen. Inmitten dieses Gewirrs und Getöses von Menschen, Pferden und Schreien: Patroklos' Leichnam auf einer Bahre. Jeder Krieger schert sich das Haar vom Kopf und wirft es auf den Leichnam, bis dieser mit einem Totenmantel aus menschlichem Haar bedeckt ist. Als sie zum Ort der Einäscherung gelangen, schneidet auch Achill sich mit seinem Schwert das lange blonde Haar vom Haupt und legt es Patroklos in die eiskalten Hände. Der Scheiterhaufen ist so gewaltig wie Achills Schmerz, hundert Schritte misst er an jeder Seite. Oben darauf betten sie Patroklos' Leichnam. Wieder werden Schafe und Ochsen geschlachtet und als Brandopfer auf den Scheiterhaufen geworfen. Noch anderes Blut wird vergossen, ein erschütternder Anblick auch für einen, der das Gemetzel vieler Schlachten gesehen hat. Unter Tränen lässt Achill sich vier seiner Rösser bringen – prächtige Tiere, Streitrösser für die Schlacht – und schneidet ihnen die Kehle durch, während sie, den Geruch des Todes in ihren Nüstern, wie verrückt wiehern und stampfen;

auch zwei seiner Hunde tötet Achill. Getrieben von seiner verfinsterten Seele geht er in seinem Blutrausch noch einen Schritt weiter. Er lässt zwölf gefangene Trojaner herbringen, lässt ihnen die Hände binden und schneidet jedem einzelnen mit eigenen Händen auf Patroklos' Scheiterhaufen den Hals durch. So würde der Freund auch nach seinem Tod Pferde haben, um über die Felder des Hades zu reiten, Hunde, um auf die Jagd zu gehen und eine Schar junger Männer als seine Diener.

Menschen auf dem Altar zu töten ist etwas Furchtbares, das jeden, der Vernunft und Gerechtigkeitssinn besitzt, erschaudern lässt. Man tat es, so heißt es, in uralten Zeiten. Achill aber ist ein Mensch ohne Maß.

Der Holzstoß brennt die ganze Nacht, während Achill immer wieder aus einem Bronzekrug Wein zur Erde gießt und dabei unter Stöhnen Patroklos' Seele anruft. Als schließlich das Feuer erloschen ist, wird die Asche eingesammelt, und die Wettspiele beginnen.

Auch der Siegespreis in einem Wettkampf vermehrt den Ruhm eines Mannes. Nur die Besten nehmen teil, und wer gewinnt, wird nicht weniger gefeiert als für einen Sieg in der Schlacht. Achill hat prächtige Gaben als Preis ausgesetzt: Sklavinnen, Gold, Pferde, Bronzebecken. An diesem einen Tag verteilt er die Beute aus zehn Jahren Krieg – er, der im Streit um den Besitz einer einzigen Sklavin das Schlachtfeld verlassen hat, verschenkt nun zehn Mal, ja hundert Mal so viele Reichtümer. Alles hätte er gegeben für Patroklos' Leben.

Der Scheiterhaufen hat aufgehört zu brennen, die Flammen in Achills Seele nicht. Er muss weinen, sobald er an den Freund denkt, er schläft nicht, er findet keine Ruhe, die schönen Momente, die sie gemeinsam erlebt haben, tauchen in seiner Erinnerung auf, er hängt ihnen nach und findet keinen Schlaf, der für die anderen doch so süß ist. In der Tiefe der Nacht steht er auf, geht an den Strand und streift im Dunkeln umher, das Herz ist ihm unendlich schwer. Er ruft Patroklos' Namen und vergießt viele Tränen.

Im Morgengrauen dann bindet er Hektors Leiche wieder an seinen Wagen, treibt die Pferde an und schleift den Leichnam drei Mal um Patroklos' Grab. Dann geht er zurück in sein Zelt, um zu klagen. Den toten Hektor lässt er liegen, mit dem Gesicht zur Erde im Staub.

Niemand wagt ihn davon abzubringen, niemandem gelingt es, ihn zu trösten. Der Geruch von Tod und von Hass verbreitet sich ringsumher, die Männer baden immer wieder im Meer, um sich zu reinigen. Und es geschieht etwas Seltsames: Die Zeit verstreicht, doch Hektors Leichnam verwest nicht. So vergehen zwölf Tage.

Vom Gipfel des Hügels aus blicken Odysseus und Agamemnon auf das Lager, auf die Schiffe, die in Zweierreihe auf dem Strand liegen, den Wall und den Graben, der das Lager umgibt; Männer kommen und gehen; ein paar schwimmen im Meer, von oben sieht man sie in der durchsichtigen Klarheit des Wassers treiben, das so blaugrün strahlt wie die Augen der Athena.

Odysseus und Agamemnon sind auf die Jagd gegangen, allein. Gefahr besteht nicht, seit Hektors Tod setzen die Trojaner keinen Fuß mehr vors Tor. Viele ihrer Söldner haben sich nach und nach davongemacht, andere haben ihre Dienste den Achäern angeboten. Da ist Jagen ein angenehmer Zeitvertreib. Jeden Morgen brechen sie bei den ersten Strahlen der Sonne auf und kehren abends mit ihrer Jagdbeute heim.

Der eigentliche Grund aber, warum sie das Lager jeden Tag verlassen, ist nicht die Jagd. Es ist der Wunsch, dem Klima des Hasses zu entkommen, den verderblichen Lüften, dem Druck, der nun schon zu lang über dem Lager lastet. Die Männer vermeiden es, einander ins Gesicht zu sehen, so weit ist es gekommen! Sie halten den Blick gesenkt, Unbehagen hat sich breitgemacht, jede Freude ist aus dem Lager verschwunden, niemand lacht mehr, niemand singt, niemand tanzt und niemand lädt mehr zum Gastmahl.

Achills Hass und sein Schmerz haben sich auf alle im Lager übertragen. Das ist der Grund, warum Odysseus und Agamemnon sich bis Sonnenuntergang in die Berge zurückziehen.

»Das hat es schon gegeben«, sagt Odysseus zu Agamemnon, während die beiden, von einem Felsvorsprung aus, den Bogen in der Hand, Achill aus seinem Zelt kommen sehen, »dass ein Leichnam nicht verwest und lange erhalten bleibt, wie gedörrt. Vielleicht sind es die Götter, die ihn mit einem Balsam vor der Verwesung schützen, vielleicht hat es einen anderen Grund.

Erstaunlich ist etwas ganz anderes: Achills Zorn, der in seinem Herzen jeden Tag größer wird.

Alles geht vorbei – ein Vater, der um seinen Sohn trauert, hört irgendwann auf zu klagen; wer einen Feind hasst, hört irgendwann auf, ihn zu hassen. So ist der Menschen Gesetz, man soll sein Herz nicht für immer verschließen, Gefangener seines eigenen Schmerzes sein. Das Schicksal hat uns gelehrt, geduldig zu sein. Wir sind menschliche Wesen, den Rhythmus der Seele müssen wir anerkennen. Nur wer ein Narr ist oder von Sinnen, lässt sich nicht darauf ein.«

»Was Achill da tut, ist nicht recht«, erwidert Agamemnon. »Er hat jedes Mitleid vergessen und jede Scham. Er lässt sich von seinem unbeugsamen Wesen leiten. Wir wissen alle, dass er maßlosen Mut und maßlose Kräfte besitzt, aber er ist auch ein grausamer Mensch, immer gewinnen Stolz und Zorn in ihm die Oberhand. Es hat keinen Zweck, ihn zu bitten, von diesem Frevel abzulassen, zumal, wenn ich es tue. Aber ich weiß, dass wir damit gegen jedes Recht verstoßen und die Götter uns früher oder später dafür strafen werden. Was Achill da tut, tut er nicht einem Feind an, sondern einem toten Stück Stoff, er lässt seinen Zorn am Körper eines Toten aus.«

»Mit der Hilfe von Achills Ungestüm werden wir Troja jedenfalls nicht erobern«, erwidert Odysseus halblaut, und die beiden Männer wenden den Blick in Richtung der Stadt, die in der Ferne auf einer Anhöhe liegt. »Seine Mauern sind unüberwindlich, und die Trojaner haben gute Bogenschützen. Wenn Achill versuchen sollte, über die Mauer zu steigen, wird er das nicht überleben. Ich werde sicher nicht mit dabei sein!«

»Und was schlägst du also vor?«, fragt Agamemnon.

Odysseus lächelt und hält für einen Augenblick inne. »Manchmal sind nicht dessen Arme am nützlichsten, der eine Lanze schwingen kann. Kennst du die Geschichte von der Sonne und vom Wind? Sie schlossen eine Wette, wer einem Wanderer zuerst seinen Mantel stehlen würde. Der Wind blies und blies, doch je stärker er blies, desto fester hüllte sich der Wanderer in seinen Mantel. Dann war die Sonne an der Reihe, und sie fing an, so hell und heiß vom Himmel zu strahlen, dass der Wanderer schließlich seinen Mantel von selbst auszog.«

»Das ist eine Geschichte, die man Kindern erzählt, alle kennen diese Geschichte, aber was hat sie mit Troja zu tun?«

»Wenn es uns nicht gelingt, mit Gewalt in die Stadt zu kommen, müssen uns die Trojaner eben freiwillig hereinlassen.«

Agamemnon muss lachen: »Und wie stellst du dir das vor? Wie soll das gehen?«

»Sicher nicht mit dem Zorn des Achill«, erwidert Odysseus.

Währenddessen sehen sie, wie Achill die Pferde zu seinem düsteren tagtäglichen Ritus vor seinen Wagen spannt.

»Da, es hat etwas geraschelt«, sagt Agamemnon nach kurzem Schweigen, »lass uns nachsehen, vielleicht ein Wildschwein!«

Sie wenden dem Strand den Rücken zu und verschwinden Richtung Wald.

Seit Tagen liegt ein Mantel der Trauer über jedem Winkel und jedem Haus von Troja, vom Palast des Priamos bis in die ärmlichste Gasse. Nichts als Jammern und Klagen ist zu hören. In den Höfen des Palastes stehen Priamos' Söhne und klagen, ihre

Tränen fallen bis auf ihre kostbaren Kleider. Priamos sitzt da wie benommen, er isst nicht und trinkt nicht, an seinem Hals und auf seinem Haupt noch der Schmutz, in dem er sich vor Verzweiflung über den Tod seines Sohnes gewälzt hat. Andromache verlässt ihr Gemach nicht mehr, liegt weinend auf ihrem Lager, umgeben von ihren Schwägerinnen, die versuchen, ihr Mut zuzusprechen. Ihr kleines Söhnchen im Arm, stammelt sie verzweifelte Worte: »Mein Kleiner, so jung bist du noch, und schon hat dein Vater dich verlassen. Er hat mit dir gespielt, du bist auf das Bett der Eltern geklettert, und er hat dich mit den besten Bissen gefüttert, und nun bist du eine Waise. Was für ein trauriges Schicksal. Fortjagen wird man dich, auslachen, schlagen, und niemand wird da sein, der dich beschützt. Was soll nur mit dir geschehen, wenn die verfluchten Achäer die Stadt erobern, jetzt, wo Hektor nicht mehr da ist, um Troja zu beschützen?«

Helena hat sich in ihre Kammer eingeschlossen, sie wagt nicht, sich zu zeigen. Paris streift mit gesenktem Kopf umher, seit jenem Tag hat er sein Weib nicht mehr angefasst. Ab und zu bäumt er sich auf: »Hektor, ich werde dich rächen«, ruft er, aber niemand hört ihm noch zu, alle gehen ihm aus dem Weg.

So geschieht es zwölf Tage lang. Als schließlich die Dämmerung über den zwölften Tag hereinbricht, kommt Priamos wieder zu sich. Er ruft nach seinen Dienern, lässt sich ein warmes Bad bereiten und geht dann, bekleidet mit einem weißen purpurgesäumten Gewand, dem schönsten, das er besitzt, in den Hof.

»Heute, es war fast Abend, schlief ich ein und hatte einen Traum: Ich hörte eine Stimme, die laut und deutlich zu mir sprach: ›Priamos, geh, kauf den Leichnam deines Sohnes frei und richte ihm ein Begräbnis aus! Denn so schulden es die Väter den Söhnen, die als mutige Männer gestorben sind.‹

Deshalb spannt einen Wagen an, ich selbst werde zu Achill gehen und ihm das Lösegeld anbieten.«

Die Umstehenden sind entsetzt, und manch einer denkt, Priamos habe den Verstand verloren.

Hekabe schlingt ihre Arme um ihn und will ihn zurückhalten: »Er wird auch dich erschlagen, dieser Unmensch, und dich den Hunden zum Fraß vorwerfen, wie er es mit unserem Sohn getan hat. Geh nicht!« Genauso versuchen seine Söhne und seine Schwiegersöhne ihn von seinem Vorhaben abzubringen. Ein Haufen Trojaner strömt zusammen und fleht ihn an, aber Priamos, so scheint es, ist von wilder Entschlossenheit beseelt, die ihm neue Kraft gibt. Mit seinem Zepter bahnt er sich den Weg und verscheucht die Menge: »Weg mit euch! Elend seid ihr und verkommen – warum seid nicht ihr an Hektors Stelle gestorben? Meine besten Söhne sind alle in der Schlacht gefallen, mir bleiben nur die Versager, die schlechtesten, die Eitlen, die Feiglinge, die nichts anderes können als tanzen und prassen! Weg mit euch, ihr seid mein Verderben!«

Dann geht er in die Schatzkammer, lässt sich Gewänder, leinene Mäntel und wollenes Tuch geben, lässt zehn Talente Gold abwiegen, dazu bronzene Dreifüße und einen schweren reich verzierten Pokal aus purem Gold – den hatte er von den Thrakern zum Geschenk erhalten, als er zu ihnen gereist war, um mit ihnen Verhandlungen zu führen, als er ein junger Mann war, das wertvollste Stück in seinem Schatzhaus.

Unbeirrt von Hekabes Jammern lässt er alles auf einen maultiergezogenen Wagen laden. Die Zügel vertraut er dem greisen Idaios an, seinem Altersgenossen, dem Herold der Trojaner. Dann lässt er für sich einen Wagen mit seinen schönsten Rappen anspannen, den lenkt er selbst. Auf dem Weg zum Tor begleitet ihn ein Zug entsetzter Trojaner, die ihm mit Fackeln voranleuchten.

Die Wachen öffnen dem König das Tor, dann schließen sie es, und die Stadt liegt hinter ihm. Die beiden Alten stehen allein in der Ebene, über ihnen schimmert, im Zenit seiner Bahn, vom klaren Himmel der Mond und lässt in der Ferne die Umrisse des achäischen Lagers und seines Schutzwalls erkennen.

Als sie zum Grabmal des Ilos kommen, machen sie halt, damit die Tiere aus dem Fluss trinken können. Da erscheint plötzlich, lautlos und wie aus dem Nichts, vor ihnen ein Mann aus dem Dunkel. Er ist noch jung, ein eigenartiges Funkeln liegt in seinen Augen, auf dem Kopf trägt er einen seltsamen Helm aus Leder.

»Wohin gehst du, Väterchen«, spricht er sie an, »begleitet von einem, der noch älter ist als du selbst? Viele Gefahren birgt die Nacht, und ihr habt große Schätze dabei. Die Nacht ist meine vertraute Gefährtin, ich werde dich dorthin führen, wohin du gehen willst.«

Er springt auf den Wagen und lässt die Zügel in seine Hände gleiten. Priamos' Wagen fährt an, der seines Herolds folgt ihm, auf der Ebene leuchten die Feuer der achäischen Posten. Die Pferde ziehen die Wagen, aber – eigenartig – die Räder machen kein Geräusch, gleiten lautlos über das Feld wie ein Schiff durch das Wasser.

»Wer bist du, der du uns durch die Nacht führst? Du bist kein Trojaner, in der Stadt habe ich dich noch nie gesehen.«

»Mein Name ist nicht von Bedeutung«, erwidert der junge Mann, während er die Pferde im Trab vorwärtslenkt und mit hell schimmernden Augen in die Dunkelheit blickt, »du musst nur eines wissen: Ich bin der, der die Geheimnisse der Nacht kennt, ich bin ein Botschafter. Im Dunkel der Nacht wurde ich geboren, darum ist mir alles, was in der Finsternis liegt, von Natur aus verwandt. Fast könnte man sagen, ich sei aus dem Stoff der Dunkelheit selbst gemacht. Wäre da nicht noch eine andere Seite in mir, eine wie aus Luft, leicht und leuchtend.

Jetzt aber regiert die dunkle Seite, dank ihrer dringen meine Augen durch das Dunkel der Nacht und bis hinauf zum sternübersäten Himmel. Siehst du dort? Was dort glänzt, sind die Plejaden, vier Schwestern, die vom Firmament leuchten. Eine von ihnen heißt Halkyon, eine andere Maia – die liegt mir besonders am Herzen. Sie tanzen im Reigen um den Mond, und wer auf der Reise ist, freut sich, wenn er sie sieht. Das nämlich müssen die Weggeleiter und Boten: bei Tag alle Pfade und nachts alle Sterne kennen und verlässlich jeden Weg wiederfinden. Manche sind schwer zu gehen, das ist wahr, doch wir Boten bekommen Hilfe von unserem Beschützer, Hermes, dem Gott mit der goldenen Rute.«

»Ja«, antwortet Priamos – erstaunt, mit welcher Lebhaftigkeit sein Weggeleiter gesprochen hat, vergisst er für einen Moment das Leid in seinem Herzen –, »so sagt man: Hermes sei Herrscher über die Nacht; und er sei es, der die Träume von ihrem Platz im Jenseits zur Erde und bis in die Seele der Menschen geleitet.« Dann kehren seine Gedanken wieder zu Hektor zurück, der nicht mehr am Leben ist, und er fährt fort mit von Trauer erstickter Stimme: »Hermes, so sagt man, ist es auch, der die Seelen der Toten in die Unterwelt führt und mit seiner goldenen Rute ins Totenreich geleitet. Auch die Seele meines Sohnes wird wohl Hermes dorthin geführt haben.«

»Viel heißt es darüber – aber gewiss wahr ist, dass Hermes die Träume und noch vor den Träumen den Schlaf über die Menschen bringt: indem er einen in magisches Wasser getauchten Zweig über ihren Augen schwenkt, und sogleich werden ihnen die Lider schwer.«

Währenddessen gleitet der Wagen über die Ebene, zwischen den Wachtfeuern hindurch, und niemand scheint es zu bemerken. Sie nähern sich einem der Feuer, Priamos erkennt die beiden Wachen, sie schlafen, den Kopf in den Nacken gesunken, die Lanzen neben sich auf der Erde. Sein Begleiter spricht kein Wort; wieder liegen Gestalten dunkel an einem der Feuer, die Männer haben der Müdigkeit nachgegeben und schlafen.

»Vielleicht ist es Hermes, der uns hier beisteht«, sagt Priamos mit gesenkter Stimme und lächelt, »die Wachen schlafen, es ist spät, wir gehen durch ihre Reihen, und niemand sieht uns.«

Sein Begleiter erwidert noch immer nichts. Für einen Augenblick tritt ein Schweigen zwischen sie, das eins wird mit der Stille der Nacht. Nein, die beiden Wagen machen wirklich kein Geräusch, eilen über die Ebene wie zwei Wolken im Flug.

»Es ist nicht falsch, was die Leute sagen«, beginnt der seltsame Fremde wieder zu sprechen, während er mit seinen funkelnden Augen auf die hell leuchtende Bahn blickt, die der Wagen nimmt. »Es ist Hermes, der die Seelen in den Hades geleitet. Sie steigen einen schmalen steinigen Pfad hinab, eine der anderen folgend, wortlos und traurig. Ihr Leib ist wie Nebel, sie möchten sprechen, aber von ihren Lippen dringt nur noch ein Fiepen wie von Fledermäusen. Hermes schwenkt seine Rute, und wie im Joch gehen die Seelen hinter ihm her, bis sie an den Unterweltsfluss kommen, hinter dem das Totenreich liegt. Dort lässt er sie zurück, zusammen warten sie darauf, über den Fluss gesetzt zu werden; dann steigt er ans Licht zurück.«

»So also geschieht es?«, fragt Priamos und das Herz ist ihm schwer. »Nichts als Dunkel und Kälte? Aber woher weißt du das alles?«

Der Fremde schweigt. »Dann ist Hektor also jetzt dort, im Reich der Schatten?«, fragt der König noch einmal, und nun bricht ihm die Stimme.

»Dort«, erwidert endlich, nach einem Augenblick Stille, der Fremde, »weilt der dunkle Teil der Seele, der, welcher keine Kraft besitzt und keine Stärke. Dort werden die Seelen zu Geistern – wolltest du sie umarmen, deine Arme griffen durch sie hindurch ins Leere. Wer die Seelen der Toten befragen will, muss ein Opfertier schlachten und das Blut in eine Grube fließen lassen, erst wenn die Seelen das Blut getrunken haben, kehrt wieder Leben und Stärke in sie zurück, für kurze Zeit. Doch gibt es dort unten noch einen anderen Teil. Manche sagen, dass die Heroen nach ihrem Tod auf die Insel der Seligen versetzt werden, wo ewiger Frühling herrscht und Tag und Nacht immer gleich sind. Aber nur die Mutigsten, nur die Tapfersten kommen dorthin.«

»Dann ist Hektor also jetzt dort?«, fragt der König noch einmal, während sein greises Herz in einem Aufwallen der Hoffnung schneller zu schlagen beginnt.

Diesmal zieht der Fremde die Zügel an und bringt den Wagen auf freiem Feld zum Stehen, über ihnen leuchtet ein Mantel aus Sternen klar und rein am nächtlichen Himmel.

»Die Wahrheit ist noch eine andere«, erwidert der Fremde nun mit heller, fast schmeichelnder Stimme. »Wie ich gesagt habe, gibt es in der Seele einen dunklen Teil. Doch sie besitzt auch einen anderen, hellen und leichten, gemacht aus einem Stoff, der nichts mit dem Körper gemein hat. Wenn ein Mensch stirbt, entweicht dieser Teil aus dem Schädelknochen, er empfindet dabei, was einer fühlt, wenn er aus dem Wasser auftaucht, wie der Schwindel, der ihn ergreift, wenn er wieder zu atmen beginnt. Dann steigt die Seele durch die Luft in die Höhe, wie Blasen im Wasser in die Höhe steigen, und je höher sie steigt, desto stärker beginnt sie zu strahlen, desto mehr Farben nimmt sie an, bis sie schließlich ihr Ziel erreicht hat und auf die anderen Seelen trifft, die vor ihr dorthin gelangt sind: Sieh nur dort oben!«

Der Fremde weist zum Himmel, wo der Strom der Milchstraße inmitten des unermesslichen Firmaments seine Bahn zieht und unzählige Lichter über ihren Häuptern entzündet.

»Die Lichter, die du dort in der Höhe leuchten siehst, das sind die Seelen der Helden. Von dort schauen sie auf die Erde herab, die für sie nicht mehr als ein kleiner Punkt am Himmel ist.«

Priamos fühlt, wie die Rührung ihm Herz und Kehle eng werden lässt, Tränen treten ihm in die Augen, und seine Seele wird ihm leicht.

»Ist Hektor jetzt dort, und werde auch ich einmal dort sein?«

Ohne zu erwidern, fährt der Fremde den Wagen wieder an. Schon ist der Wall des achäischen Lagers zu sehen und Männer, die vor den Toren Wache halten; doch, seltsam, sie scheinen von den nächtlichen Besuchern keine Notiz zu nehmen, und bald befindet sich der alte König inmitten des feindlichen Lagers. Erstaunt blickt er um sich, hört fremde Stimmen, sieht die Zelte und Waffen, sieht Männer auf Posten oder damit beschäftigt, Pfeile und Lanzen zu prüfen, die in Haufen vor ihnen liegen. Als kenne er den Weg, steuert ihr Führer den Wagen, ohne ein einziges Mal anzuhalten, geradewegs zum Zelt des Achill und hält davor an.

»Hier«, ruft er, »ist Achill. Ein harter Mann, aber sein Herz ist groß. Denk daran, dass er nicht weniger gelitten hat als du selbst.«

Federleicht springt der Fremde vom Wagen, einen Augenblick später ist er im nächtlichen Dunkel verschwunden.

Achill sitzt allein, abseits von den anderen; neben ihm der Stuhl des Patroklos, leer. Er hat gerade sein Mahl beendet, der Tisch ist noch gedeckt.

Auf einmal tritt ein Greis über die Schwelle, ehrwürdig seine Erscheinung, bekleidet mit einem strahlend weißen purpurgesäumten Gewand, ein Zepter in der Hand. Erstaunt blicken alle ihn an, denn jeder erkennt ihn sogleich. Unter ihrem staunenden Schweigen macht der Alte einige Schritte auf Achill zu und wirft sich ihm zu Füßen, umschlingt seine Knie, ergreift die furchtbaren Hände, die so viele seiner Söhne erschlagen haben, führt sie an seine Lippen und küsst sie.

»Denk an deinen Vater, edler Achill, er ist im selben Alter wie ich. Vielleicht bedrohen ihn seine Nachbarfürsten, und auch er ist nur ein schwacher, alter Mann, und niemand ist da, ihn zu beschützen, niemand, der ihm beistehen könnte, denn du bist hier, um die Trojaner zu vernichten.

Dein Vater aber kann sich zumindest freuen, dass du am Leben bist, und hoffen, dich eines Tages wiederzusehen, wenn du von Troja zurückkehrst. Ich jedoch habe meine besten Söhne verloren – du warst es, der sie erschlug –, und nun trauere ich um den edelsten und besten von allen, um Hektor. Seinetwegen bin ich über die nächtliche Ebene gekommen, um zu dir zu flehen. Ich bringe dir herrliche Gaben, nimm sie an und gib seinen Leichnam heraus. Achte die Götter, welche die Bittflehenden schützen, und denk auch an Peleus, deinen greisen Vater. Bedenke: Wer unter den Sterblichen hätte den Mut, zu tun, was ich getan habe: die Hände des Mannes zu küssen, der meine eigenen Söhne getötet hat?«

Wie die anderen staunt auch Achill über den Mut des Alten, und auf einmal sieht er, als er in Priamos' faltiges Gesicht blickt und sein weißhaariges Haupt betrachtet, seinen Vater Peleus vor sich; es scheint ihm nicht nur so, er sieht tatsächlich dessen Antlitz: dieselben Falten, derselbe traurige Blick, dasselbe weiße Haar. Zu seinen Füßen sieht er nicht Priamos liegen, der seine Knie umfasst, sondern Peleus, wie dieser ihm vor zehn Jahren beim Auslaufen der Flotte vom Ufer aus zum Abschied zugewinkt hat. Er selbst stand am Heck seines Schiffes und sah seine Heimat immer kleiner werden und sah die Gestalt seines Vaters, die mit den Armen winkte, bis sie nur noch ein winziger Punkt in der Ferne war. Er würde ihn nie wiedersehen, so wie er auch Patroklos nie wiedersehen würde.

Achill spürt, wie ihn etwas ergreift, etwas, das anders ist als alles, was er je zuvor empfunden hat. Auch das Mitleid in ihm ist gewaltig, so gewaltig wie sein Hass. Wenn er Priamos anblickt, begreift er, wie jedes menschliche Wesen, ob Freund oder Feind, demselben unentrinnbaren Spiel ausgeliefert ist: dem Schmerz, der alles in dieser Welt regiert; dem Blut der in ihrer Jugend Erschlagenen; dem Erlöschen des Lebens ohne erkennbaren Grund; der Einsamkeit jedes Einzelnen in seinem Leid. Den Schmerz der anderen zu sehen, den eigenen Schmerz anzuerkennen heißt, etwas einen Sinn zu geben, das bis zu diesem Augenblick sinnlos schien.

Und wie er den alten Priamos vor sich sieht, der sich schluchzend an seine Knie klammert, überkommt ihn der Drang, um seinen eigenen Vater zu weinen. Er reicht dem Alten die Hand, hebt ihn sanft vom Boden auf, umarmt ihn und umfasst sein Gesicht mit den Händen. Sie weinen gemeinsam, ihre Tränen mischen sich und rinnen ihnen bis auf das Gewand. Ein jeder beweint seinen eigenen Schmerz, Priamos jammert und weint über Hektor, Achill über seinen Vater – und über Patroklos.

Das Zelt ist erfüllt von ihrem Klagen und Seufzen. Dann, langsam, versiegt Achills Drang zu weinen, und er lässt Priamos behutsam auf dem Stuhl neben sich sitzen, der einmal Patroklos gehört hat. Die Tränen noch auf den Wangen, beginnt er zu sprechen:

»Unglückseliger, woher nimmst du nur den Mut, durch das Lager der Feinde zu mir zu kommen? Woher den Mut, dem Mann, der all deine Söhne erschlagen hat, die Hände zu küssen?

Niemand hat größeren Mut bewiesen als du, größeren selbst als ich in der Schlacht.

Jetzt aber wollen wir uns setzen und nicht länger klagen, was hilft es, noch länger zu weinen?

Man sagt, vor dem Palast des Zeus stehen zwei große Krüge, kleiner der eine und voll des Guten; der andere, größere, voller Übel. Ein jeder, der ins Leben tritt, muss dort vorbei, und während er das Tor der Geburt durchschreitet, greift Zeus tief in die Krüge hinein und gibt jedem seinen Anteil. Niemandem gibt er nur Gutes. Niemand, sei er auch noch so mächtig und groß, begegnet nicht – der eine früher, der andere später – dem Schmerz. Der Krankheit. Dem Alter, das seine Glieder, die einst stark und kräftig waren, schwach und zittrig werden lässt. Dem Tod eines geliebten Menschen, eines Kindes oder Freundes. Und schließlich dem eigenen Tod. Wem aber Zeus nur Übel gibt, für den wäre es besser, nicht geboren zu sein.

Dies ist das Schicksal, das die Götter den Menschen in ihrem Unglück gesetzt haben: ein Leben in Bitterkeit. Während sie selbst, die Unsterblichen, kein Leiden kennen.

Du bist wie mein Vater: Er empfing viele Gaben von den Göttern, Reichtum, Herrschaft und eine göttliche Braut. Zugleich aber gaben sie ihm das Unglück, nur einen einzigen Sohn zu haben. Der in die Ferne zog, nach Troja, um dich und deine Söhne zu vernichten. Der hier sterben wird, ohne dass sein Vater ihn je wiedersah, und niemand wird ihm im Alter zur Seite stehen. Auch du, Priamos, warst einst glücklich, deine Stadt war reich und herrschte über das ganze Land, und dein Haus war voller Söhne und Enkel. Was ist dir von all dem geblieben, seit wir hierhergekommen sind und Krieg gebracht haben und dir die Söhne ermorden? Aber fürchte dich nicht, ich werde dir Hektors Leichnam ausliefern.«

Achill erhebt sich und verlässt das Zelt, seine Waffenknechte folgen ihm. Sie gehen zu Priamos' Wagen, wo Idaios wartet, und laden die zur Auslösung des Leichnams bestimmten Gaben ab. Achill aber lässt zwei Leintücher zurückhalten, um Hektors Leiche darin einzuhüllen. Der Erschlagene soll nicht nackt heimkehren. Achill fürchtet, dass Priamos bei dem Anblick des Erschlagenen seine Erregung nicht unterdrücken und ihn verfluchen – und er den Alten im Zorn erschlagen könnte, was gegen jedes Recht verstieße. Auch befiehlt er seinen Mägden, den Leichnam zu waschen und zu salben. Dann legt er ihn mit eigener Hand auf den Wagen und wickelt ihn sorgfältig in das Leichentuch, wie er es für einen Bruder getan hätte.

Danach kehrt er ins Zelt zurück und fordert Priamos auf, das Mahl mit ihm zu teilen, wie es Brauch ist, wenn ein Gast zu dir kommt. Der König wagt nicht abzulehnen, denn er fürchtet, dass Achill darüber in Zorn geraten könnte. Sie essen und trinken, schweigend. Zugleich betrachten sie einander. Priamos bestaunt Achills vollkommene Schönheit: seine blauen Augen, strahlend hell wie ein Stück Himmel, die Stärke, die von seinem Körper ausstrahlt. Auch Achill bewundert Priamos' edle Erscheinung, seine würdige Haltung angesichts des Leids und der Trauer.

»Dies ist die erste Speise, die ich anrühre, seit Hektor tot ist. Meine Stunden habe ich seitdem damit verbracht, zu klagen und mich im Hof des Palastes im Staub zu wälzen, kein einziges Mal hat Schlaf sich auf meine Augen gesenkt. Lass mich nun ziehen, ich bitte dich. Ich muss diesen Toten nun seiner Mutter und seiner Gattin zurückbringen. Gewähre uns eine Kampfpause, damit wir ihn betrauern können und ihm ein Grabmal errichten. Danach werden wir wieder kämpfen, denn es muss so sein.«

Achill nickt: »Ihr sollt zwölf Tage Zeit bekommen, so lange werde ich das Heer zurückhalten. Meine Männer werden dich begleiten, damit niemand dich sieht und Agamemnon Bescheid gibt und dieser den Wagen auf freiem Feld aufhalten und noch einmal Lösegeld für den Leichnam fordern lässt.«

Achill erhebt sich und begleitet Priamos bis zu seinem Wagen. Ihre Blicke begegnen sich ein letztes Mal, dann steigt der König auf den Bock und treibt die Pferde an. Hinter ihm der alte Herold Idaios, er steuert den Karren, auf dem nun keine Gaben mehr liegen, sondern, eingehüllt in leinene Tücher, der Körper des toten Hektor. Langsam entfernt sich die weiß gewandete Gestalt des Königs im Dunkel der Nacht.

Achill geht zum Strand, wo die Wellen leise murmelnd ans Ufer laufen. Er ist allein in der Dunkelheit. Sein Herz ist ihm leicht, als hätte ein großer Regen allen Schmutz von ihm abgewaschen.

Er blickt zum Himmel.

Über ihm, inmitten des schwarzen Firmaments, schimmert das Band der Milchstraße im Licht unzähliger Sterne.

# Moîra – Hinabtauchen in die Flut

›Viele Gräuel wurden begangen in der Nacht, als die Stadt in die Hand der Achäer fiel. Als hätte das Blut der Toten aus zehn Jahren Krieg mit einem Mal wie ein roter pulsierender Strom die Seelen der Kämpfer und die Straßen der Stadt überschwemmt. Für Gnade war da kein Raum.

In jener Nacht brach ein Achäer in den Tempel der Athena ein und fand dort die schönste von Priamos' Töchtern, Kassandra, mit ihren Armen an das heilige Götterbild geklammert. Jeder andere hätte haltgemacht, doch nicht der lokrische Ajax in seinem finsteren Wahn, seiner Mordlust. Er zerrte sie aus dem Tempel und tat ihr Gewalt an. Kassandra war Jungfrau und Priesterin – es heißt, in diesem Moment wandte das Standbild der Göttin seinen Blick ab, um die abscheuliche Tat nicht mit ansehen zu müssen.

Am nächsten Tag beschloss die Heeresversammlung, Ajax zu bestrafen. Nicht aus Mitleid mit dem Mädchen, das nun keine Königstochter, sondern Sklavin war, sondern weil die Schandtat auf alle hätte zurückfallen können. Athena, berichteten die Zeichendeuter, hatte bereits die ersten Opfer verschmäht. Doch als die anderen schon Felsbrocken sammelten, um ihn zu steinigen, war Ajax klug und flink genug, sich schutzflehend vor dem Altar des Zeus niederzuwerfen. Ein Sakrileg konnte schlecht mit einem anderen gesühnt werden, als wolle man Schlamm mit noch mehr Schlamm abwaschen. Also ließ man ihn laufen. Ajax war ein unbändiger Mensch, nah am Wahnsinn in seiner Grausamkeit. Er sammelte seine Männer, nahm seine Beute und verschwand.

Auch Kalchas brach einen Tag vor uns auf. Er bekam seinen Teil an der Beute und zog ab, gefolgt von dem Lumpenpack, das ihn immer schon für einen Heiligen gehalten hatte. Zu Fuß machten sie sich auf den Weg, die Schiffe besteigen wollten sie nicht. Umso besser, sie waren der elendste Teil unseres Heeres. Auf dem Marsch werden sie sterben wie die Fliegen, ich habe die Karawane von Maultieren und Menschen gesehen, wie sie in Richtung der Berge davonkroch – durch die Ebene vor Troja, über die wir so oft im Galopp mit unseren Pferden geprescht sind. Eine blassgraue Schlange, manchmal glänzte etwas im Tross im Sonnenlicht auf wie die Schuppen auf dem Rücken eines Reptils. Die Leute gehen mit Kalchas, weil sie glauben, er kenne die Stimme der Götter. Aber wer kann schon behaupten, er kenne sie wirklich?

Kassandra – was treibt mich nur jede Nacht zu dieser Frau, die ich als Gefangene auf meinem Schiffe mit mir nehme? Sie zieht mich an mit einer Kraft, die ich noch nie erlebt habe, auch nicht bei Klytämnestra, von der ich doch Kinder habe. Wenn es nicht unsinnig wäre, so etwas bei einer Gefangenen zu behaupten, ich würde sagen, dass ich sie liebe.

Sie spricht nicht, sie zeigt keine Regung, sie lässt alles wortlos geschehen. Doch in ihren Augen liegt etwas, das mir die Seele raubt und mich unter ihr Joch zwingt. Den ganzen Tag denke ich an sie und stelle mir vor, sie würde sich entschließen, mich anders anzusehen und, endlich, mit mir reden. Ihren Körper kann ich haben, wann immer ich will, aber ich will auch ihr Herz, und das kann ich nicht mit Gewalt nehmen.

So stellt Aphrodite es an: Sie macht dich zu einem Anderen, Schwächeren, raubt dir die Sinne und bläst dir stattdessen den Liebeswahn ein. Du bist nicht mehr du selbst, dir ist, als ob die Strömung eines Flusses, den du nicht eindämmen kannst, dich fortreißt. Wie ein Sturmwind, der von den Bergen herabstürzt und Eichen entwurzelt. Es gibt keine Gegenwehr gegen diese Kraft, die dich aus dem Verborgenen anfällt, mit ihr kannst du nicht kämpfen, wie man mit einem Feind kämpft, von Angesicht zu Angesicht.

Dieser Krieg wurde für einen von Aphrodites Lieblingen geführt: Helena. Nach dem Fall von Troja ist sie auf Menelaos' Schiff gestiegen und mit ihrem Mann am Horizont verschwunden. Wo sie jetzt sind, weiß ich nicht, ich werde sie nach unserer Rückkehr wiedersehen, Helena und Klytämnestra sind Schwestern.‹

Kassandra steht am Heck. Ihre Blicke sind voller Schmerz und ihre Augen voll Tränen, immer noch sehen sie den Rauch und die Asche des zerstörten Troja. Priamos' Tochter – Agamemnons Teil an der Beute, den er sich ausgesucht hat vor allen anderen –, sie spricht nicht. Doch in ihrem Inneren trägt sie viele Gedanken.

›Wenn er mich ansieht, leuchten Blitze in seinen Augen. Ich weiß, dass er mich begehrt, er beweist es mir jede Nacht. Tagsüber versucht er mich zum Reden zu bringen, doch ich antworte nie. Er glaubt, ich verstünde seine Sprache nicht, aber ich verstehe sie sehr gut, ich hatte zehn Jahre Zeit, sie zu lernen, von Helena und von den achäischen Gefangenen. Denn ich wusste, dass ich sie eines Tages würde verstehen müssen. Was Agamemnon auch nicht wissen kann: Dass ich weiß. Ich weiß genau, was mit mir geschehen wird, und wann es geschehen wird; ein Wissen, zu schwer, es zu tragen.

Es ist mir gegeben zu sehen, was sein wird. Nicht in jedem Moment – manchmal jedoch geschieht es: Ganz plötzlich vernebelt sich mein Blick, und ich spüre, wie eine Art Dunst über mich kommt; die Welt verschwimmt, Schatten wandern vor meinen Augen wie Wolken am Himmel; aus ihnen werden Gestalten, und ich kann sehen, was diese Gestalten tun, als stünden sie vor mir. Es ist, als würde mein Körper sich nach außen kehren; etwas dringt aus mir heraus wie ein Schwall. Ich falle in unruhigen Schlaf, und alles stürzt in die Finsternis; erwache ich, sagt man mir, ich hätte unverständliche Worte gerufen, wäre zu Boden gesunken, zuckend wie einer, der von jenem Leiden befallen ist, das man die „heilige Krankheit" nennt. Man hat Angst vor mir, deshalb glaubt man mir nicht. Ich aber weiß, dass in solchen Augenblicken Apollon in mich fährt.

Ich besitze die Gabe der Weissagung, mein Blick reicht weiter als bis zu den für alle anderen sichtbaren Dingen. Töricht die Menschen, die glauben, alles sei so, wie es scheint. Wir sind von unsichtbaren Wesen umgeben, von Göttern, Dämonen, Totengeistern, sie begleiten uns wie unser Bild in einem Spiegel. Stimmen sprechen zu mir; nur ich vermag sie zu hören, die anderen nicht. Ein Zweig raschelt im Wind, und ich weiß, was er redet, wo die gewöhnlichen Menschen nur das Wogen der Blätter sehen und das Sausen des Windes hören. Ich aber kann eindringen in diese verborgene Welt, ich stürze in sie hinab, als würde ich hinabtauchen in die Tiefe des Meeres. Auch was unter den Wellen liegt, können wir nicht sehen, und doch existiert es, die blaugrüne See wimmelt unter der Oberfläche von Leben. Wer aber sagt denn, dass *unsere* Welt mehr Wahrheit besitzt als die Welt der Quallen und Fische und anderen Wasserwesen, auch wenn ihre Welt für uns unsichtbar ist?

Es ist viele Jahre her, dass es mir zum ersten Mal geschah.

Wenn so die Liebe eines Gottes aussieht, dann ist diese Liebe eine schreckliche Strafe. Noch schrecklicher aber ist es zu wissen, dass nichts aus Zufall geschieht, denn alles liegt in der Gewalt der *moîra*.

In der Sprache der Achäer bedeutet *moîra* so viel wie „Anteil". Jeder bekommt seine *moîra* an Speise und Trank zugewiesen, denn wer an der gleichen Tafel sitzt, dem wird die gleiche Ehre zuteil. Speise und Trank gleich zu verteilen heißt, anzuerkennen, dass der andere uns ebenbürtig ist. Will deshalb jemand einen Fremden, der von weit her gekommen ist, ehren, richtet er für ihn ein Gastmahl aus und empfängt ihn als Gleichen unter Gleichen.

Es existiert jedoch noch eine andere *moîra*. Sie zu ertragen ist hart, denn vor ihrem Angesicht ist niemand dem anderen gleich. Diese *moîra* ist der Anteil am Leben, der uns zugemessen wird. Dem einen mehr, dem anderen weniger, jeder bekommt seinen eigenen Anteil. Die Speise des Daseins aber, sie wird nicht gleichmäßig verteilt. Jeder Mensch bekommt seine eigene *moîra* zugemessen, die auf ihn wartet. Doch am Ende der Reise empfängt kein freundlicher Gastgeber ihn und öffnet die Tür zum gemeinsamen Mahl. Nein – dort harrt ein kalter, unentrinnbarer Wirt: Hades, der Gott der Toten.

Hades herrscht über ein Haus mit Mauern aus Bronze und gewaltigen Pforten, durch die früher oder später alle hindurchschreiten. Man nennt ihn den Gastlichen, weil sich in seinem Haus alle versammeln, aber ohne die Freuden von Speise und Gesang. Seine Gabe ist der Tod, und niemand erwidert ihm seine Gabe. Es heißt, ihm zur Seite sitze seine traurige Braut, mit Lippen so kalt wie Eis, denn bei jedem Kuss ihres Gatten legt sich auf sie der Hauch des Todes.

Nicht die Götter bestimmen die *moîra*. Die *moîra* ist eine Kraft, die bis in den letzten Winkel der Welt reicht und immer schon existiert hat. Zwar können die Götter einen Menschen schlagen oder erhöhen, den Sieg oder die Niederlage eines Volkes beschließen. In Wahrheit jedoch sind nicht sie es, die über die *moîra* bestimmen. Wie ein Kreisel, den man in Bewegung setzt, dessen Lauf sich aber nicht steuern lässt.

Wer also glaubt, frei zu sein, ist ein Tor. Die einzige Freiheit, die der Mensch besitzt, ist die, zu entscheiden, auf welche Weise er seinem Schicksal begegnen will. Wenn nämlich der Augenblick kommt, geschieht, was geschehen muss, und kein Gott kann das Schicksal mehr aufhalten.

Darum sind die Menschen so versessen darauf, die Zukunft auszuforschen, darum befragen sie Wahrsager, die ihrerseits nach Zeichen und Vorzeichen forschen. Doch es ist, als wolle man einen Traum lesen, alles ist ungewiss, die *moîra* verbirgt sich. Auch ich, die ich die Dinge mit Apollons Augen sehe, kann manches erkennen, doch anderes entzieht sich meinen Blicken.

Es ist so: Wenn ein jeder von uns geboren wird, betritt er die Welt nicht allein. Mit ihm kommt seine *moîra*. Wer nach dem Warum fragt, wird nie eine Antwort finden. Jedes menschliche Leid und jede Sorge wird aus diesem Einen geboren: das unentrinnbare Schicksal nicht annehmen zu wollen, dagegen anzukämpfen, ihm aus dem Weg zu gehen, zu glauben, man könne stärker sein als sein Schicksal ... wenn es über uns kommt, wie ein Netz sich über einem Schwarm Fische zusammenzieht.

Die Götter spielen mit unserem Schicksal, und wenn wir Menschen versuchen, den Schleier zu zerreißen und einen Blick auf das zu werfen, was kommen soll, führen sie uns an der Nase herum und spielen mit unseren Ängsten. Man befragt ein Orakel, doch der Zweck eines Orakels ist nicht, die Zukunft zu enthüllen. Es soll den Abgrund enthüllen, durch den das Denken der Götter von dem des Menschen getrennt ist. Mich zwingt Apollon zu sehen, wenn er in mich fährt – andere macht er blind.

So geschah es dem Ödipus. Er war gekommen, um das Orakel des Apollon zu befragen. Die Priesterin sagte ihm in ihrer Entrückung voraus, er werde seinen Vater töten und seine Mutter heiraten. Da floh er aus seiner Stadt, weit weg von denen, die er für seine Eltern hielt. Er wusste ja nicht, dass er ein Findling war, in Windeln ausgesetzt im Gebirge. Auf Befehl eines Königs. Dem hatte Apollon prophezeit, dass sein Sohn ihn erschlagen und seine eigene Mutter heiraten werde. Das alles musste geschehen, es war ihrer beider *moîra*. Zwei Schicksale, die im selben Spiegel aufleuchten, zwei Männer, die demselben Irrtum verfallen, ihr Schicksal abwenden zu können.

Eines Tages, als Ödipus, auf der Flucht vor seinen Eltern und vor seiner Bestimmung, in fremdem Land auf staubiger Straße wanderte, versunken in seine Angst, machte er in der Ferne eine Schar Menschen und einen Wagen aus. Der Wagen wurde von schwarzen Stuten gezogen und darauf, hoch über den anderen, stand ein Mann, in glänzendes Gold gehüllt. Ödipus ließ sich davon nicht beunruhigen, Reisende hatte er manche getroffen auf seiner Wanderschaft, und viel zu heftig nagte an seiner Seele der Spruch des Orakels. Er begleitete ihn, wohin er auch ging, jede seiner Nächte war von Alpträumen erfüllt, alle seine Gedanken endeten bei ihr, bei seinen alten Eltern, bei Polybos und Merope in Korinth, vor denen er auf der Flucht war. Denn er wusste noch nicht, wer er wirklich war. Einmal nur hatte einer im Weinrausch eine Bemerkung über seine Herkunft fallen lassen. „Du bist kein echter Sohn des Königs", hatte er zu ihm gesagt. Da entstand in ihm der Wunsch, das Orakel zu befragen, denn das Schicksal kann sich aller Dinge bedienen – auch eines Schattens an der Wand oder eines Steins am Wegesrand –, um das Netz zu weben, in dem sich verfängt, wer gefangen werden soll. Diesmal war es die Bemerkung eines Betrunkenen, ein Satz, wie ihn jeder hätte fallen lassen können. Aber für Ödipus nicht, für ihn wurde er zu einem Stachel, der ihm in die Seele stach, zur Stimme des Schicksals, die ihn aus seinem Schlaf weckte und nach ihm rief.

Als er den Fremden auf der Straße sah, glaubte Ödipus immer noch, er sei der Sohn von Polybos und Merope. Jeder Schritt, ohne Weg und Ziel, führte ihn weit fort von ihnen und der Prophezeiung des Orakels. Was hatte der Mann auf dem Wagen mit seinem Leben zu tun? Nichts. Bald schon würde er hinter ihm auf der Straße verschwinden, und er, Ödipus, würde seine Flucht fortsetzen.

Weggehen, sich die Angst aus dem Herzen reißen, die Drohungen des Orakels zunichtemachen, das war alles, was ihn umtrieb. Und so, Schritt für Schritt, war er fast bis zu einer Stelle gekommen, an der drei Straßen sich kreuzten.

Dort wurde sein Schicksal Wirklichkeit. Es geschah wie im Wahn. Der Mann auf dem Wagen wollte als Erster vorbei; aus Zorn oder aus Hochmut – in Wahrheit aber aus einem geheimen Antrieb des Schicksals – stieß er den Wanderer zur Seite; dann fiel er zur Erde: tot, den Schädel zertrümmert von Ödipus' Stock.

So erschlug Ödipus seinen Vater Laios, als er versuchte, ihm zu entkommen. Danach heiratete er, ohne zu wissen, wer sie war, Iokaste, seine eigene Mutter, und so erfüllte sich, was ihm bestimmt war.

Manchmal scheint es, das Gesetz des Schicksals könne gebrochen werden, und was doch kommen muss, könne anders kommen – aber das ist nur ein Trugbild. Wie wenn ein Pfeil in die Luft schnellt: Einmal abgeschossen, wird er, mit derselben Kraft, mit der man die Sehne gespannt hat, und so schnell und hoch er auch fliegt, schließlich doch zur Erde fallen.

Weise zu sein bedeutet, sein Geschick anzunehmen in Größe. Es gibt keinen anderen Weg, und die Besten, wie Achill oder Hektor, sind sich dessen bewusst, sie vermögen ihrem Geschick ins Angesicht zu sehen. Darin liegt der Unterschied zwischen einem Menschen, der weise ist, und einem, der es nicht ist, mag er auch Gold besitzen und viele Städte beherrschen. Verfluche dein Geschick nicht, wenn du es nahen siehst! Nichts, was geschieht, geschieht nur aus Zufall. Auch ob eine Lanze sich in den Rand des Schildes bohrt oder diesen nur streift und ihre Bahn im Hals eines Mannes endet oder in einem winzigen Riss seines Helms, ist keine Frage von Glück oder Unglück. Alles ist unausweichlich, wir wissen nur nicht, wann und wie es geschehen wird.

Alte Geschichten erzählen, dass Zeus eine goldene Waage besitzt, auf der er die Schicksale wiegt. Wenn er sie in die Hand nimmt, weiß nicht einmal er selbst, wer siegen und wer unterliegen wird. In dem Augenblick, in dem zwei Männer sich in der Schlacht gegenübertreten, legt er beider Schicksal auf die goldenen Waagschalen; eine erhebt sich zum Himmel und die andere senkt sich zum Hades, dies ist der Augenblick, in dem Leben und Tod sich entscheiden. Auch Zeus kann einen Menschen, der dem Tod geweiht ist, nicht retten. Allein die *moîra* entscheidet, sie lenkt auch das Handeln der Götter. Ein Mensch, der dem Schicksal verfallen ist, kann sich ihm nicht entziehen. Achill nicht und Hektor nicht und auch nicht dieser König, der grübelnd und finster dort am Bug des Schiffes sitzt und den sie den mächtigen Agamemnon nennen.

Eine wie ich erkennt die *moîra* eines Menschen, die darauf wartet, erfüllt zu werden. Es ist eine Gabe, die mir vor vielen Jahren zuteilwurde. Es geschah am Fest des Apollon von Thymbra. An diesem Tag spannt man die Ochsen an den Wagen, bekränzt sie mit Zweigen und Wollflocken und zieht in langer Prozession aus der Stadt hinaus zum Tempel. Allen voran fährt Priamos mit seinen Söhnen und Schwiegertöchtern auf Wagen, die von weißen Pferden gezogen werden. Im heiligen Bezirk werden Tiere geopfert, und der Geruch des Blutes mischt sich mit dem des gebratenen Opferfleisches. Weinschläuche werden geöffnet, die jungen Mädchen singen Hymnen für Apollon, die jungen Männer tanzen im Reigen. So bringt man den ganzen Tag zu, vom Morgen bis zum Sonnenuntergang. Dann, wenn die Schatten der Nacht sich herabsenken, versammelt man sich um die Feuer, und das Lachen und die Freude hören nicht auf – denn auch hiervon nähren sich die Götter: Sind die Menschen betrübt, beachten die Götter sie nicht, auch sie wollen unterhalten sein.

Manche der Feiernden verlassen den Lichtkreis der Feuer, dann nehmen Freude und Rausch andere Formen an. Junge Männer und Mädchen legen sich ins Gras oder gehen an den Strand, von dem die Nacht das goldene Licht des Abends genommen hat, ein kleines Stück weiter nur, in den Sand, wo die unermüdlich flüsternde Stimme des Meeres klingt. In einer dieser Nächte mag es gewesen sein, dass meine Amme oder die Mägde, denen ich anvertraut war, sich ebenfalls aus dem Lichtkreis der Feuer locken ließen, wer weiß. Ich aber glaube, es war der Wille Apollons, der mich schon damals auserwählt hatte. Außerdem wollte es so mein Schicksal. Im Licht des Vollmonds, das die Ebene in sein sanftes Licht tauchte, kehrten alle zurück in die Stadt. Ich schlief und wurde vergessen, zusammen mit meinem Brüderchen Helenos.

Man erzählt sich, dass im Morgengrauen, als meine besorgten Verwandten zurückkamen, um nach mir und meinem Bruder zu suchen, man uns auf den Stufen des Tempels fand. Die Morgenröte sandte gerade ihre ersten Strahlen aus, einer davon fiel auf meine Locken und ließ sie goldfarben schimmern. Mein Bruder und ich spielten mit einer Handvoll junger Schlangen, als wären es harmlose Puppen, zwei von ihnen hatten sich um meinen Hals gewickelt und leckten mir die Ohren wie kleine Katzen.

Seit damals betrachtete man mich als geheiligtes Geschöpf, denn die Schlangen hatten meine Ohren rein gemacht. Nun gehörte ich zu zwei Welten, zur Welt der Menschen und zur Welt der Tiere. Niemals hat jemand meinen Weissagungen geglaubt, denn wenn einer Unglück vorhersagt, schenkt man ihm keinen Glauben. Die Schlangen kommen aus dem Herz der Erde, sie haben die Toten gesehen und die Götter, die dort verborgen sind. Deshalb sind es göttliche Tiere, sie kennen Dinge, die wir Sterblichen nicht sehen können, und oft benutzen die Götter sie als Boten.

Auch andere empfingen ihre prophetischen Gaben von Schlangen; so erzählt eine Geschichte, dass Apollon ein Mädchen mit Namen Euadne liebte. Als sie bemerkte, dass ihr Bauch zu schwellen begann, versuchte sie, die Frucht der Liebe in den Falten ihres Gewandes zu verbergen. Als schließlich der festgesetzte Tag kam, ging sie ins Gebirge. Der Familie sagte sie, sie müsse dort Wasser für ein Opfer schöpfen, und nahm einen schön verzierten silbernen Krug mit, um ihn an der Quelle zu füllen. Dann aber setzten, als sie noch dort war, die Wehen ein, leicht und beinahe sanft, denn Apollon wollte, dass sein Kind in Freude zur Welt käme. Kaum hatte der Knabe das Licht der Welt erblickt, wurde Euadne plötzlich von Angst vor dem Zorn ihres Vaters ergriffen. Sie warf den Silberkrug fort, warf die purpurnen, reich bestickten Binden, mit denen ihr Kleid gegürtet war und die sie für die Geburt gelöst hatte, in die Dornen und lief davon, wild wie eine Mänade; den Knaben legte sie unter ein Gebüsch, Versteck und Wiege in einem.

Aufgelöst kehrte Euadne nach Hause zurück und bemühte sich, Schmerz und Reue, dass sie den Kleinen ausgesetzt hatte, zu verbergen. In dieser Nacht hatte ihr Vater einen Traum, er sah einen schönen jungen Mann mit langem, bis in den Nacken fallendem Haar. Er lächelte ihn an und sagte mit gebieterischer Stimme: Schick ins Gebirge und lass nach meinem Sohn suchen!

Tags darauf, noch voller Zweifel, schickte der Vater seine Diener auf die Suche nach dem Kind zu jenem von Buschwerk und Unterholz bedeckten Berg, nur Wölfe und Wildschweine hausten dort. Den ganzen Tag wurde nach dem Kind gesucht, vergebens, und am Abend gestand Euadne, was geschehen war. Am nächsten Morgen machte auch ihr Vater sich auf die Suche und mit ihm alle Verwandten, bis sie schließlich unter einem großen Dornstrauch das Neugeborene fanden. Es lachte und hatte den

Mund voll Honig, denn ein Schwarm Bienen umschwirrte es, ohne zu stechen, und fütterte es. Daneben wachten mit flammenden Augen zwei mächtige Schlangen; auf ihre gescheckten Leiber und das lachende Kind fiel durch das Gezweig flirrend das Licht der Sonne. Am Boden breitete sich eine Veilchenwiese, die auf wundersame Weise unter dem Knaben gesprossen war. Man nannte ihn deshalb auch Iamo, „Veilchenknabe", denn *íon* heißt Veilchen. Als er heranwuchs, bemerkte er, dass er die Stimmen der Tiere verstand und die Zukunft vorhersagen konnte; sein Wesen gehörte halb ins Reich der Natur und halb in das der Menschen, auch seine Söhne besaßen durch Apollons Willen die Sehergabe.

Der größte Seher von allen, Teiresias, empfing seine Gabe schon früh, und es war keine leichte Gabe. Der junge Teiresias war Jäger, er liebte es, auf den Bergen Böotiens dem Wild nachzustellen; vielleicht hatte er die Liebe zur unberührten Natur von seiner Mutter geerbt, der Waldnymphe Chariklo. Die Göttin Athena liebte Chariklo sehr, und doch warteten viele Tränen auf sie, mochte sie auch eine ihrer teuersten Gefährtinnen sein.

Eines Tages, in der Einsamkeit und der Hitze des Gebirges, lösten Athena und Chariklo ihren Peplos und tauchten in das Wasser der Hippokrene, der „Rossquelle" ein; es heißt, sie sei an der Stelle entsprungen, wo Pegasos mit seinem Huf den Boden gespalten hatte, auf den Gipfeln des Helikon: ein heiliger Ort, wohin niemand seinen Fuß zu setzen wagte. Die beiden schwammen nackt im Becken der Quelle, vollkommene Stille lag über dem Berg. Nur Teiresias – sei es aus Unbedachtheit oder weil er vom Weg abgekommen war – strich mit seinen Hunden durchs Buschwerk. Seine Kehle brannte vor Durst, er folgte dem Plätschern der Quelle, bahnte sich seinen Weg durch die Büsche. Und auf einmal, ohne es zu wollen, stand der Unglückselige plötzlich der Göttin gegenüber, als sie gerade nackt aus dem Wasser stieg. Kein Mensch kann einen solchen Frevel begehen und am Leben bleiben, zornig wandte Athena sich um und wollte den Frevler vernichten – da erkannte sie, dass es der einzige Sohn ihrer liebsten Freundin war. Also ließ sie es damit bewenden, ihm mit einer Bewegung ihrer Hand ewige Nacht über die Augen sinken zu lassen. Chariklo schrie verzweifelt, warf sich Athena zu Füßen und flehte sie an, doch es ist ehernes Gesetz, dass kein Sterblicher mit seinen vergänglichen Augen den Glanz des göttlichen Körpers erblicken darf.

Athena hatte Erbarmen, sie nahm Teiresias zwar das Augenlicht, doch gewährte sie ihm zum Ausgleich die Gabe der Weissagung und die Macht, die Sprache der Tiere zu verstehen; auch schenkte sie ihm ein sehr langes Leben und dazu einen Stab, der die Schritte des Blinden mit magischer Kraft leitete, als hätte er Augen an seiner Stelle. Viele Menschen kamen zu Teiresias, um ihn zu befragen, nie war sein Haus leer, nichts wurde in seiner Heimatstadt Theben unternommen, ohne ihn um Rat zu fragen, denn seine Augen waren erloschen, erfüllt vom Anblick einer Gottheit, und das verlieh ihm einen klarsichtigen Geist. Auch nach seinem Tod, heißt es, hat Teiresias seinen Sinn nicht eingebüßt, ist vielmehr der Einzige unter all den traurigen Geistern des Hades, dem dies vergönnt ist.

Die Gabe der Weissagung begleitet einen Menschen von Jugend an, auch mir wurde sie schon als Kind gegeben. Ich bin damit aufgewachsen, die *moîra* der anderen zu sehen, noch bevor sie ihnen zustößt. Ich sah auch das Schicksal des Mannes voraus, der mein Bräutigam werden wollte. Sein Name war Othryoneus, und er kam aus der Stadt Kabesos. Er hatte mich noch nie gesehen, aber ihm war erzählt worden, dass ich Priamos' schönste Tochter sei. Er wollte die Ehre erlangen, Schwiegersohn eines Königs zu werden, und eine berühmte Braut gewinnen, um seinem unbedeutenden Namen Glanz zu verleihen. Er kam in den Palast und erschien vor meinem Vater, so wie viele junge Männer vor den Vätern junger Mädchen erscheinen, um eine Braut zu gewinnen und Anerkennung zu finden. „Ich", sprach er, „biete dir keine Pferde, keine Gefäße, keine Reichtümer: die Brautgaben, die ein Freier dem Vater einer Jungfrau verspricht, um sie zur Frau zu bekommen. Nein, ich biete dir eine sehr viel größere Gabe, nämlich die Achäer von Troja zu vertreiben, auch wenn sie nicht wollen. Mit dieser Lanze, durstig, Blut zu trinken, werde ich es tun! Immer werde ich an vorderster Front kämpfen und viele Leben dem dunklen Tod in die Arme werfen, freudig wird Hades großen Tribut empfangen. Und wenn das letzte feindliche Schiff unter vollen Segeln davongefahren sein wird, das sollst du mir schwören, werde ich Kassandra zur Frau bekommen."

Mein Vater warf mir einen Blick zu. Es ist nicht üblich, dass eine Frau ihren Bräutigam selbst auswählt, das ist das Vorrecht des Vaters. Ein junger Mann erscheint vor dem Vater und bringt ihm so viele Geschenke, wie das Mädchen wert ist. Sind es zu wenig, bietet er mehr, so lange, bis der Braut die gebührende Ehre erwiesen ist und die Familie, die sie aufgibt, glaubt, für den Verzicht auf eine Frau aus ihren Reihen ausreichend entschädigt zu sein. Dann, wenn der junge Mann würdig ist und die Gaben angemessen, gibt der Vater mit einem Nicken sein Einverständnis zu erkennen, und der Freier führt die Braut mit sich fort. Priamos aber hatte Zweifel. Ein weiser alter Mann – das war er, mein Vater, vieles hat er erlebt und selbst viele Frauen gehabt und viele Söhne. Dieser junge Mann war einfältig oder hochmütig, ahnungslos, mit wem er zu tun bekommen würde: Achill, Agamemnon, Ajax und all den anderen ... Vielleicht hatten ihm die Götter den Verstand geraubt und wollten ihn tot sehen.

In jenem Augenblick sah ich, wie Othryoneus' Gesicht sich verdunkelte, als wäre die Sonne verschwunden; dann hüllte ein bläulicher Schimmer ihn ein. Er redete weiter, aber ich hörte ihn nicht mehr. Es mag unsinnig klingen, von schwarzem Licht zu reden, doch so war es; anders wüsste ich nicht zu beschreiben, was ich sehe, wenn Apollon mir zeigt, dass jemandes Schicksal besiegelt ist. In diesem Augenblick sah ich Othryoneus' *moîra*, und ich sah, dass ihm ein rascher Tod bestimmt war.

Als ich wieder zu mir kam, blickten Priamos und Othryoneus mich an. Stille hatte sich über den großen Saal gesenkt, und alles schien erstarrt. Also nickte ich ihnen zu, und Priamos schwor, mich ihm zu geben, wenn der Krieg vorbei wäre. Ich wusste, dass es nie dazu kommen würde, aber es war unvermeidbar, dass Othryoneus seiner *moîra* gerade in Troja begegnen sollte. Nicht ich hatte so entschieden, es musste sich so erfüllen; deshalb sagte ich ja. Hätte ich sein Werben abgelehnt, wäre er beleidigt zu seinen Leuten zurückgekehrt, und in diesem Augenblick – in dem ich als Sklavin meinem Bezwinger folge – würde Othryoneus vielleicht eine Frau aus den Reihen seines Volkes im Arm halten und neben ihm stünde sein kleiner Sohn. Doch es war nicht seine Bestimmung. Sinnlos zu denken, jemand könne selbst über sein Schicksal entscheiden – es gibt keine andere Möglichkeit.

Und tatsächlich, vier Tage später erfüllte sich das Schicksal. Verblendet, wie er war, suchte Othryoneus, der nichts wusste von Schlachten und Kriegen, sich einen Mann zum Gegner, der so viel stärker war als er selbst: Idomeneus, den König von Kreta. Ich weiß nicht, ob er an mich dachte, als Idomeneus' Lanze ihn glatt durchbohrte, ihm den Bauch aufriss, und dampfend die Eingeweide heraustraten. Idomeneus verspottete ihn und grunzte: „Gut gemacht, Othryoneus, du hast das Versprechen, uns zu verjagen, gehalten, das du Priamos gabst! Komm mit zu den Schiffen, auch wir wollen dir unsere schönste Königstochter zur Frau geben: Agamemnons Tochter, wir lassen sie eigens für dich aus Mykene holen, wenn du uns versprichst, die Stadt zu zerstören und alle Trojaner zu töten."

So trieb er mit ihm seinen Spott, während er den Toten am Fuß packte und durch den Staub in Richtung der Schiffe schleifte. Über der Leiche entbrannte ein blutiges Handgemenge, und viele begleiteten Othryoneus auf seinem Weg in die Wohnungen des Hades, durchbohrt von Schwertern und Lanzen.

Nach ihm kam niemand mehr, der mich zur Frau wollte. Und niemand hat mich je gehabt, es sei denn mit Gewalt. Nichts in meinem Leib zieht mich zu einem anderen Leib, ich möchte sein wie die göttlichen Jungfrauen, wie Athena oder Artemis, denen sich nie jemand nähern durfte, und deshalb sind sie frei. Man sagt ja auch, eine verheiratete Frau sei „im Joch", während eine Jungfrau „das Joch nie gekannt hat". Das ist unser aller Schicksal; wenn unsere Kindheit vorüber ist, sagt man uns Mädchen, wir müssten uns unter das Joch beugen. Einen Mann haben, Kinder von ihm bekommen, sie aufziehen, den Gatten lieben oder verachten, je nachdem, ob er freundlich ist oder grob – das ist das Los einer Frau.

Der Mann, der mich auf dieses Schiff gebracht hat, ist nicht mein Gatte, er ist mein Gebieter. Und er wird es nur noch für kurze Zeit sein. Meine Sehergabe hat mich zur Braut des Apollon gemacht, und er, der Gott, ist mein wahrer und einziger Herr, sobald er von mir Besitz ergreift.

Wie soll ich die Liebe dieses Gottes beschreiben? Er hat sich mir nie gezeigt, aber es ist, als ob plötzlich die Erde zu zittern beginne, ich spüre, wie eine Welle von Wärme und Licht in mir aufsteigt, und dann ist es, als ob mit einem Schlag eine Kraft durch meinen Körper fährt. Vielleicht sehe ich ihn dann – aber ich kann mich nie daran erinnern. Wenn es vorbei ist, komme ich wieder zu mir und fühle mich erfüllt; wie eine Blume, die zu blühen beginnt; eben noch Knospe, wird sie sich einen Augenblick später öffnen zu einer duftenden Blüte.

Apollon erfüllt mich mit einer grausamen Wonne. Dann ist er fort. Man könnte sagen, die Götter seien böse, da sie sich uns nur so flüchtig zeigen. Doch es liegt in ihrer Natur, einem sterblichen Wesen nur für kurze Zeit nahe zu kommen, um sogleich wieder in ihre glückselige Seinsweise einzutauchen. Wir können ihnen dorthin nicht folgen, dürfen sie nicht in die Ewigkeit und die Freude begleiten. Vielleicht sollten wir einfach dankbar sein, wenn sie uns für einen kurzen Augenblick Anteil geben an ihrer Natur. Doch es ist hart, an die Glückseligkeit zu rühren – und dann von ihr ausgeschlossen zu sein.

Apollon tut mir nie weh, er ist kein Tier wie Ajax, der Sohn des Oileus. In der Nacht, als Troja fiel, glaubte Ajax, er würde mir die Jungfräulichkeit nehmen. Doch Apollon hatte mich längst besessen, ohne mich auch nur zu berühren.

Hier auf dem Schiff sehen die Männer mich verstohlen an, keiner wagt es, das Wort an mich zu richten, manchmal flüstert einer Ajax' Namen. Keiner von ihnen weiß, wo Ajax sich jetzt befindet. Doch ich weiß es, ich habe ihn gesehen, ganz deutlich, es ist ein paar Nächte her, in einem Traum, der war, als wäre er wirklich.

Als Ajax mit seiner Handvoll Schiffe von Troja in See stach, folgte ein Schwarm Möwen ihrem Kielwasser. Für die Seeleute nur Vögel, in Wahrheit aber ein Zeichen, dass der Zorn des Poseidon sich über ihm und seinen Gefährten zusammenbraute. Ajax ging als Letzter an Bord, keiner seiner alten Waffenbrüder kam, ihn zu verabschieden. Während die Mannschaft damit beschäftigt war, Vorräte und Beutestücke im Rumpf zu verstauen, erschien allein Kalchas am Ufer, der Seher. Auf seinen Stock gestützt sah er wortlos zu ihm hinüber. Dann hob er eine Handvoll Sand auf, streute sie in den Wind, drehte sich um und kehrte zurück zu seiner Hütte; auch Kalchas besitzt ein verborgenes Auge. Athena hatte Poseidon gebeten, den Frevler zu vernichten, Ajax würde die Heimat nie wiedersehen, und Kalchas wusste das.

Kaum hatten die Schiffe die hohe See erreicht und die Küste war aus den Blicken, schlugen die günstigen Winde um. Der Möwenschwarm flog hoch in den Wolken und der Himmel nahm die Farbe von Blei an. Fauchend fielen die Winde von allen Seiten über das Schiff her, zerrissen die Taue und zerfetzten die Segel. Gewaltige Wellen brachen von allen Seiten heran, niemand wusste, woher sie kamen, die Männer schrien vor Angst.

Blitze regneten vom Himmel, drei Tage ohne Unterlass brüllte der Sturm über den Köpfen der Mannschaft, die vor Entsetzen fast den Verstand verlor. Das Meer hatte sich in ein Gebirge aus Wasser verwandelt, die Wellen hämmerten gegen die Planken und zerbrachen sie. Ajax gelang es, mit seinem schon halb gefluteten Schiff die Küste des gyräischen Vorgebirges anzusteuern, an dem schroffe Felsen hoch aus dem Wasser ragen; dort lief sein Schiff auf die Klippen.

Mit letzter Kraft konnten einige Schiffbrüchige auf die Felsen klettern, zitternd, fast nackt, unter ihnen brüllte die graue Flut, gewaltige Sturzseen prallten gegen den Stein. Vielleicht hatte Poseidon trotz allem beschlossen, den Mann zu verschonen, weil dessen Mut ihm Achtung abverlangte. Doch bringt die *moîra* schließlich jeden dazu, mit Worten und Taten den Weg zu betreten, der ihm bestimmt ist. So auch Ajax: Geblendet von seinem Stolz entfuhr ihm der Satz, der ihn ins Verderben bringen sollte:

„Gerettet!", rief er. „Dem Meer entronnen den Göttern zum Trotz!"

In den Geschichten, die man erzählt, wird es heißen, Poseidon sei daraufhin aus den Wellen gestiegen und habe mit seinem Dreizack den Felsen entzweigeschmettert; die eine Hälfte blieb, wo sie war, die andere stürzte ins Meer und riss Ajax und seine Gotteslästerung mit sich in die unendliche Tiefe. Der Achäer starb, erstickte am Salzwasser, seine Leiche sank auf den Grund. Vielleicht zerbarst der Felsen aber auch nicht; und Ajax rutschte auf dem nassen Stein aus; oder eine Welle, die wilder war als die anderen, riss ihn mit sich fort – darüber hat mein Traum nichts gesagt. Ich weiß nur, dass Ajax nicht mehr unter den Lebenden ist; nicht einmal seine Leiche wurde gefunden.

Die Bürger von Lokris werden ihn in gemischter Erinnerung behalten, denn er war schuldig und gleichzeitig groß. Das ist das Schicksal aller Heroen, keiner von ihnen hat nur glänzende Seiten, in ihren stolzen Seelen herrscht vielmehr ein ständiger

Wechsel von Licht und Dunkel. Eintausend Jahre lang werden junge Mädchen aus dem Adel seiner Stadt den Frevel sühnen müssen, den Ajax an mir beging, als er den Tempel der Athena entweihte. Alljährlich werden zwei von ihnen in einer festgesetzten Nacht heimlich am Ufer des wiedererstandenen Troja an Land gehen und in der Dunkelheit in aller Stille zum Athenatempel schleichen, dessen Pforten in dieser einen Nacht nicht verschlossen sind. Sie werden durch sie hindurchschlüpfen und ein Jahr lang der Göttin dienen, indem sie die niedrigsten Arbeiten verrichten und den Boden wischen, mit bloßen Füßen und gelöstem Haar. Im Jahr darauf dann wird ein anderes Schiff aus Lokris anlegen, und zwei neue Mädchen werden an ihre Stelle treten, und die Menschen werden dies den „Lokrischen Tribut" nennen.

Die Lokrer aber werden ihrem Heros, der niemals Furcht zeigte – auch wenn er als Frevler gegen die Götter starb –, jedes Jahr ihre Ehre erweisen. An seinem Festtag werden sie einen großen Kahn mit Opfergaben beladen und aufs offene Meer schleppen, dann die Leinen kappen und den Kahn anzünden. Er verbrennt und geht unter, mit allen Gaben: Krügen voll Honig und Öl, Speisen und Votivgegenständen; so sinkt er zu ihrem Heros hinab, in die Dunkelheit und die Tiefe.

Es gibt Dinge, die kommen aus der Vergangenheit, und sie stehen vor mir, als wäre die Zeit zurückgedreht worden, auch dies gehört zur Gabe der Seher. Ich sehe Agamemnons Palast in Mykene, in jener finsteren Stadt mit ihren hohen Mauern und Türmen, von denen aus unzählige Posten alles überwachen. Mykene liegt eingezwängt inmitten von Bergen – nicht wie Troja, von wo man die gesamte Ebene überblicken konnte und von Weitem das Meer glitzern sah.

Inmitten der Berge steht der Palast, und vor dem Palast steht eine Frau, die auf Agamemnon wartet und zu seiner Begrüßung einen roten Teppich hat ausrollen lassen – rot wie eine Spur von

Blut; von der Treppe des Palastes bis auf den Vorplatz. Sie wird ihm, während er im Bad liegt, wähnend, seine Mühen seien vorüber, ein Netz überwerfen; und dann wird sie ihn abschlachten mit einer Axt. Jener Palast ist ein Haus, in dem düstere Geister wohnen, denn groß ist die Zahl der Verbrechen, die in seinen Mauern begangen wurden. Am Tor kann ich die Schatten zweier Kinder sehen, traurig blicken sie einen an, denn man hat ihnen das Leben geraubt. Es sind Agamemnons Vettern, die Söhne des Thyest, ihr Onkel Atreus hat sie erschlagen, der Mann, von dem Agamemnon abstammt.

Und ich sehe einen Ort mit vielen Menschen ringsum; sie bringen Opfergaben. Es ist der Ort, an dem ich selbst und Agamemnon bestattet sein werden. Jenes Volk, die Spartaner, es wird uns als Heroenpaar verehren. Man wird uns Gaben und Trankopfer weihen, wird zu uns kommen und Erlösung von Krankheiten erbitten, wird im heiligen Bezirk die Nacht zubringen, um im Traum eine Weissagung zu erhalten. Der König und seine Konkubine, auf immer vereint. Doch meine Seele, wo sie hingelangen wird – ich weiß es nicht. Vielleicht wird Apollon mich holen und an einen Ort bringen, wo kein Wind weht und wo ich ausruhen kann, nach all der Qual.‹

# Nóstos – Die Heimkehr

**Hoch über dem Turm** das unermessliche Gewölbe des nächtlichen Himmels. Einer dem anderen folgend beginnen die Sterne am Himmel zu leuchten, als wären sie Bewohner der Lüfte, die sich bei Einbruch der Nacht zur Versammlung begeben. Auf der Plattform liegt, die Arme aufgestützt, ein Mann, eingehüllt in einen Mantel aus Wolle. Die Nacht schreitet fort. Da plötzlich reißt in der Ferne auf einem Hügel der Schein eines Feuers ein gleißendes Loch in die Dunkelheit.

Hinkend verlässt der Wächter seinen Posten, steigt hinab, geht die steinernen Gänge entlang und kommt schließlich zu einem großen Saal, in dem ein Mann und eine Frau auf ihn warten.

»Das Signal, Klytämnestra!«, meldet der Wächter.

Die Königin entlässt ihn mit einem Nicken.

»Ich wusste schon, dass er kommt«, sagt der Mann, nachdem der Bote hinausgegangen ist, »meine Kundschafter berichten mir, dass die Flotte die Insel Ägina umrundet hat. Dort lag eines meiner Schiffe, ein schnelles Schiff, heute im Morgengrauen ist es an einem einsamen Strand angelandet.«

»Morgen wird er hier sein, der Augenblick ist da. Zehn Jahre habe ich gewartet, jeden Tag. Und jeden Tag fiel ein Tropfen Blei in mein Herz«, sagt Klytämnestra mit leiser Stimme.

»Zehn Jahre? Ich warte noch viel länger«, erwidert der Mann neben ihr, »mein ganzes Leben habe ich damit zugebracht zu warten ... Ist alles vorbereitet?«

Klytämnestra lächelt: »Keine Angst, wenn das Netz gut gespannt ist, kann das Beutetier nur schwer aus der Falle entkommen.«

»Wirst du am Ende auch das Herz haben?«

»Mein Herz, Ägisth, ist stark und fest wie das eines Mannes, der in die Schlacht zieht.«

Jetzt ist das Land nicht mehr weit, schon kann man Menschen und Viehherden am Ufer erkennen. Einige Schiffe haben sich bereits aus dem Verband gelöst, um die heimischen Buchten und Dörfer anzusteuern. Wenn sie an Agamemnons Schiff vorbeilaufen, grüßen die Männer ihn mit Rufen, schwenken Lanzen und bunte Tücher. Manche weinen in einer Mischung aus Freude über die wiedergewonnene Heimat und Trauer über die vielen, die nicht zurückgekehrt sind. Heute Nacht werden sie neben ihren Frauen schlafen ..., wenn diese nicht in der Zwischenzeit einen anderen Mann gefunden haben. Zehn Jahre sind eine lange Zeit. Wer einen Sohn zu Hause zurückließ, wird ihn nun fast als Mann vorfinden, aufgewachsen ohne den eigenen Vater.

Auch Agamemnons Augen sind von Trauer verhangen. Er erkennt die Orte wieder, die er zurückließ, die Orte seiner Jugend; auch er denkt an die vielen, die nun unter einem Hügel aus Erde liegen. Die Ebene vor Troja ist übersät mit den Gräbern der Helden, man bringt ihnen bereits Opfer dar wie heiligen Wesen, und auch in den Jahrhunderten, die kommen, wird man dort opfern. Am Grab des Ajax, des Telamonsohnes, so erzählt man, wächst ein giftiges Kraut, und die Tiere, die daran äsen, sind sofort tot. Ajax nämlich hat den Verstand verloren, als Achills Waffen, die dem tapfersten Krieger gehören sollten, nicht ihm, sondern Odysseus zugesprochen wurden. Eines Nachts erschlug er eine Viehherde der Achäer in dem Wahn, es wäre Agamemnon mit seinen Gefolgsleuten. Als er wieder zu sich kam, brachte er sich um – aus Scham. In der Nähe von Hektors Grab dagegen erscheint hin und wieder die Gestalt eines bewaffneten Kriegers mit sanften, traurigen Zügen, um sich im nächsten Augenblick wieder in Luft aufzulösen. Alle toten Heroen sind dort, der stumme Chor ihrer Stimmen erfüllt die Ebene, in den Nächten können die Wanderer sie hören im Heulen des Windes. Nicht weit von den Trümmern der Stadt, die einmal das stolze Troja war und wo heute Hirten und streunende Tiere hausen. Viele Grabhügel sind dort, aber der größte ist der des Achill.

Als Achill vom Pfeil getroffen wurde, stürzte er zu Boden und schien noch gewaltiger als der Mann, der eingehüllt in seine blendend blitzende bronzene Rüstung zuvor alle in Schrecken versetzt hatte. Besiegelt hat Achills Schicksal eine Frau – und sein von maßloser Leidenschaft volles Herz.

Eines Tages, als er voll Stolz auf seinem Kampfwagen vor den Toren Trojas erschien und die Trojaner mit lauter Stimme aufforderte, sich endlich aus der Deckung zu wagen, erblickte er hoch auf der Mauer, eingehüllt in einen weißen Peplos und im Glanz ihres Schmuckes Polyxena, Priamos' jüngste Tochter. Er sah sie, und sofort packte ihn die Begierde. Er musste sie sehen. Heimlich ließ er einen Gefangenen laufen, damit dieser ihr eine Botschaft brachte.

In der Nacht darauf kam der Trojaner zurück zu Achills Zelt. Das Mädchen sei bereit, zum Tempel des Apollon von Thymbra zu kommen, unter dem Vorwand, dort opfern zu wollen. In Wahrheit aber, um ihn zu treffen, denn auch Polyxena habe sich, als sie ihn von der Mauer aus sah, schön und stark, wie er war, in ihn verliebt, so berichtete er. Die Trojaner aber hatten Achill eine Falle gestellt. Paris, der parfümierte Verführer, der Feigling, der in der Schlacht nicht von Angesicht zu Angesicht zu kämpfen wusste – der aber geübt mit dem Bogen war, der Waffe der Feiglinge, der Waffe, die von Weitem trifft –, verbarg sich im Schatten des Tempels. Als Achill, der ohne Rüstung gekommen war, sich gerade, hingerissen von ihrer Schönheit, Polyxena nähern wollte, richtete er seinen Pfeil auf ihn.

Den Achill, der sonst immer ahnte, woher ihm ein Angriff drohte, hatte in diesem Augenblick die Liebe blind und taub gemacht, denn so geht es immer. Deshalb bemerkte er Paris nicht, der mit gespanntem Bogen hinter einer Säule stand. Sirrend schnellte der giftbestrichene Pfeil von der Sehne und bohrte sich in Achills Ferse, die einzige tödlich verwundbare Stelle an seinem unverwundbaren Körper: Seine Mutter Thetis, die Göttin, hatte ihn gleich nach seiner Geburt in die Wasser der Styx getaucht – nur die Ferse, an der sie ihn hielt, blieb unversiegelt.

So fand der Tod seinen Weg auch zu Achill, und er starb. Die Nachricht verbreitete sich schnell wie ein Blitz. Trojaner und Achäer griffen zu den Waffen und liefen herbei, denn keiner wollte dem anderen die Trophäe kampflos überlassen. Über Achills Leiche entbrannte ein blutiges Gemetzel.

Die Kämpfer fielen in Haufen bei dem Versuch, den Körper des Toten an sich zu bringen: die einen, um ihn mit einer prächtigen Totenfeier zu ehren, die anderen, um den verhasstesten ihrer Feinde in ihre Stadt zu bringen; um ihn den Hunden zum Fraß vorzuwerfen, wie er es mit Hektors Leib hatte tun wollen; ihm den Kopf abzuschneiden und ihn an der Stadtmauer auf einen Pfahl zu stecken; oder um reiches Lösegeld für den Leichnam zu verlangen. Den Körper eines erschlagenen Kriegers dem Feind zu überlassen ist eine Schande, deshalb lässt man sich abschlachten für das, was wie eine nutzlose leere Hülle aussieht, und es fließen Ströme von Blut.

Achill, inmitten dieses Meeres aus Staub und aus Stöhnen, aus gebrochenen Lanzen und Schreien, lag reglos da und wusste nichts mehr von Kriegern und Pferden. Alle ahnten, dass es geschehen würde, denn die Seher hatten vorausgesagt, dass er vor Troja umkommen sollte. Doch als es geschah, war es, als wäre die Sonne erloschen. Den ganzen Tag schlugen sich Achäer und Trojaner, und sie hätten nicht abgelassen, hätte nicht vielleicht Zeus einen Sturm mit Donnern und Blitzen aufgewühlt.

So blieb Achills Leiche den Achäern, und man brachte sie zu den Schiffen. Alle weinten um ihn, auch Agamemnon blickte traurig auf den Mann, der leblos dort vor ihm lag; den er manchmal gehasst hatte; den viele um seine Schönheit und seine Kraft beneidet hatten; und doch wussten alle, dass er der Beste war.

Die Krieger schrien, zerrissen ihre Kleider und schoren ihr Haar ab. Achill wurde in prächtige Gewänder gehüllt, sie waren sein Totenkleid. Dann geschah das Wunder. Ein Beben erfasste die graue Fläche Wassers, es schien, das Meer würde erschauern, und aus dem Beben wurde ein Schrei, immer höher, ein Ton, wie ihn noch keiner gehört hatte.

Aus den Wellen stieg Thetis, begleitet von den Nymphen des Meeres. Von Weitem waren ihre Gestalten genau zu erkennen, wie aus Luft und Licht gebildet: Eine der anderen folgend stiegen sie aus den Wellen, in nicht enden wollender Reihe, fünfzig waren es.

Erschrocken rannten die Männer davon, doch der alte Nestor, der schon vieles gesehen hat und immer den besten Rat zu geben weiß, hielt sie zurück: »Lauft nicht fort, Gefährten, habt keine Furcht. Es ist Achills Mutter, die dort aus dem Meer steigt, begleitet von ihren Schwestern, den Meernymphen, um den Sohn zu beweinen.«

Die achäischen Krieger blieben stehen, und von Weitem sahen sie Thetis, begleitet von ihren Schwestern, den Töchtern des Meergreises, des Gottes der Tiefen, die alle vereint ihr Klagelied sangen. Viele werden das nicht glauben und denken, es sei nur eine Erscheinung gewesen, keine Wirklichkeit, aber so war es nicht: Das ganze Lager hat sie gesehen! Dann verschwanden sie, wie sie gekommen waren. Wo sie gestanden hatten, lagen glitzernde Schaumballen, wie kleine Wolken am Himmel, die nach und nach immer kleiner werden. Zurück blieb nur die Totenbahre, allein auf dem weißen Strand.

Die Achäer beweinten den toten Achill siebzehn Tage und siebzehn Nächte ununterbrochen, während sein Leichnam durch den Willen der Götter unversehrt blieb. Am achtzehnten Tag legten sie ihn auf den Scheiterhaufen, und es war Agamemnon, der ihn schließlich in Brand setzte. Auf dem Holzstoß verbrannte der Leichnam Achills, um ihn herum liefen die Achäer, in Waffen, und riefen seinen Namen, ein großes Getöse erhob sich.

Sie liefen die ganze Nacht lang, in ihren Waffen, und als der Leichnam eingeäschert war, sammelten sie die Asche und schütteten sie in eine Amphore aus purem Gold, von der es heißt, Hephaistos selbst habe sie gemacht. Zusammen mit Patroklos' Asche, denn es war Achills Wille, dass seine Asche mit der des Gefährten vermengt werden solle.

Dann häuften sie einen gewaltigen Grabhügel auf, an der Spitze des Vorgebirges, an der Einfahrt zum Hellespont, damit die Seefahrer ihn im Vorbeiziehen sehen könnten – jene, die jetzt leben und jene, die in Zukunft leben werden – und sprächen: »Siehe, dies ist das Grabmal eines ruhmreichen Mannes: Achill, sein Ruhm wird niemals sterben. Nur der Ruhm ist unsterblich, alle anderen Dinge vergehen.«

»Wie viele Nächte, Ägisth, hast du mich im Schlaf um sie weinen gehört? Ich rief ihren Namen, und du hast mich getröstet. Aber wie soll eine Mutter Trost finden, der eine Tochter genommen wurde? Iphigenie, von ihr träumte ich; träumte, wie ich sie zum letzten Mal sah, an dem Tag, an dem sie in den Wagen ihres Vaters stieg, um mit ihm nach Aulis zu kommen; mit der Leibwache sollte sie wieder zurückkehren. Sie küsste und streichelte mich. ›Ich bin bald zurück‹, sprach sie zu mir. Aber sie kehrte nicht mehr zurück.

Blond wie eine Weizenähre, die grünen Augen leuchtend vor Glück, wenn sie mit ihrem Vater scherzte oder mit ihren Geschwistern spielte. Nie habe ich sie schmollen sehen, immer lächelte sie, allein ihr Anblick machte einem das Herz weit. Auch an jenem Tag, als Agamemnon den Wagen anfuhr und sie neben ihm stand, drehte sie sich zu mir um und lächelte – die letzte Erinnerung, die ich von ihr habe.

In meinem Traum trägt Iphigenie dasselbe weiße Kleid, denselben Blumenkranz im Haar – doch sie lächelt nicht. Entsetzen liegt in ihrem Blick, sie streckt die Arme nach mir aus, und ich versuche, ihre Hände zu fassen. Doch ich erreiche sie nicht, jedes Mal reißt die Finsternis sie von mir fort.

Wie oft habe ich diesen Traum schon geträumt? Ägisth, du warst bei mir, du weißt es!

Ich sah, wie sie heranwuchs und immer schöner wurde. Als Kind kletterte sie ihrem Vater auf den Schoß und herzte ihn, und Agamemnon spielte mit ihr. Sie wurde ein junges Mädchen, von allen beneidet, eine Königstochter, dazu bestimmt, das Bett eines Königs zu besteigen und Helden zur Welt zu bringen.

Ihr Vater wollte, dass sie ihn begleite, damit er sich von ihr verabschieden könne, wenn er in See stach, auch er konnte nur schwer von ihr lassen. Einige Tage später kam ein Bote und berichtete unter Tränen; man hatte sie auf einem Altar geschlachtet. Warum? Weil Agamemnon Troja erobern wollte und nicht den Mut besaß, sich dem Spruch der Seher zu widersetzen. Der brutale Heerhaufe hungerte nach Beute und eine Handvoll als Helden verkleideter Verbrecher nach Ruhm und nach Reichtum. Ein Seher hatte sie als Opfer bestimmt, von Artemis vor allen auserwählt, Jungfrau wie diese selbst. Kalchas – verflucht soll er sein, hier auf Erden und im Reich der Toten!

Da war mein Leben zu Ende. Danach begann ein anderes, doch es ist nicht mehr meines. Wie die Nacht zum Tag wird, wurde meine Liebe zu Hass. Verflucht alle, die aufbrachen, um Helena zu holen und sie Menelaos zurückzubringen, eine Hure in das Haus eines Hahnreis! Dass auch ihre Kinder sterben mögen, wie mein Kind gestorben ist!

Viele von ihnen werden eine Überraschung vorfinden bei ihrer Rückkehr. Ich weiß etwa, dass man Diomedes nicht einmal in die Stadt lassen wird; Aigialeia, seine Frau, lebt seit Jahren mit einem anderen Mann, und das Volk von Argos hat die beiden mittlerweile als Königspaar anerkannt. Dasselbe ist auch uns bestimmt, Ägisth! Das Volk wird uns zujubeln! Viele haben Verwandte in diesem Krieg verloren, Witwen und Waisen zucken zusammen, wenn sie nur Agamemnons Namen hören.

Damals ließ er mir sagen, Iphigenie sei nicht tot, sondern auf wundersame Weise entrückt worden, Artemis habe sie erwählt und mit sich genommen. Aber wie sollte ich einer Geschichte Glauben schenken, die ausgedacht war mit dem einzigen Ziel, meinen Schmerz und meinen Zorn zu besänftigen?

Jahrelang habe ich geweint. Bis du kamst. Agamemnon schickte ich gehorsame Nachrichten, nichts von jenem entsetzlichen Verbrechen; auch von ihm kam kein Wort. Doch jede Nacht erwachte ich zitternd, und noch warst du nicht hier, um mich zu trösten.

Agamemnon habe ich mein Leben, meine Tochter, meinen Gehorsam, meine Jugend gegeben, und er hat alles genommen wie eine geschuldete Gabe, ohne hinzusehen. Nun wird sich zeigen, wer stärker ist und wer schlauer. Zehn Jahre hatte ich Zeit, mich auf diesen Tag vorzubereiten. Ich habe den langen Purpurteppich vor dem Tor des Palastes auslegen lassen. Agamemnon wird über ihn schreiten wie ein Gott. Er wird darin eine Ehre erblicken, doch ich erkenne darin die Spur des Blutes, die aus diesem verfluchten Palast führt und ihn empfängt. Er wird über das Blut schreiten, das er selbst und seine Vorfahren vergossen haben, er hat es verdient. Dieses Tor, durch das er voller Stolz seinen Fuß setzen wird, soll für ihn wie ein Mund sein, ihn zu verschlingen. O ja – er wird glauben, dass Klytämnestra ihm zu Füßen liegt, während er auf das zuschreitet, was er verdient hat.

Das warme Bad, das ich ihm habe richten lassen, damit er sich von den Mühen der Reise reinigen kann, steht bereit. Wenn er dann im Bad sitzt, nackt, froh seiner selbst und seines Ruhms, werfe ich ihm ein Netz über, auch es liegt schon bereit. In diesem Netz werde ich ihn fangen.«

»Agamemnon ist blind«, erwidert Ägisth, »er glaubt, sein Denken sei die Wahrheit; er glaubt, er kann alles. Er würde sogar der Sonne befehlen aufzugehen, wenn er die Macht dazu hätte.

Als Wächter über sein Haus ließ er ein Nichts von einem Mann zurück, einen Aoiden, einen alten Bänkelsänger ohne Kraft und Stärke. Niemand kam ihm zu Hilfe, als ich ihn ergreifen und von meinen Vertrauten auf einer einsamen Insel aussetzen ließ, um ihn dort vor Hunger und Durst sterben zu lassen.

Erst da, Klytämnestra, hast du meine Liebe erwidert.«

Klytämnestra lächelt. In diesem Moment nehmen ihre sonst so strengen Züge ein Leuchten an, das ihr die frühere Schönheit zurückgibt, ihre Wangen strahlen wieder, ihr Blick füllt sich mit Zärtlichkeit. Nur jedoch, solange sie Ägisth ansieht, dann wird sie wieder hart und kalt wie Eis. Seit Jahren hat niemand sie lachen sehen.

»Das hat den Ausschlag gegeben, Ägisth, du hattest den Mut, für mich zu töten, und du wirst es wieder tun. Du bist der Mann, den ich liebe, du hast beschlossen, Hass und Leid mit mir zu teilen, du hattest keine Furcht, den Blick in mein Innerstes zu wagen und dort eins zu werden mit mir.«

»Du und ich, wir sind aus demselben Stoff gemacht«, erwidert Ägisth.

Agamemnon springt als Erster von Bord, der Kiel des Schiffes hat eine tiefe Furche in den Sand gezogen. Zehn Jahre lang ging er auf anderer Erde, am Ufer eines fernen Meeres, wo das

Lager der Achäer stand. Er schnürt ein Säckchen auf und lässt Sand herausrieseln, den er aus Troja mitgebracht hat als Weihegabe.

Er bückt sich und küsst den Boden der Heimat. Ja, die Götter haben ihn geliebt, haben ihm Rettung, Sieg und Reichtum geschenkt. Kein Achäerkönig besaß je so viel Ruhm wie er. Und jetzt wird er in seinen Palast zurückkehren, wo sein Sohn Orest auf ihn wartet. Vielleicht wird Klytämnestra ihm noch weitere Söhne schenken, sie ist noch jung, eine Königin; vielleicht wird Kassandra sie ihm gebären. Orest soll Brüder haben, eine Familie ist dann stark, wenn an die Stelle der Väter, wenn diese alt werden, neue starke Männer treten, welche die Alten beschützen und sie beklagen, wenn sie sterben. Wie die Blätter, so heißt es: Die einen sprießen, die anderen fallen.

Seine Männer gehen einzeln von Bord, ein jeder mit seinem Anteil an der Beute. Jubelrufe, lautes Stimmengewirr. Einer nach dem anderen verabschieden sich die Anführer von ihm, jedem gibt Agamemnon ein Geschenk mit auf den Weg.

»Wir sind Vettern, Agamemnon, Menelaos und ich, und doch haben die beiden mich immer behandelt wie einen Sklaven. Mein Vater Thyest starb in der Verbannung, vielleicht hat der Schmerz ihn um den Verstand gebracht. Atreus ließ meine älteren Brüder gnadenlos abschlachten, ich überlebte aus Zufall, weil ich an jenem Tag nicht im Palast war.

Beide wollten sie herrschen, Pelops' Söhne, und so begannen sie, einander zu hassen.

Atreus hatte die Grausamkeit von seiner Mutter Hippodameia und seinem Großvater Oinomaos. Thyest ähnelte mehr seinem Vater: schön, mit grünen Augen und einem Blick, der andere zu fesseln vermochte – alle Frauen liebten ihn. Er war für den Krieg nicht gemacht, anders als sein Bruder Atreus, der den Tag mit Waffenübungen zubrachte. Wäre Thyest, und nicht Atreus, König von Mykene geworden, in diesem Land hätten die

Künste des Friedens geblüht und nicht die des Krieges, und Troja würde noch stehen.

Thyest, so heißt es, verführte Aerope, die Frau seines Bruders, gewiss verachtete sie einen grobschlächtigen und gewalttätigen Mann wie Atreus in ihrem Herzen. Zumindest nahm Atreus den Ehebruch als Vorwand, um sich an Thyest zu rächen. Thyest floh, aber dann beging er den Fehler, Atreus' Versöhnungsbotschaft zu trauen: ›Kehr zurück, wir sind Brüder, und das zählt mehr als alles‹, ließ er ihm sagen. Also kehrte Thyest zurück nach Mykene, und Atreus ließ ein großes Festmahl für ihn ausrichten. Er war ein teuflischer Dämon, er wollte, dass alle Zeuge seiner Rache wurden.

Er ließ meine Brüder erschlagen und in Stücke zerteilen und zeigte nach dem Festmahl ihre zerstückelten Leiber unserem Vater. Die Dichter erzählen noch Grausameres: dass er seinen Bruder zum Mahl lud und ihm ein Fleischgericht vorsetzte, in dem sich auch gebratenes Fleisch seiner Kinder befand – und Thyest aß davon. Dann zeigte er ihm die Köpfe und Hände seiner erschlagenen Söhne, und Thyest spie vor aller Augen das Fleisch aus, das er verschlungen hatte – ein schrecklicher Anblick. Dann verlor Thyest den Verstand. Aber wir wissen ja, dass die Aoiden manchmal erfundene Dinge erzählen, um die Leidenschaften ihrer Zuhörer zu wecken ...

Wie dem auch sei – Thyest ging fort, ich sah ihn nie wieder. Ich war noch zu klein, um mich an ihn zu erinnern. Ich wuchs bei meiner Mutter auf, und ich durfte wohl nur deshalb dort bleiben, weil Atreus, der mich heimlich beobachten ließ, zu dem Schluss gekommen war, dass ich ein schwaches, harmloses Kind sei. Wir lebten in einem Haus außerhalb der Stadt mit wenigen Dienern.

So wuchs ich auf, Zielscheibe des Spotts meiner Vettern. Doch mit jeder ihrer Hänseleien wuchs in mir der Hass. Ich lernte, mir nichts anmerken zu lassen und stets gute Miene zum bösen Spiel zu machen. Schon als Kind begriff ich, dass dies der einzige Weg für mich war, zu überleben. Atreus starb – ich habe mir nie vergeben, dass ich ihn für seine Untat nicht zur Rechenschaft ziehen konnte. Meine Vettern wurden Könige, Agamemnon hier in Mykene, Menelaos in Sparta. Alle Ehre und alle Freundschaft galt ihnen; ich stand im Schatten. Als sie in den Krieg zogen, blieb ich zu Hause, sie hielten mich für zu schwächlich, um zu kämpfen. Töricht, wie sie waren, ließen sie eine Schlange hinter sich zurück, die nur darauf wartete zuzuschlagen; in Troja hätten sie mich überwachen können, hier war ich frei zu handeln! Doch für sie war ich ein Nichts, ein Niemand, nicht einmal zu den Menschen zu rechnen. Sie hatten mich ganz einfach vergessen, als wäre ich ein Staubkorn, nichts weiter.

Ich aber war besessen von dem Gedanken, Rache zu nehmen für meine Brüder, in jedem Augenblick. ›Der Tag wird kommen. Ja, er muss kommen‹, sagte ich mir. ›Morgen ist es so weit, endlich …‹«

»Ich weiß«, erwidert Klytämnestra, »in deinem Herzen ist die Güte deines Vaters und deines Großvaters Pelops, von dem es heißt, er war ein Mann, der zu lieben wusste und der geliebt wurde. Doch du trägst auch den Hass eines Mannes in dir, der erlittenes Unrecht nicht vergessen kann.

Es ist nicht wahr, dass Mann und Frau verschiedene Seelen besitzen – in beiden gibt es ein Stück des anderen. Deshalb sucht ein Mensch im anderen den Teil, der ihm fehlt. Oft kann er ihn nicht finden, dann geht seine Suche weiter. Ein Mann, eine Frau – man kann den fehlenden Teil in allen finden, denn Aphrodite verteilt ihre Gaben zufällig, so wie ein Bauer seine Saat auf dem Acker ausstreut.

Es ist nicht so, dass der Eine nur gut und der Andere nur schlecht ist. Im Herzen eines Menschen sind Gut und Böse nie unvermischt: Wie in der Bronze niemand mehr Kupfer und Zinn unterscheiden kann, und doch sind sie dort und bilden zusammen die eine Bronze. So sind auch Gut und Böse miteinander verschmolzen und bilden zusammen den Stoff der Seele.

Was diesen Männern gut scheint, ich lehne es ab, es gehört nicht zu mir. Worte wie ›Ruhm‹, ›Ehre‹, ›Schande‹ haben für mich keine Bedeutung. Dieser Worte wegen wurde meine Tochter geopfert. Um sie wahr werden zu lassen. Deshalb verachte ich sie.

In dir habe ich das Gegenstück erkannt, das mir fehlte; ich habe es in deinem unendlichen Leiden erkannt, in deinem Willen, die unschuldigen Brüder zu rächen, wie ich meine Tochter Iphigenie rächen will; in der Zärtlichkeit deines Blickes, wenn du dich mir näherst. Nie hat Agamemnon mich angesehen, wie du mich ansiehst. Du bist der Mann, der zu mir gehört.«

Die Knechte haben die Pferde von den Schiffen geführt und den Wagen angeschirrt. Agamemnon will lieber allein, nur gefolgt von einer Handvoll Männer seiner Leibwache, in Mykene einziehen, ohne das Heer, denn wer weiß, was geschieht, wenn so viele aufgeregte Männer in die Stadt strömen? Er will allein dort erscheinen, so wie er vor zehn Jahren allein von dort aufgebrochen ist. Schon stellt er sich vor, wie er unter dem Stadttor hindurchfährt. Es wird von dem steinernen Bild zweier Löwen überragt, die in ihrer Mitte eine Säule halten, er selbst hat es vor vielen Jahren dort anbringen lassen. Zwei Löwen: Menelaos und er. Durch dasselbe Tor wird eines Tages sein Sohn Orest siegreich schreiten, und nach ihm die Söhne seiner Söhne. In den nächsten Tagen wird man Gastmähler abhalten, es ist genug Zeit zum Opfern und Feiern. Jetzt ist die Zeit, über die Schwelle des Hauses zu treten und die Lieben wiederzusehen, die schon allzu lange auf ihn warten.

Ja, er muss Zeus und allen Göttern wahrlich dankbar sein für die Gaben, die sie ihm geschenkt haben, tagelang wird man Opfer darbringen und Festmähler halten.

Hinter ihm geht Kassandra, schweigend wie immer. Sie trägt ein schwarzes Kleid, um keinen Preis ließ sie sich dazu bewegen, eines der prächtigen Gewänder anzulegen, die Agamemnon aus

Troja mitgebracht hat. Als einzigen Schmuck wählte sie eine Kette aus purem Gold.

Kassandra steigt auf den Wagen, stellt sich hinter Agamemnon und bedeckt ihr Gesicht mit einem Schleier.

›Das Kleid habe ich selbst ausgesucht, es ist ein Trauergewand, die anderen wollte ich nicht; auch die goldene Kette, die meine Mutter Hekabe trug an dem Tag, als Hektor Andromache zur Frau nahm und wir alle zum Hochzeitsfest versammelt waren. Es gab Musik und Gesang, mein Vater lachte und war glücklich, die beiden Brautleute sahen einander liebevoll an. Hektor war ein anständiger Mann, sein Mut kam aus einem großen und edlen Herzen, nie habe ich ihn unnötig Gewalt üben sehen. Jetzt ragt sein Grab ganz allein inmitten der Ebene von Troja. Die Achäer haben es nicht angetastet, Agamemnon ließ sogar zwei Männer töten, die man ertappt hatte, als sie im Hügel nach Schätzen graben wollten; alles, um die Ehre seines Feindes zu wahren.

Agamemnon ist kein geringer Mensch, er kann auch Großmut zeigen gegenüber den Besiegten. Aber er bleibt ein Feind. Und dann ist da etwas Düsteres in seinem Blut, etwas Dunkles, etwas, das auf ihm lastet, ein alter Fluch, der sich nicht auslöschen lässt. Mich hat er allerdings immer freundlich behandelt, es hatte etwas Respektvolles, sogar Schüchternes, wenn er sich meinem Körper näherte. Andromache ist jetzt Sklavin auf dem Schiff von Achills Sohn Neoptolemos. Wie erbärmlich, das Weib eines Mannes, den dein Vater erschlagen hat, in dein Bett zu zwingen! Den kleinen Astyanax hat er mit eigenen Händen in den Tod gestoßen, unseren Vater Priamos erschlagen. Er ist ein blutrünstiges Tier, niemand liebt ihn. Doch ich weiß, dass Apollon ihn strafen wird, früher oder später.

Ich sehe eine Frau vor dem Tor des Palastes, zu ihren Füßen liegt ein purpurner Teppich ausgebreitet. Ich sehe ein Haus voller Totengeister, ein grauenerregender Ort. Agamemnon wollte, dass ich mit ihm auf dem Wagen stehe. Auf unserem Weg jubeln die Bauersleute und die Herren ihm zu, sie sehen mich neugierig an, einige lachen. Doch mein Gesicht können sie nicht erkennen, der Schleier bedeckt es.

Die Frau trägt in der Hand eine Waffe. Agamemnon kann es nicht sehen, er ist blind. Ich aber weiß. Da, in der Ferne, tauchen die Mauern auf, bald werden wir unter dem Tor mit den beiden Löwen hindurchfahren und vor dem Palast halten. Und sie wird dort sein, um uns zu empfangen.

Die Sonne brennt heiß vom Himmel. Wie sie versinkt, werde ich nicht mehr mit ansehen.‹

# Epilog

»Agamemnon, warum sehe ich dich hier bei den Schatten des Hades? Wie bist du gestorben?«

»Odysseus, mein Freund, der du als Lebender hinab ins Reich der Toten gestiegen bist! Nicht Poseidon war es, der einen Sturmwind anfachte und mich mit meinen Schiffen im Meer versinken ließ. Nicht in der Schlacht bin ich gefallen. Ich starb in meinem eigenen Palast, und es war meine eigene grausame Gattin, die mich erschlug. Sie hat mir ein Netz übergeworfen wie das eines Fischers, unentrinnbar. Zweimal hat sie die Axt in mein Fleisch gesenkt, während ich darin zappelte wie ein von einer Harpune getroffener Thunfisch. Als ich schließlich zu Boden ging, schlug sie ein drittes Mal zu. Wie ich dort lag, nackt, wild mit Armen und Beinen schlagend, spritzte mir das Blut aus den Adern und floss auf den Boden, und sie rieb es sich ins Gesicht und berauschte sich daran, oh, und sie lachte, und jeder Tropfen schien ihre Seele mit nie gekannter Lust zu erfüllen.

Dies war mein trauriges Ende. Unterdessen erschlugen Ägisth und seine Männer meine Gefährten, einen nach dem anderen. Keiner war bewaffnet, sie metzelten sie hin wie Schweine, die im Haus eines Reichen für die Hochzeit geschlachtet werden. Du hast oft mit angesehen, wie junge Männer in der Schlacht getötet werden, aber da hättest du noch mehr geweint, hättest du diese Gräuel gesehen, wie die Erschlagenen im Saal verstreut dalagen, um den großen Mischkrug herum, und der Fußboden dampfte von ihrem Blut.

Während das Licht um mich langsam verlosch, hörte ich die Schreie von Priamos' Tochter Kassandra, als Klytämnestra sie über meinem Körper hinschlachtete. In meinem Todeskampf schlug ich mit den Fäusten auf den Boden – aber diese Hündin ging einfach weg. Und während ich in den Hades hinabstieg, hat sie mir nicht einmal Augen und Mund geschlossen.«

# Abbildungsnachweis

5 Heinrich Schliemann fand die Goldmaske in Mykene und schrieb sie Agamemnon zu. © mauritius images / Rene Mattes

9 Wagenrennen. Bildfeld einer Panathenäischen Preisamphora. Um 520 v. Chr. © mauritius images / Artokoloro Quint Lox Limited / Alamy

29 Segelschiffe in voller Fahrt. Bild auf der Außenseite einer Schale, gefunden in Vulci. Um 520/510 v. Chr. © akg-images / Erich Lessing

49 Eros spannt den Bogen. Bildfeld einer Lekythos. Um 490/480 v. Chr. © mauritius images / WorldPhotos / Alamy

73 Odysseus versucht Achill zu überreden, wieder am Krieg teilzunehmen. Innenbild einer attischen Schale, gefunden in Vulci. Um 470 v. Chr. © The Trustees of the British Museum

95 Odysseus (links) und Diomedes (rechts) treffen auf Dolon (Mitte). Bildfeld auf einem lukanischen Krater. 390/380 v. Chr. © The Trustees of the British Museum

117 Schlacht vor Troja. Bild auf der Außenseite einer attischen Kylix, gefunden in Vulci. Um 490 v. Chr. © Wikimedia Commons / Jastrow 2007

145 Hypnos (der personifizierte Schlaf) und Thanatos (der personifizierte Tod) tragen einen Toten vom Schlachtfeld vor Troja. Bildfeld auf einer attischen Amphora. Um 500 v. Chr. © mauritius images / Artokoloro Quint Lox Limited / Alamy

183 Schlachtszene auf einem attischen Krater. Um 480 v. Chr. © mauritius images / Artokoloro Quint Lox Limited / Alamy

203 Ajax zerrt Kassandra vom Kultbild der Athena weg, zu dem sie sich geflüchtet hatte. Innenbild einer attischen Schale. Um 440/430 v. Chr. © Wikimedia Commons / Bibi Saint-Pol

# Inhalt

Prolog 5

*Mŷthos* – Wie alles begann 9
*Timé* – Der Feigling und der Tapfere 29
*Éros* – Der Gürtel der Aphrodite 49
*Dôra* – Geben und Empfangen 73
*Dólos* – Die Nacht der Kundschafter 95
*Pólemos* – Der Ruhm der Helden 117
*Psyché* – Der feine Stoff der Seele 145
*Moîra* – Hinabtauchen in die Flut 183
*Nóstos* – Die Heimkehr 203

Epilog 219

Titel der italienischen Ausgabe:
Io, Agamennone. Gli eroi di Omero. Turin: Giulio Einaudi editore, 2016.

Die Übersetzung wurde gefördert durch den Deutschen Übersetzerfonds; wertvolle Impulse verdankt sie den Gesprächen der deutsch-italienischen ViceVersa-Werkstatt im Mai 2017 in Pistoia.

2018 Philipp Reclam jun. Verlag GmbH,
Siemensstraße 32, 71254 Ditzingen

Die Übersetzung erscheint mit Genehmigung des Autors
© 2016 by Giulio Guidorizzi. Published by arrangement with The Italian Literary Agency

Umschlaggestaltung: Stefan Schmid Design
Umschlagabbildung: Krieger im linken Zwickel des Ostgiebels des Aphaiatempels von Ägina, heute in der Glyptothek, München
© Staatliche Antikensammlungen und Glyptothek München, fotografiert von Christa Koppermann
Druck und Bindung: GGP Media GmbH,
Karl-Marx-Straße 24, 07381 Pößneck
Printed in Germany 2018
RECLAM ist eine eingetragene Marke
der Philipp Reclam jun. GmbH & Co. KG, Stuttgart
ISBN 978-3-15-011147-5

Auch als E-Book erhältlich

www.reclam.de